Elbe-Radweg
Von Magdeburg nach Cuxhaven

VISTA POINT VERLAG

Go Vista Bike Guide
Elbe-Radweg
© 2012 Genehmigte Sonderausgabe für
Vista Point Verlag GmbH, Händelstraße 25-29,
D-50674 Köln (www.vistapoint.de)
ISBN 978-3-86871-965-9

© Genehmigte Sonderausgabe für
Tandem Verlag GmbH, Birkenstraße 10,
D-14469 Potsdam

© 2012 Originalausgabe des bikeline®-
Radtourenbuchs Verlag Esterbauer GmbH,
Rodingersdorf (www.esterbauer.com)

Covergestaltung: Andrea Herfurth-Schindler,
Sandra Penno-Vesper

Umschlagvorderseite: Blick auf den Elbstrom bei
Wehldorf nahe Cuxhaven (Foto: Fotolia/Wiw);
Radfahrer (Foto: iStockphoto/Mike Dabell)
Umschlagrückseite: Hamburger Rathaus mit
Binnen- und Außenalster (Foto: Fotolia/Harald
Bolten)
Fahrradlogo: iStockphoto/JohnTakai

Bildnachweis: Birgit Albrecht: 26, 30, 34, 35, 38, 54, 60, 94, 100, 114; Behörde für Stadtentwicklung und Umwelt Hamburg. 92, 94, 96; Bernhard Mues: 24, 66, 68; Gästeinfo Hitzacker: 59; Glückstadt Destination Management GmbH: 109; Informationspunkt Dannenberg: 58; Kirstein: 44; Kreisverwaltung Pinneberg: 106; Kurverwaltung Nordseeheilbad Cuxhaven: 132, 136; Magedeburg Marketing: 15; Michaela Derferd: 48, 52, 66, 71, 74, 84, 88; Samtgemeinde Dannenberg: 58; Stade Tourismus GmbH: 122, 124; Stadt Magdeburg: 18; Stadtverwaltung Havelberg: 44; Tourismus-und Gewerbeverein Wedel: 102; Tourismusverband Landkreis Stade/Elbe e.V.: 8, 117, 118, 120, 122, 126; Tourismusverband Sachsen-Anhalt: 16, 22, 23, 24, 30; Touristinformation Havelberg: 46; Verkehrs- und Gewerbeverein Glückstadt: 108, 110

Kartografie erstellt mit axpand
(www.axes-systems.com)

Vorwort

Der zweite Teil des Elbe-Radweges führt Sie aus dem Herzen Deutschlands hin zum schönen Nordseestrand. Die ca. 500 Kilometer lange Radroute zwischen Magdeburg und Cuxhaven beschert Ihnen vor allem ein unvergessliches Naturerlebnis. Die Stille der Elbauen wird oft nur vom Zirpen der Grillen, dem Zwitschern der Vögel, dem Knirschen des Schotters oder dem Surren Ihrer zwei Räder unterbrochen. Willkommene kulturelle Abwechslung bieten sehenswerte Städte wie Tangermünde, Stade oder Glückstadt und natürlich die Elbmetropole Hamburg mit ihrem Großstadtgetümmel. Am Ende Ihrer Tour erwartet Sie in Cuxhaven schließlich eine frische, salzige Brise Nordseeluft.

Präzise Karten, genaue Streckenbeschreibungen, zahlreiche Stadt- und Ortspläne, Hinweise auf das kulturelle und touristische Angebot der Region und ein umfangreiches Übernachtungsverzeichnis – in diesem Buch finden Sie alles, was Sie für eine Radtour entlang der Elbe benötigen – außer gutem Radlwetter, das können wir Ihnen nur wünschen.

Wichtige bzw. sehenswerte thematische Informationen

- Schönern — sehenswertes Ortsbild (picturesque town)
- 🅘🅐🅢 — Einrichtung im Ort vorhanden (facilities available)
- Hotel, Pension (hotel, guesthouse)
- Jugendherberge (youth hostel)
- Campingplatz (camping site)
- Naturlagerplatz* (simple tent site*)
- Tourist-Information (tourist information)
- Einkaufsmöglichkeit* (shopping facilities*)
- Kiosk* (kiosk*)
- Gasthaus (restaurant)
- Rastplatz* (resting place*)
- Unterstand* (covered stand*)
- Freibad (outdoor swimming pool)
- Hallenbad (indoor swimming pool)
- Kirche, Kloster (church, monastery)
- Schloss, Burg (palace, castle)
- Ruine (ruins)
- Museum (museum)
- Ausgrabungen (excavation)
- andere Sehenswürdigkeit (other place of interest)
- Tierpark (zoo)
- Naturpark, -denkmal (nature reserve, monument)
- Aussichtspunkt (panoramic view)

Topographische Informationen

- Kirche (church)
- Kapelle (chapel)
- Kloster (monastery)
- Schloss, Burg (castle)
- Ruine (ruins)
- Turm (tower)
- Funk- und Fernsehanlage (TV/radio tower)
- Kraftwerk (power station)
- Umspannwerk (transformer)
- Windmühle; Windkraftanlage (windmill; windturbine)
- Wassermühle (water mill)
- Wegkreuz (wayside cross)
- Höhle (cave)
- Bergwerk (mine)
- Leuchtturm (lighthouse)
- Sportplatz (sports field)
- Denkmal (monument)
- Flughafen (airport, airfield)
- Schiffsanleger (boat landing)
- Quelle (natural spring)
- Kläranlage (water treatment plant)
- Staatsgrenze (international border)
- Landesgrenze (country border)
- Kreisgrenze, Bezirksgrenze (district border)

- Wald (forest)
- Felsen (rock, cliff)
- Vernässung (marshy ground)
- Weingarten (vineyard)
- Friedhof (cemetary)
- Garten* (garden)
- Gewerbe-, Industriegebiet (commercial area)
- Steinbruch*, Tagebau* (quarry, open cast mining)
- Gletscher (glacier)
- Düne (dunes)
- Watt (shallows)
- Damm, Deich (embankment, dyke)
- Staumauer (dam, groyne)
- Autobahn (motorway)
- Hauptstraße (main road)
- untergeordnete Hauptstraße (secondary main road)
- Nebenstraße (minor road)
- Fahrweg (carriageway)
- Weg (track)
- Straße in Bau (road under construction)
- Eisenbahn m. Bahnhof (railway with station)
- Schmalspurbahn (narrow gage railway)
- Höhenlinie 100m/50m (contour line)

Inhalt

- 3 Vorwort
- 4 Kartenlegende
- 7 Elbe-Radweg
- 12 Zu diesem Buch

14	**Von Magdeburg nach Wittenberge**	**162 km**
23	Ausflug nach Burg (10 km)	
26	Variante rechtselbisch nach Grieben (27 km)	
28	Variante rechtselbisch über Jerichow (19,5 km)	
42	Variante über Sandau nach Havelberg (7,5 km)	
44	Variante über Havelberg (16,5 km)	
50	**Linkselbisch von Wittenberge nach Hamburg**	**195 km**
70	**Rechtselbisch von Wittenberge nach Hamburg**	**179 km**
98	**Rechtselbisch von Hamburg nach Brunsbüttel**	**114 km**
116	**Linkselbisch von Hamburg nach Cuxhaven**	**155 km**
130	Über Neuhaus (7 km)	
137	Übernachtungsverzeichnis	
151	Ortsindex	

Stadtpläne

Brunsbüttel	**115**
Burg	**23**
Cuxhaven	**134**
Elmshorn	**107**
Geesthacht	**88**
Glückstadt	**110**
Hamburg	**95**
Havelberg	**45**
Hitzacker	**59**
Jork	**120**
Lauenburg	**85**
Magdeburg	**17**
Stade	**124**
Tangermünde	**33**
Wedel	**102**
Wittenberge	**72**

Elbe-Radweg

Streckencharakteristik

Länge

Die Länge des Elbe-Radweges von Magdeburg nach Cuxhaven beträgt etwa **500 Kilometer**. Zusätzlich finden Sie in diesem Buch über 200 Kilometer Ausflüge und Varianten. Von Rogätz bis Wittenberge können Sie alternativ auch auf der anderen Elbseite radeln. Ab Wittenberge ist mit Ausnahme des Stadtgebietes von Hamburg auf beiden Elbuferseiten eine Radroute in diesem Buch beschrieben.

Wegequalität & Verkehr

In Sachsen-Anhalt radeln Sie auf ruhigen kleinen Straßen oder neu angelegten Radwegen, nur noch selten müssen Sie auf Radwege mit holprigen Betonplattenwegen ausweichen. In Niedersachsen und in Mecklenburg-Vorpommern verläuft die Route sehr häufig auf asphaltierten Radwegen

neben oder auf dem Elbdamm. Nur auf Teilstücken müssen Sie auf die normale KFZ-belastete Straße ausweichen und hinter Hitzacker heißt es sogar einige überraschend anstrengende Steigungen zu überwinden. Die Wegstrecke von Hamburg nach Cuxhaven verläuft fast ausschließlich auf asphaltierten Radwegen und kleinen Landstraßen ohne Steigungen, aber dafür mit mehr Gegenwind, da Sie zum Schluss Richtung Westen unterwegs sind.

Aufgrund des geringen Höhenunterschiedes, den der Fluss im nördlichen Bereich überwinden muss, ist es weitestgehend unerheblich, ob Sie stromabwärts oder stromaufwärts fahren. Je näher Sie in Küstennähe kommen, um so mehr macht sich jedoch die vorherrschende Westwindrichtung bemerkbar. Wer aufgrund der Windverhältnisse die Strecke lieber in umgehrter Richtung fahren möchte, d. h. von der Mündung bis Magdeburg, kann dies recht unkompliziert mit unserem Radtourenbuch Elbe 2 tun. Zu jeder Karte gibt es eine kurze Wegbeschreibung "AndersRum".

Beschilderung

Auf der ganzen Strecke von Magdeburg bis Cuxhaven finden Sie durchgängig die Beschilderung mit dem Logo -e- mit integriertem Elbe-Schriftzug. Eine Vereinheitlichung der Beschilderungsabmaße und stellenweise Nachrüstung mit Richtungspfeilen wird schrittweise vorgenommen.

Elbe-Radwanderbus

Tourenplanung

Zentrale Infostellen

Magdeburger Tourismusverband Elbe-Börde-Heide, Domplatz 1b, 39104 Magdeburg, ✆ 0391/738790, info@elbe-boerde-heide.de, www.elbe-boerde-heide.de oder www.elberadweg.de

Tourismusleitstelle Elberadweg Nord, Schlossstr. 10, 21354 Bleckede, ✆ 05852/951495, nord@elberadweg.de, www.elberadweg.de

An- & Abreise

Mit der Bahn

Aufgrund der sich ständig ändernden Preise und Bedingungen für Fahrradtransport bzw. -mitnahme empfehlen wir Ihnen, sich bei nachfolgenden Infostellen über Ihre ganz persönliche Anreise mit der Bahn zu informieren.

Informationsstellen

Reise Service Deutsche Bahn AG: ✆ 01805/996633 (€ 0,14/Min. aus dem Festnetz, Tarif bei Mobilfunk ggf. abweichend), Mo-So 8-20 Uhr, Auskünfte über Zugverbindungen, zur Fahrradmitnahme (Tastenwahl: 15 oder Stichwort: Fahrrad), Fahrpreise im In- und Ausland, Buchung von Tickets und Reservierungen, www.bahn.de, www.bahn.de/bahnundbike

Automatische DB-Fahrplanauskunft: ✆ 0800/1507090 (gebührenfrei aus dem Festnetz), ✆ 0180/5221100 (gebührenpflichtig aus dem Mobilfunknetz, den jeweiligen Tarif erfahren Sie bei Ihrem Netzbetreiber)

ADFC, Allgemeiner Deutscher Fahrrad-Club e.V.: weitere Infos und aufgeschlüsselte Einzelverbindungen unter www.adfc.de/bahn

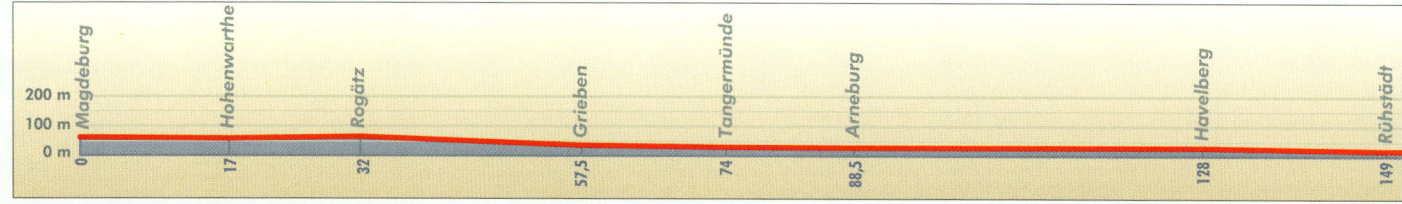

Hermes-Privat-Service:
(✆ 0900/1311211 € 0,60/Min.)
www.hermes-logistik-gruppe.de
Unter der Rubrik „Paketservice" erfahren Sie die genauen Zustellzeiten und die aktuellen Preise für den Fahrradversand.

Rad & Bus
Entlang des Elberadweges zwischen Horneburg und Natureum (Balje) verkehrt parallel zum Elberadweg der Elberadwanderbus. Der Freizeitbus mit Fahrradanhänger befördert seine Gäste von April bis Oktober an den Wochenenden und an Feiertagen. Genauere Informationen erhalten Sie unter: www.elberadwanderbus.de.

Übernachtung
Die Übernachtungsmöglichkeiten sind im gesamten Bereich südlich von Hamburg eher auf die Städte konzentriert, in den ländlichen Gebieten sind die Zimmervermietungen nicht sehr zahlreich. Nördlich von Hamburg häufen sich die Übernachtungsbetriebe, denn zum einen befinden Sie sich im Naherholungsgebiet von Hamburg, zum anderen nähern Sie sich den Nordsee-Feriengebieten. Es ist daher empfehlenswert, entlang des gesamten Streckenverlaufs das Zimmer schon im Voraus zu reservieren, um unliebsamen Überraschungen vorzubeugen.

Bei unseren Recherchen haben wir versucht, eine größtmögliche Auswahl für Sie zusammenzustellen. Für alle, die Alternativen oder einfach noch mehr Anbieter suchen, gibt es nachfolgende Internet-Adressen, die auch Beherbergungen der etwas anderen Art anbieten:

Der ADFC-Dachgeber: Funktioniert nach dem Gegenseitigkeitsprinzip: Hier bieten Radfreunde anderen Tourenradlern private Schlafplätze an. Mehr darüber unter www.dachgeber.de.

Das **Deutsche Jugendherbergswerk** stellt sich unter www.djh.de mit seinen vierzehn Landesverbänden vor.

Auch die **Naturfreunde** bieten mit ihren **Naturfreundehäusern** eine Alternative zu anderen Beherbergungsarten, mehr unter www.naturfreunde.de.

rechtselbisch

Ort	km
Wittenberge	162
Cumlosen	177
bei Lenzen	193
Dömitz	214
Darchau	249,5
Neu Bleckede	264
Boizenburg	275,5
Lauenburg	286,5

Und unter www.camping-in.de oder www.campingplatz.de finden Sie flächendeckend den **Campingplatz** nach Ihrem Geschmack.
Und zuletzt bietet **Bett & Bike** unter www.bettundbike.de zusätzliche Informationen zu den beim ADFC gelisteten Beherbergungsbetrieben in ganz Deutschland.

Mit Kindern unterwegs

Der gesamte Streckenverlauf des Elbe-Radwegs verläuft überwiegend auf verkehrsarmen Straßen oder Radwegen und sollte von Kindern ab 8-10 Jahren gut zu bewältigen sein. An schwierigen Stellen, wie den Steigungen zwischen Hitzacker und Neu Darchau oder an den wenigen Teilstücken, die verkehrsreich sind, können Sie alternativ auf der anderen Elbseite fahren. Planen Sie ein, dass Sie bei der Fahrt in westlicher Richtung häufig mit Gegenwind zu kämpfen haben. Sollten Sie mit Kinderanhänger unterwegs sein oder sollten Ihre Kinder schon selbst radeln, planen Sie für diese Teilstücke mehr Zeit ein.

Das Rad für die Tour

Den besten Komfort bieten Reiseräder mit einer auf Ihre Körpergröße abgestimmten Rahmenhöhe. Diese Räder gewährleisten auch bei großer Beladung des Rades einen ruhigen Lauf und sind mit sehr guten Bremsen, einer Schaltung mit einem großen Übersetzungsbereich und stabilen Gepäckträgern vorne und hinten zur gleichmäßigeren Gewichtsverteilung ausgestattet. Auch ein stabiler Fahrradständer ist wichtig, vor allem wenn Sie Gepäck auf dem Fahrrad mitführen. Für einen unbeschwerten Radurlaub sollte auf jeden Fall ein Fahrradcheck vor der Tour erfolgen.

Versuchen Sie, vor der Abreise eine bequeme Sitzposition auf Ihrem Rad zu finden, wobei Sie dem Sattel besonderes Augenmerk schenken sollten. Bei richtiger Sattelneigung und Sitzposition können schmerzvolle Erfahrungen vermieden werden.

Sie sollten die Bereifung der Tour entsprechend anpassen. Je mehr unbefestigte Wege zu bewältigen sind, desto breiter und profilierter sollte die Bereifung ausfallen. Viele asphaltierte Strecken erlauben hingegen auch schmalere Reifen. Hinweise zur Oberfläche der Wege und zu den Steigungen finden Sie

linkselbisch

Geesthacht 296,5
Hamburg 301
Jork 367,5
Stade 391,5
Freiburg 432

in diesem Radtourenbuch in der Einleitung und auf den Abschnittsseiten.

Auch einen Kartenhalter oder eine Lenkertasche werden Sie auf Ihrer Tour sehr gut brauchen können. Wasserdichte und somit auch staubdichte Hinterradtaschen mit einem unkomplizierten Befestigungssystem erweisen sich bei längerer Fahrt als zweckmäßig. Achten Sie auch auf genügend Möglichkeiten, Trinkflaschen an Ihrem Rad zu befestigen.

Und da selbst das beste Fahrrad vor Pannen nicht gefeit ist, empfiehlt es sich, immer eine kleine Fahrradapotheke mitzuführen. Eine Grundausstattung an Werkzeug und Zubehör sollte folgende Teile beinhalten: Ersatzschlauch und/oder Flickzeug, Kompaktwerkzeug, Luftpumpe, Brems- und Schaltseil, Öl, Ersatzkettenniete und einen Putzlappen.

Details zu all diesen Fragen klären Sie am besten mit Ihrem Fahrradhändler und überlassen den Service im Zweifelsfall dem Profi. Details zu all diesen Fragen klären Sie am besten mit Ihrem Fahrradhändler und überlassen den Service im Zweifelsfall dem Profi. Allgemeine Infos rund um das Fahrrad finden Sie auf diversen Seiten im Internet (z. B. www.adfc.de/142_1, www.bikeboard.at), sowie bei Ihrem örtlichen Fahrradverein.

Bekleidung

Für eine gelungene Radtour ist die Bekleidung ein wichtiger Faktor. Der Markt für Outdoorbekleidung aus verschiedensten Materialien ist mittlerweile unübersehbar, deswegen hier nur einige Grundregeln.

In erster Linie gilt das „Zwiebelprinzip": Mehrere Schichten erfüllen verschiedene Funktionen und lassen sich separat tragen und vielfältig kombinieren. Die unterste Schicht soll Schweiß vom Körper weg führen, darüber folgen bei Bedarf eine wärmende Schicht und zuletzt die äußerste Hülle, die Wind und Regen abhalten, trotzdem aber dampfdurchlässig sein soll.

Als Materialien kommen entweder Kunstfasern (leicht, wenig Feuchtigkeitsaufnahme) oder hochwertige Wolle (etwas schwerer, wärmt aber auch im nassen Zustand und nimmt kaum Geruch an) in Frage. Baumwolle ist als Sportbekleidung weniger geeignet (nimmt viel Feuchtigkeit auf und braucht sehr lange zum Trocknen).

Nicht sparen sollte man bei der Radhose, ein gutes Sitzpolster ist hier entscheidend.

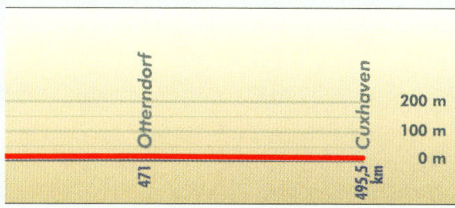

Zu diesem Buch

Dieser Radreiseführer enthält alle Informationen, die Sie für den Radurlaub entlang der Elbe benötigen: Exakte Karten, eine detaillierte Streckenbeschreibung, ein ausführliches Übernachtungsverzeichnis, Stadt- und Ortspläne und die wichtigsten Informationen zu touristischen Attraktionen und Sehenswürdigkeiten. Die Routen in unseren Büchern sind von unserem professionellen Redaktionsteam vor Ort auf ihre Fahrradtauglichkeit geprüft worden. Um höchste Aktualität zu gewährleisten, nehmen wir nach der Befahrung Korrekturen von Lesern bzw. offiziellen Stellen bis Redaktionsschluss entgegen, die dann jedoch teilweise nicht mehr an Ort und Stelle verifiziert werden können.

Die Radtour ist nicht in Tagesetappen sondern in logische Abschnitte aufgeteilt, weil die Tagesleistung zu sehr davon abhängt, wie sportlich oder genussvoll Sie die Strecke in Angriff nehmen möchten.

Die Karten

Die Detailkarten sind im Maßstab 1 : 75.000 erstellt. Dies bedeutet, dass 1 Zentimeter auf der Karte einer Strecke von 750 Metern in der Natur entspricht. Zusätzlich zum genauen Routenverlauf informieren die Karten auch über die Beschaffenheit des Bodenbelages (befestigt oder unbefestigt), Steigungen (leicht oder stark), Entfernungen sowie über kulturelle, touristische und gastronomische Einrichtungen entlang der Strecke.

Allerdings können selbst die genauesten Karten den Blick auf die Wegbeschreibung nicht ersetzen. Komplizierte Stellen werden in der Karte mit diesem Symbol ⚠ gekennzeichnet, im Text finden Sie das gleiche Zeichen zur Markierung der betreffenden Stelle wieder. Beachten Sie, dass die empfohlene Hauptroute immer in Rot und Violett, Varianten und Ausflüge hingegen in Orange dargestellt sind. Die genaue Bedeutung der einzelnen Symbole wird in der Legende auf den Seiten 4 und 5 erläutert.

Höhen- und Streckenprofil

Das Höhen- und Streckenprofil gibt Ihnen einen grafischen Überblick über die Steigungsverhältnisse, die Länge und die wichtigsten Orte entlang der Radroute. Es können in diesem Überblick nur die markantesten Höhenunterschiede dargestellt werden, jede einzelne kleinere Steigung wird in dieser grafischen Darstellung nicht berücksichtigt. Die Steigungs- und Gefälleverhältnisse entlang der Route finden Sie im Detail mit Hilfe der Steigungspfeile in den genauen Karten.

Der Text

Der Textteil besteht im Wesentlichen aus der genauen Streckenbeschreibung, welche die empfohlene Hauptroute enthält. Stichwortartige Streckeninformationen werden von dem Zeichen → begleitet.

Unterbrochen wird dieser Text gegebenenfalls durch orangefarbige Absätze, die Varianten und Ausflüge behandeln.

Ferner sind alle wichtigen **Orte** zur besseren Orientierung aus dem Text hervorgehoben. Gibt es interessante Sehenswürdigkeiten in einem Ort, so finden Sie unter dem Ortsbalken die jeweiligen Adressen, Telefonnummern und Öffnungszeiten.

Die Beschreibung der einzelnen Orte sowie historisch, kulturell oder naturkundlich interessanter Gegebenheiten entlang der Route tragen zu einem abgerundeten Reiseerlebnis bei. Diese Textblöcke sind kursiv gesetzt und unterscheiden sich dadurch auch optisch von der Streckenbeschreibung.

TIPP Textabschnitte in Violett heben Stellen hervor, an denen Sie Entscheidungen über Ihre weitere Fahrstrecke treffen müssen, z. B. wenn die Streckenführung von der Wegweisung abweicht oder mehrere Varianten zur Auswahl stehen u. ä.

AUSFLUG Sie weisen auch auf Ausflugstipps, interessante Sehenswürdigkeiten oder Freizeitaktivitäten etwas abseits der Route hin.

Übernachtungsverzeichnis

Auf den letzten Seiten dieses Radtourenbuches finden Sie zu fast allen Orten entlang der Strecke eine Vielzahl von Übernachtungsmöglichkeiten vom einfachen Zeltplatz bis zum 5-Sterne-Hotel.

Von Magdeburg nach Wittenberge   *162 km*

Startpunkt des ersten Abschnitts der fast 500 Kilometer langen Radreise ist das geschichtsträchtige Magdeburg, die Landeshauptstadt Sachsen-Anhalts. Vor allem kulturell hat dieser Abschnitt etwas zu bieten. Auf Ihrem Weg liegen interessante Städte wie das mittelalterlich geprägte Tangermünde oder Jerichow mit seiner sehenswerten Klosterkirche. Nahe des reizvollen Städtchens Havelberg wohnen Sie der Vereinigung der beiden Flüsse Havel und Elbe bei. Wittenberge bildet dann den Abschluss des ersten Abschnitts.

Die Route verläuft größtenteils auf Radwegen, die zumeist auf Dämmen geführt sind und manchmal etwas holprig sein können. Ansonsten radeln Sie auf ruhigen Nebenstraßen und kurze Abschnitte auf mäßig befahrenen Landesstraßen. Zwischen Rogätz und Wittenberge können Sie beiderseits der Elbe radeln.

Magdeburg – Dom

Magdeburg
PLZ: 39104; Vorwahl: 0391

🛈 **Tourist-Information**, Ernst-Reuter-Allee 12, ✆ 19433, www.magdeburg-tourist.de

🛈 **Magdeburger Tourismusverband Elbe-Börde-Heide e. V.**, Domplatz 1b, ✆ 738790, www.elbe-boerde-heide.de

🏛 **Gedenkstätte Moritzplatz für die Opfer politischer Gewalt**, Umfassungsstr. 76, ✆ 2445590, ÖZ: Mo-Mi,Fr 9-16 Uhr, Do 9-18 Uhr. Ausstellung über die Justiz in der ehem. DDR.

🏛 **Kulturhistorisches Museum**, Otto-von-Guericke-Str. 68-73, ✆ 5403501, ÖZ: Di-So 10-17 Uhr. Ständige Ausstellungen gibt es u. a. zur Geschichte der Stadt und Region Magdeburg.

🏛 **Literaturhaus**, Thiemstr. 7, ✆ 4044995, ÖZ: Mo-Fr 9-12 Uhr und 13-17 Uhr. Ständige Ausstellungen u. a. zu den Magdeburger Schriftstellern Erich Weinert und Georg Kaiser.

🏛 **Museum für Naturkunde** im Kulturhistorischen Museum, Otto-von-Guericke-Str. 68-73, ÖZ: Di-So 10-17 Uhr. Die Tierwelt des Magdeburger Raumes, Entomologie (Insektenkunde) und Mineralien aus dem Harz werden hier ausgestellt.

Kloster Unser Lieben Frauen

🏛 **Otto-von-Guericke-Museum**, Schleinufer 1, ✆ 5410616, ÖZ: Di-So 10-17 Uhr

🏛 **Museumsschiff „MS Württemberg"**, Heinrich-Heine Pl., ✆ 5411283, ÖZ: Di-Fr 10-16 Uhr, Sa-So 10-17 Uhr. Ausstellung zur Elbeschifffahrt

🏛 **Technikmuseum**, Dodendorfer Str. 65, ✆ 682766, ÖZ: April-Okt., Mi, Sa-So 10-17 Uhr. Technisch bedeutsame Maschinen und Anlagen in Sachsen-Anhalt werden hier gesammelt und bewahrt.

⛪ **Dom St. Mauritius und St. Katharina** (1209-20), ÖZ: Mo-So 10-16 Uhr (im Sommer 10-18 Uhr). Auf dem 1207 abgebrannten ottonischen Dom wurde der erste gotische Dom erbaut. Er beherbergt Kunstwerke aus 8 Jahrhunderten. Gehört zu den offenen Radwegekirchen am Elberadweg.

⛪ Die katholische **St.-Petri-Kirche** lässt sich

Magdeburg

bis ins 12. Jh. zurückdatieren. Erhalten geblieben ist der romanische Westturm. Gehört zu den offenen Radwegekirchen am Elberadweg.

⛪ **Kunstmuseum Kloster Unser Lieben Frauen**, Regierungsstr. 4-6, ☎ 565020. Das älteste Bauwerk Magdeburgs gilt als eines der hervorragendsten Zeugnisse der romanischen Architektur in Europa. Es beherbergt eine wertvolle Bibliothek und eine vornehmlich der Bildhauerei gewidmete Kunstsammlung.

⛪ Die **Magdalenenkapelle** wurde 1315 als Fronleichnamskapelle in vollendeter Hochgotik erbaut. Sie besteht nur aus einem quadratischem Joch und einem Polygon. Gehört zu den offenen Radwegekirchen am Elberadweg.

⛪ **Johanniskirche** (1131), die älteste Magdeburger Kirche wurde im romanischen Stil errichtet. Die spätgotische Vorhalle entstand 1453. Nach Zerstörungen im Dreißigjährigen Krieg und im Zweiten Weltkrieg wurde sie wieder aufgebaut und 1999 wieder eingeweiht.

⛪ **St.-Sebastian-Kirche**. Die Mitte des 12. Jhs. gegründete Stiftskirche wurde im 14. und 15. Jh. zu einer gotischen Hallenkirche umgebaut und ist heute Bischofskirche. Gehört zu den offenen Radwegekirchen am Elberadweg.

⛪ Die hochgotische **Wallonerkirche** war Teils eines 1285 gegründeten Augustinerklosters.

✺ Das **Opernhaus** (1907), Universitätsplatz 9, ☎ 5406444, ist ein traditionsreiches Theaterhaus für Musiktheater, Ballett, Konzert und Schauspiel.

✺ Das **Schauspielhaus**, Otto-von-Guericke-Str. 64, ☎ 5406444, zeigt Theaterstücke aller Genres, von der Antike bis zur Gegenwart.

✺ **Hundertwasserhaus Grüne Zitadelle** (2005), Breiter Weg 8-10, ☎ 6208655, ÖZ: Mo-So 10-18 Uhr, Ausstellung und Führungen. Das einmalig geformte Bauwerk stellt laut dem im Jahr 2000 verstorbenen Künstler „eine Oase für Menschlichkeit und für die Natur" dar.

✺ Der Ursprungsbau des **alten Rathauses** wurde im Dreißigjährigen Krieg zerstört, der Wiederaufbau erfolgte Ende des 17. Jhs. im Stil italienisch-niederländischer Renaissance. Nach der Zerstörung im Zweiten Weltkrieg wurde das Gebäude zumindest an der Marktseite originalgetreu wieder aufgebaut. Auch das **neue Rathaus** (1905-07) wurde nach der Zerstörung im Zweiten Weltkrieg wieder aufgebaut.

✺ Der **Magdeburger Reiter** (um 1240) war das erste freistehende Reiterdenkmal in Deutschland.

Magdeburg – Elbuferpromenade

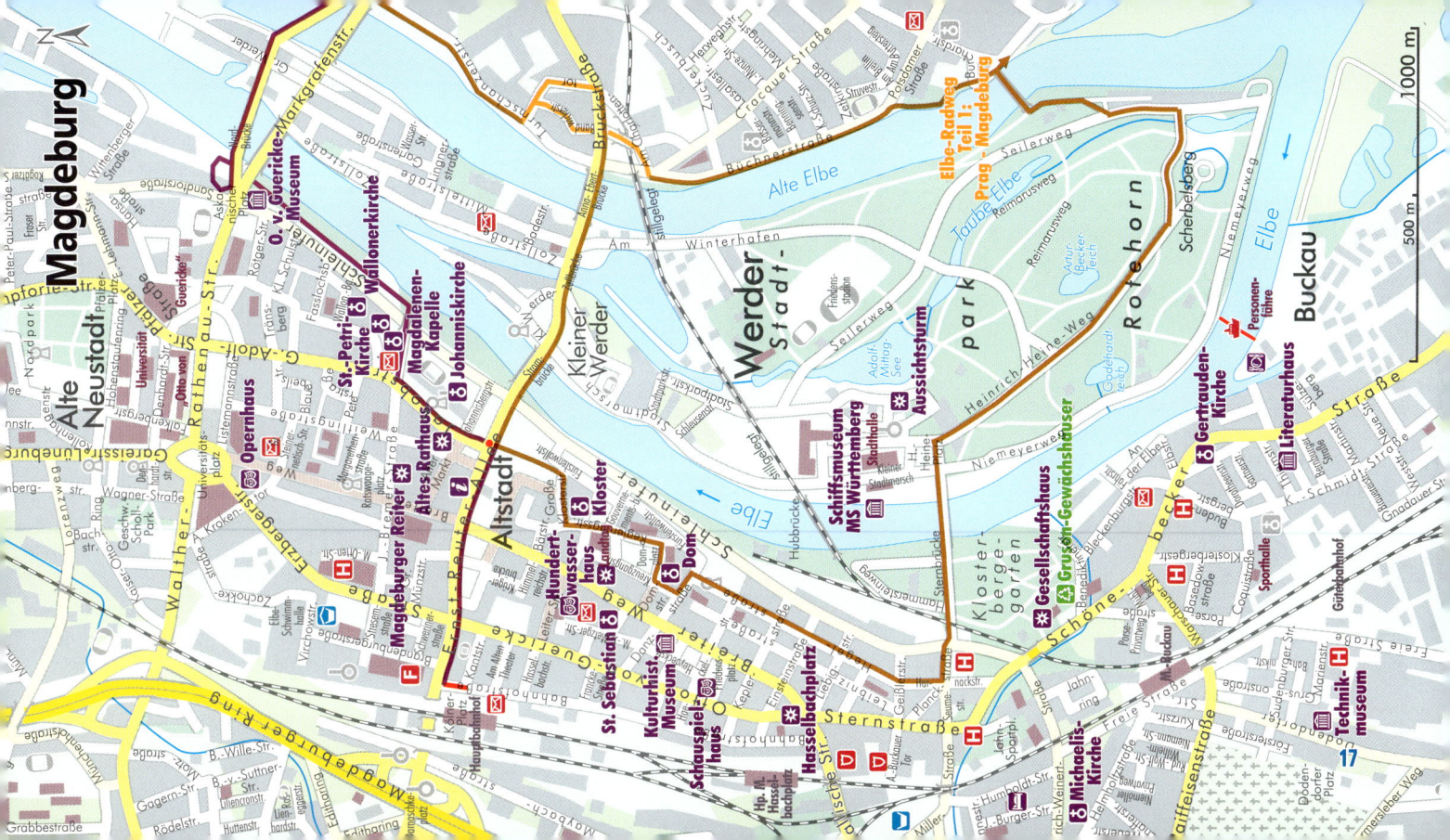

- **Otto-von-Guericke-Denkmal**, 1907 von Carl Echtermeier geschaffen zur Ehrung des in Magdeburg 1602 geborenen Naturforschers, Baumeisters, Diplomaten und Bürgermeisters.
- **Festungsanlage**. Überreste der ersten Stadtmauer, der einst stärksten Festung Preußens, sind im gesamten Stadtgebiet, aber vor allem im Elbuferbereich erhalten.
- Das **Gesellschaftshaus** wurde 2005 nach vielen Jahren der Sanierung fertig gestellt. Als „Haus der Musik" beherbergt es das Zentrum der Telemann-Pflege und -Forschung. Zudem finden kulturelle Veranstaltungen hier statt.
- **Zoologischer Garten**, Am Vogelsang 12, ✆ 280900, ÖZ: Mo-So 8-19 Uhr, im Winter bis ca. 16 Uhr
- **Gruson-Gewächshäuser**, Schönebecker Str. 129a, ✆ 4042910, ÖZ: Di-So 10-17 Uhr, Einlass bis 16.30 Uhr.
- **Elbauenpark**, Tessenowstr. 5a, ✆ 5957400, ÖZ: April-Okt., Di-So 10-18 Uhr, Nov.-März nur bis 16 Uhr. Familien- und Freizeitpark auf dem Gelände der Bundesgartenschau 1999. Auf einer Militärbrache entstanden unter anderem Themengärten, ein Schmetterlingshaus und der

Magdeburg

Jahrtausendturm. Dieser mit 60 m höchste Holzturm Europas beherbergt eine Ausstellung über die Wissenschaftsgeschichte der Menschheit.

Als Landeshauptstadt von Sachsen-Anhalt hat Magdeburg mit seinen ca. 230.000 Einwohnern in den letzten Jahren, besonders in wirtschaftlicher und politischer Hinsicht, stark an Bedeutung gewonnen. Vor allem kann Magdeburg aber auch auf eine lange und lebhafte Geschichte zurück blicken. Trotz der nahezu vollständigen Zerstörung gegen Ende des Zweiten Weltkrieges ist die Landeshauptstadt für den Kunstliebhaber und geschichtlich interessierten Besucher äußerst sehenswert.

Es ist nachgewiesen, dass die erste Besiedlung am Elbufer schon in der Steinzeit erfolgte, die erste schriftliche Erwähnung können Sie im Diedenhofer Capitular nachlesen. Im Jahr 805 wird dort die Ortschaft „Magadoburg", Marktflecken an einer Elbfurt, genannt. Unter Otto I. erreicht der Markt seine erste Glanzzeit. Er erwählte den Ort als Residenz und errichtete eine Kaiserpfalz. Im 10. Jahrhundert wurde Magdeburg sogar als das „Dritte Rom" nach Rom und Konstantinopel bezeichnet. In diesem Jahrhundert erfolgte der Bau des ottonischen Domes, es wurde das Erzbistum gegründet und Magdeburg bekam das Markt-, Münz- und Zollrecht verliehen. Im Jahr 1207 wurde der ottonische Dom von einem Brand zerstört und anstelle dessen ließ Erzbischof Albrecht II. den Magdeburger Dom St. Mauritius und Katharina errichten. Der Bau des ersten gotischen Kathedralbaus auf deutschem Boden nach französischem Vorbild mit der dreischiffigen Querhausba-

AndersRum (A 1): Auf dem Radweg am Deich nach **Magdeburg** → durch den Herrenkrugpark → die Bahn unterqueren → am **Elbauenpark** entlang → rechts über die **Brücke**, danach im Bogen unter der Brücke hindurch und der Route im Stadtplan folgen.

silika mit Chorumgang, dem Kapellenkranz und der Doppelturmfassade wurde erst 1520 abgeschlossen.

Neben der bedeutenden geistlichen Macht in Magdeburg entwickelte sich im Laufe der Jahrhunderte auch eine starke Bürgerschaft, eine Tatsache, die sich auch im Stadtbild widerspiegelte: das klerikale Zentrum war um den Domplatz angesiedelt, das bürgerliche um den Alten Markt. Bei dieser Konstellation blieben natürlich Konflikte zwischen Bürgerschaft und Klerus nicht aus. Zu Beginn des 13. Jahrhunderts erlangte die Bürgerschaft jedoch eine erste Teilunabhängigkeit vom Klerus.

Eng verbunden mit dem Namen Magdeburgs ist auch das historisch gesehen bedeutende Magdeburger Stadtrecht, das unter anderem auch in Städten Russlands und Polens Nach-

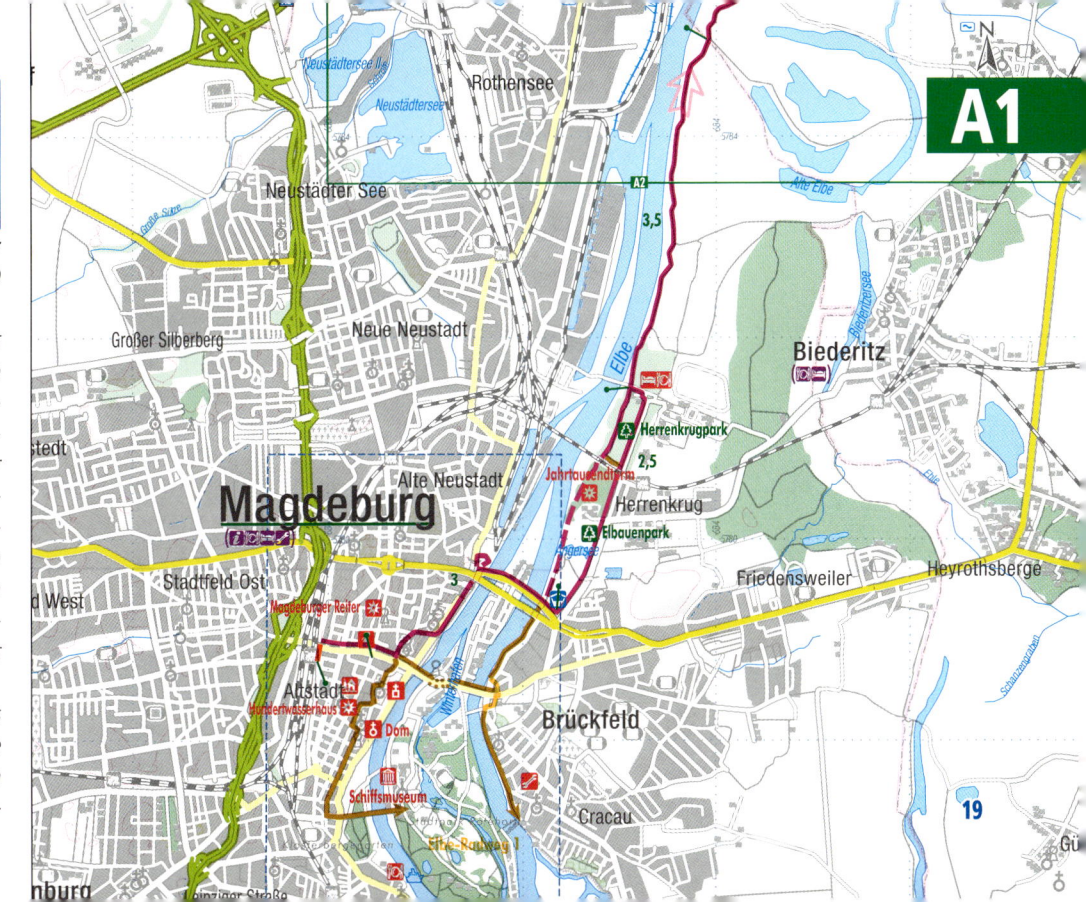

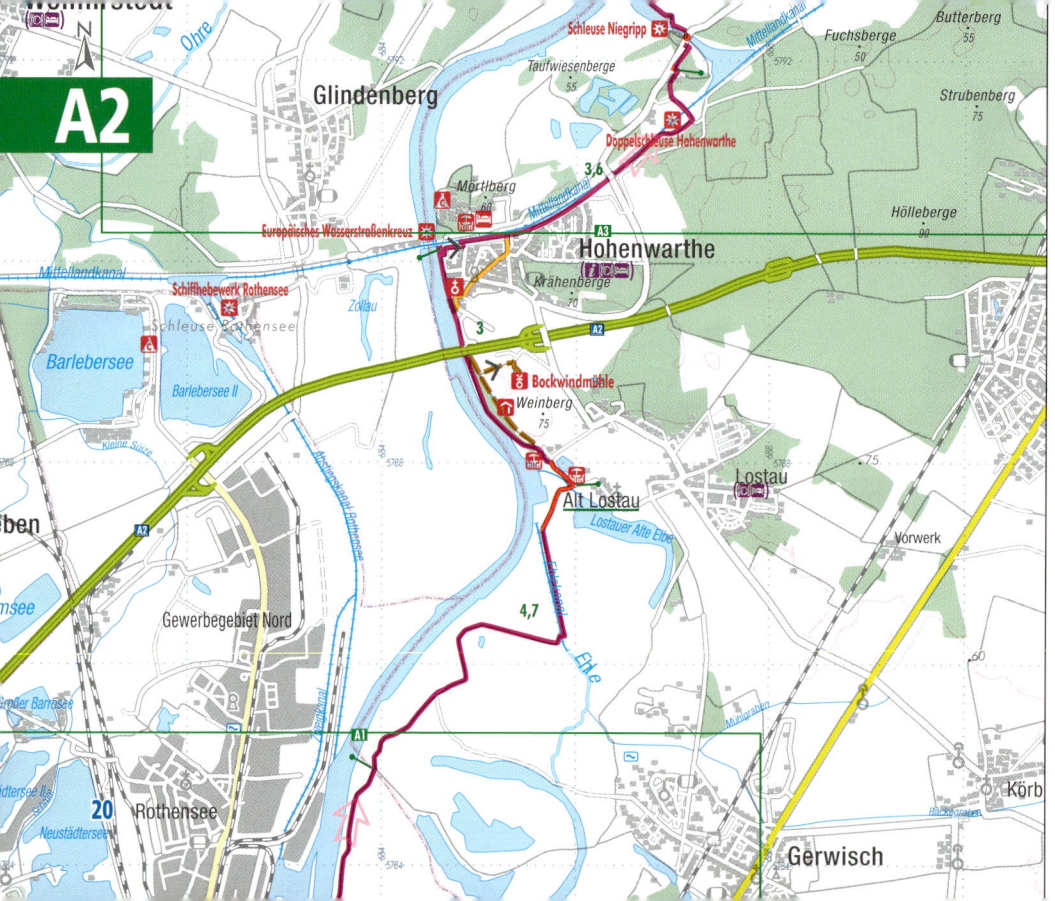

AndersRum (A 2): In Hohenwarte am **Elbe-Havel-Kanal** entlang → bei der Trogbrücke nach links auf die Elbstraße → links in die Mörtelstraße, rechts in die Friedhofstraße und links in die Hauptstraße einbiegen → auf dem Radweg am Deich nach **Magdeburg**.

AndersRum (Karte A 3): In **Schartau** am **Niegripper Weg** rechts → links zum Ausflug nach Burg → nach 1,5 km kurz nach rechts auf den Wiesenweg → links auf den Dammweg → links auf den Wirtschaftsweg → über den **Altkanal**, dann rechts → auf Beton- und dann Spurplattenwegen an **Niegripp** vorbei → über die Schleuse rechts zur **Kanalsiedlung**.

ahmung gefunden hat und als Sachsenrecht noch bis 1899 Geltung hatte.

Eine große wirtschaftliche Rolle spielt für Magdeburg seit Jahrhunderten die Schifffahrt. Allein 1794 zählte die Magdeburger Elbflotte 374 Schiffe. Heute ist der Hafen Magdeburgs am Schnittpunkt von Elbe, Elb-Havel-Kanal und Mittellandkanal einer der bedeutendsten Binnenhäfen im Osten Deutschlands.

Von Magdeburg nach Rogätz　　　32 km

Startpunkt ist der **Bahnhof** in Magdeburg → auf dem gepflasterten Radweg entlang der stark befahrenen **Ernst-Reuter-Allee** durch Magdeburgs Innenstadt in östlicher Richtung.

VARIANTE Sie können auch die im Stadtplan verzeichnete Alternative an der rechten Elbseite durch die Stadt wählen.

Nach links auf die **Hartstraße**, gleich danach rechts und am Rathaus vorbei → an der **Jakobstraße** nach links → an der Kreuzung mit der Julius-Bremer-Straße rechts abbiegen → auf der Brücke die Straße Schleinufer überqueren → neben dem Parkpatz auf dem Radweg zwischen Elbe und Schleinufer weiter → die Markgrafenstraße unterqueren, dann im Bogen zur Brücke hoch → auf dem Radweg Elbe und Alte Elbe überqueren, danach links abzweigen → geradeaus am Rande des **Elbauenparks** entlang.

Die **Eisenbahnbrücke** unterqueren, gleich rechts abbiegen → gleich links in die Straße Herrenkrug und geradeaus weiter.

Nach ca. 5 km den Ehlekanal queren und nach links auf den Weg → auf Höhe der nächsten Brücke rechts → links führt dann ein gekiester Weg zum Weinberg und zur Mühle Hohenwarthe, rechts geht es nach Alt-Lostau.

Nach der Unterquerung der **A 2** eher links in Ufernähe halten und erst später in die Ortschaft Hohenwarthe rechts einbiegen.

Hohenwarthe
PLZ: 39291; Vorwahl: 039222

🛈 **Gemeindeverwaltung Hohenwarthe**, Möserstr. 2, ✆ 2662

🏛 Die **Romanische Kirche** besitzt einen zur Elbe gerichteten Schaugiebel mit offener Glockenarkade.

✺ **Schiffshebewerk Rothensee**. Das bedeutende technische Denkmal verbindet Elbe und Mittellandkanal und überwindet einen Höhenunterschied von 18,5 m.

✺ **Wasserstraßenkreuz Magdeburg** (2003). Das Bauwerk ermöglicht die ganzjährige wasserstandsunabhängige Elbquerung für Großmotorgüterschiffe und Schubverbände.

✺ Die **Doppelschleuse Hohenwarthe** verbindet den Mittellandkanal mit dem Elbe-Havel-Kanal. Sie verhindert durch ihre im Wasserverbrauch sparsame Konstruktion das Trockenfallen des Kanals.

✺ **Bockwindmühle** auf dem Weinberg, von dem aus sich dem Betrachter ein herrlicher Blick über die angrenzenden Landschaften mit Börde und Fläming bietet.

In Hohenwarte entlang der **Hauptstraße** → über die **Friedhofstraße** in die **Mörtelstraße** und danach in die **Elbstraße** → vor der Trogbrücke nach rechts und direkt auf dem Deich am Kanal entlang weiter → bei der Schleuse den Kanal überqueren und zur Vorfahrtsstraße, hier nach rechts → nach der **Schleuse Niegripp**

Burg

nach links und auf dem Spurplattenweg nach Niegripp.

Niegripp
PLZ: 39288; Vorwahl: 03921

- **Gemeindeverwaltung Niegripp**, Elbwiesenweg 2a, ✆ 994320
- **Kreuzkirche** (1732), die vom Landesbaumeister Fiedler erbaut wurde.
- Die **Schleuse Niegripp** (1936-38) wird seit dem Bau des Wasserstraßenkreuzes nur noch von Sportschiffern genutzt.
- Ein Naturlehrpfad an der Südseite des Niegripper Sees führt durch dieses **Vogelschutzgebiet**.

Über eine Querstraße und weiter auf Betonplatten → vor dem **Niegripper Altkanal** nach rechts und immer in Nähe des Kanals halten bis zur Vorfahrtsstraße.

AUSFLUG Sie können von hier aus der Vorfahrtsstraße folgen und einen Ausflug in das Städtchen Burg unternehmen.

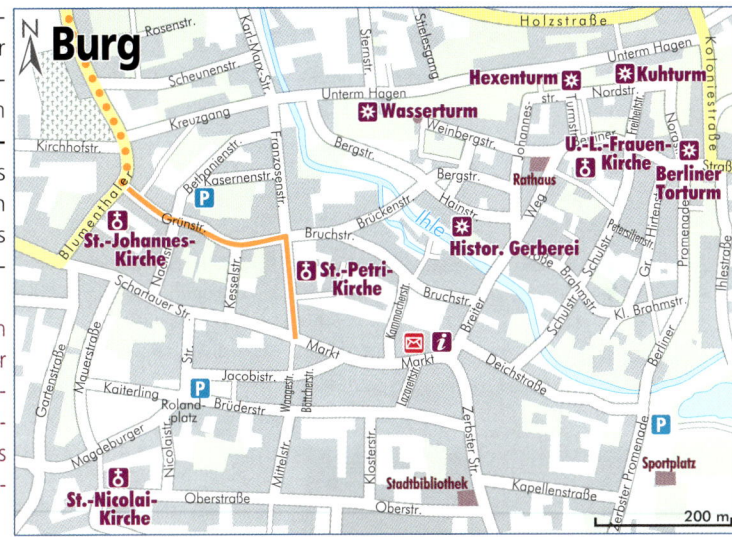

Ausflug nach Burg   10 km

Der Vorfahrtsstraße folgen → nach dem **Elbe-Havel-Kanal** in die erste Straße links, die **Nethestraße** → immer dem straßenbegleitenden Radweg folgen → in einem Rechtsbogen über die Gleise → auf der **Blumenthalerstraße** bis zur Kirche und ins Zentrum von Burg.

Burg
PLZ: 39288; Vorwahl: 03921

- **Burg-Information**, Markt 1, ✆ 484490, ÖZ: Mo-Fr 9-18 Uhr, Sa 9-12 Uhr
- **Stadt Burg**, In der Alten Kaserne 2, ✆ 9210

- **Unterkirche St. Nicolai**, die dreischiffige, spätromanische Basilika stammt aus dem 12. Jh.
- **Oberkirche Unser lieben Frau** (1289-1455), die dreischiffige, spätgotische Hallenkirche zieren u. a. Sandsteinarbeiten des Bildhauers Michael Spies aus der Zeit zwischen 1607-11.
- **St. Petri Kirche**, der romanische Feldsteinbau stammt aus dem 15. Jh.
- Der **Berliner Torturm** ist der größte Wehrturm der ehemals 30 Türmen umfassenden Stadtbefestigung des 14. Jhs.
- Der **Flämingturm** (auch Bismarckturm) wurde 1906 zur Erinnerung an die Reichsgründung durch Bismarck erbaut.
- **Freiheitsturm** (Kuhturm), im 16. Jh. erbaut
- Der **Hexenturm** ist der kleinste erhaltene Wehrturm aus dem 11.-12. Jh. und wurde später als Frauengefängnis genutzt.
- Der **Wasserturm** (1902) umfasste ca. 400 m³ Wasser.
- **Historische Gerberei** mit Schauwerkstatt des Gerberhandwerks und der Schuhindustrie

Auf demselben Weg nun zurück zur Kreuzung nach Überfunder → dann an der Kreuzung rechts halten nach Schartau → in Schartau auf der Vorfahrtsstraße rechts halten.

Auf der Hauptroute an der Vorfahrtsstraße links in den Landwirtschaftsweg → rechts auf den Dammweg → am Ende nach rechts auf den Wiesenweg → dann links auf den gekiesten Radweg nach Schartau.

Schartau

PLZ: 39288; Vorwahl: 03921

- **Gemeindeverwaltung**, Bergstr. 8, ✆ 5275

Schleuse Parey

AndersRum (Karte A 4): Von **Sandfurth** auf oder entlang der Straße bis nach **Bertingen** → links auf den Deich → in **Sandkrug** auf der Straße nach links und sogleich wieder links auf den Deich → auf dem Deich entlang nach **Rogätz**, hier mit der Fähre übersetzen → Variante rechtselbisch: Vom Rastplatz 15 Kilometer am Deich entlang bis zur Fähre Rogätz.

- Die **Romanische Kirche** in Schartau stammt aus dem 12. Jh.

Den Ort in Richtung Fähre Rogätz verlassen → nach fast 4 km erreichen Sie die Fähre.

VARIANTE An der Fähre Rogätz stehen Ihnen verschiedene Möglichkeiten offen: Sie können hier übersetzen und dann auf dem Hauptweg linkselbisch vom Ort Rogätz über Grieben nach Tangermünde weiterfahren. Oder Sie radeln auf ruhiger Strecke mit allerdings etwas schlechterer Oberfläche weiter auf der rechtselbischen Route durch die Elbauen. Dann können Sie, nach einem Besuch im NABU-Erlebnispark Blumenthal, auch noch in Ferchland die Alternativroute zum Kloster Jerichow anschließen, ohne ein weiteres mal übersetzen zu müssen.

Variante rechtselbisch nach Grieben   27 km

Sie folgen dem Plattenweg auf dem Deich → nach 6,5 km sehen Sie rechts von sich Blumenthal.

Blumenthal

✺ **NABU-Erlebnispark**, Blumenthal 30, ✆ 9330. ÖZ: Mo-Fr 7.30-17 Uhr, März-Okt. auch Sa/So 10-18 Uhr. Führungen n. V. Der Park befindet sich auf einem 8 ha großen, nach ökologischen Gesichtspunkten sanierten Gelände – einem ehemaligen

Schweinemastbetrieb. Sie können dort verschiedene Biotopkomplexe, einen Kräutergarten und den kleinen Nutztierzoo ansehen.

An der Ortschaft vorbei und weitere 9 km auf dem teils schlechten Deichweg in Richtung Parey → am Rastplatz rechts dem Plattenweg bis zum Kieswerk folgen → rechts in Richtung Mühle → hinter der Mühle links auf den kleinen Weg → rechts von Ihnen liegt Parey.

Parey

PLZ: 39317; Vorwahl: 039349

ℹ **Verwaltungsgemeinschaft Parey**, E.-Thälmann-Str. 15, ✆ 9330

🏛 **Mühlenmuseum**

✺ **Zweikammerschleuse Parey**
✺ Die Form der 1995 neu aufgebauten **Paltrockwindmühle** soll an den langen Faltenrock eines Geistlichen erinnern. Bei dieser Art der Mühle dreht sich das gesamte Gebäude mit Hilfe der Windrose in den Wind.

Vor dem Pareyer Verbindungskanal rechts → weiter auf dem Radweg nach **Derben** → von Derben weiter nach Ferchland. Zum Teil müssen Sie im Verkehr radeln.

VARIANTE Sie können jetzt entweder nach Grieben übersetzen, um dort auf der Hauptroute weiterzufahren, oder Sie nehmen die Variante über Jerichow und stoßen dann erst wieder kurz hinter Tangermünde auf die Hauptroute.

Am Ortseingang von Ferchland links zur Fähre nach Grieben abbiegen.

TIPP Fähre Ferchland-Grieben: ✆ 03933/879194, Betriebszeiten: Mo-Fr 5.30-20 Uhr, Sa 7-20 Uhr, So/Fei 10-20 Uhr.

In Grieben an der Vorfahrtsstraße rechts, Sie sind wieder auf der Hauptroute.

AndersRum (Karte A 5): Von **Grieben** geradeaus bis nach **Bittkau** → am Ortsende links auf den Deich und durch **Ringfurth** → vor **Sandfurth** links in den Wald und dann durch den Ort → Variante rechtselbisch: von Ferchland geradeaus → an oder auf der Straße nach Neuderben → nach dem Kanal rechts → links an der Mühle vorbei → rechts über den Plattenweg bis zum Rastplatz → weiter auf dem Plattenweg.

Linkselbisch von Rogätz nach Grieben 25,5 km

Mit der Fähre nach Rogätz die Elbe queren.

Rogätz
PLZ: 39326; Vorwahl: 039208

- **Fähre Rogätz**, ☎ 0172/5427827, Betriebszeiten: Mo-Fr 6-20 Uhr, Sa, So/ Fei 9-12 Uhr und 12.30-19 Uhr, letzte Überfahrt vor der Pause 11.45 Uhr
- **Schifffahrtsmuseum**, im Klutturm, ÖZ nur n. V. unter ☎ 27431 od. 01520/5642309
- **Klutturm**, Magdeburger Straße, der mächtige Wohnturm aus Findlingsquadern mit einer Höhe von rund 30 m.
- **Herrenhaus** (1896/97), in neugotischem Stil direkt neben dem Klutturm

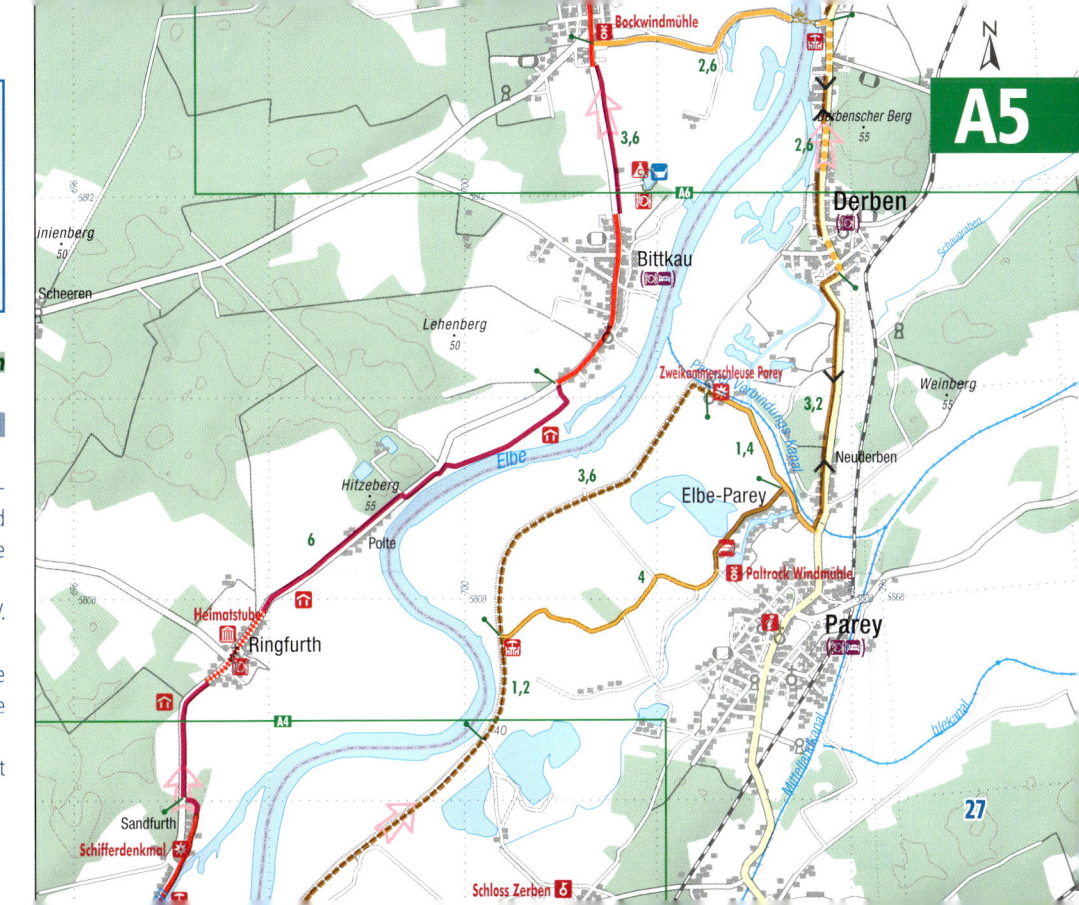

Von der Fähre heraufkommend kurz auf der Straße, dann rechts auf den neu angelegten und ausgeschilderten Radweg auf dem Deich einbiegen → diesem Radweg bis zur Straße folgen → nach rechts wenden und im Ort wieder rechts auf den Damm.
In **Bertingen** rechts auf die Vorfahrtstraße und weiter nach Kehnert.

Kehnert
PLZ: 39517; Vorwahl: 039366
- **Verwaltungsgemeinschaft Tangerhütte Land**, Bismarckstr. 5, 39517 Tangerhütte, ℂ 03935/93170
- **Dorfkirche** von 1830
- **Schloss** (1802/03), im Stil des deutschen Klassizismus erbaut von Langhans d. Älteren, er erbaute auch das Brandenburger Tor in Berlin.

Links in die **August-Bebel-Straße** → dann schnurgerade durch den Ort → weiter auf dem rechtsseitigen Radweg in die Ortschaft Sandfurth.

Sandfurth
- **Schifferdenkmal**

In Sandfurth geradeaus in die Sackgasse → in den Wald hinein und in einem Linksbogen zurück zur Hauptstraße → dort rechts auf den straßenbegleitenden Radweg nach Ringfurth.

Ringfurth
- **Heimatstube Ringfurth**, Bittkauer Weg 26, ℂ 039366/494, ÖZ: n. V.
- **Dorfkirche** aus dem 16. Jh. Gehört zu den offenen Radwegekirchen am Elberadweg.

Gerade durch den Ort auf der **Bittkauer Straße** → weiter bis zu dem Dörfchen **Polte** → am Ortsbeginn gleich rechts auf den asphaltierten Radweg auf dem Damm entlang der Elbe weiter nach Bittkau.

Bittkau
PLZ: 39517; Vorwahl: 039362
- **Heimatstube Bittkau**, Poststr. 4, ℂ 81595
- **Dorfkirche** um 1200 erbaut

In Bittkau immer geradeaus auf der Vorfahrtstraße bleiben → weiter auf dem Radweg nach Grieben.

Jerichow – romanische Klosterkirche

Grieben
- ⚓ Fähre Ferchland-Grieben
- ℂ 03933/879194, Betriebszeiten: Mo-Fr 5.30-20 Uhr, Sa 7-20 Uhr, So/Fei 10-20 Uhr

VARIANTE Sie können jetzt nach Ferchland übersetzen und von dort nach Jerichow fahren, um die Klosteranlage aus der Spätromanik zu besuchen. Die weitgehend unveränderte Ausprägung des Baustils macht die Einmaligkeit der sehenswerten Anlage aus. Sie stoßen dann kurz nach Tangermünde wieder auf die Hauptroute.

Variante rechtselbisch über Jerichow   19,5 km

Geradeaus erst auf einem rechts-, dann auf einem linksseitigen Radweg durch Ferchland radeln.

Ferchland
PLZ: 39317; Vorwahl: 039349

AndersRum (Karte A 6): In **Buch** an der Querstraße links abbiegen → über **Schelldorf** der Hauptstraße nach **Grieben** folgen → Variante rechtselbisch: vom Ausflug nach Jerichow kommend auf der Hauptstraße bis nach Klietznick → rechts auf den Deich bis nach Ferchland und weiter nach Derben.

🛈 **Verwaltungsgemeinschaft Parey**, E.-Thälmann-Str. 15, ✆ 9330

🛈 Die **Fachwerkkirche** wurde 1729 von Baumeister August Martini geplant und 1955 neu rekonstruiert.

Auf dem linksseitigen Radweg aus dem Ort hinaus → auf dem Deichweg nach **Klietznick** → links auf den Radweg durch den Wald → kurz auf die Straße → gleich wieder links auf dem neuen Radweg um Jerichow herum fahren → durch den Deichdurchbruch zum Kloster.

Jerichow
PLZ: 39319; Vorwahl: 039343

🛈 **Kloster Jerichow**, Karl-Liebknechtstr. 10, ✆ 285

🏛 **Klostermuseum** im Kloster Jerichow, ✆ 285

🛈 **Kloster Jerichow**, Am Kloster 1, ✆ 285, Besichtigung: April-Okt., Mo-So 9-17 Uhr, Nov.-März, Mo-So 10-16 Uhr. Führungen ab 10 Personen nur n. V.

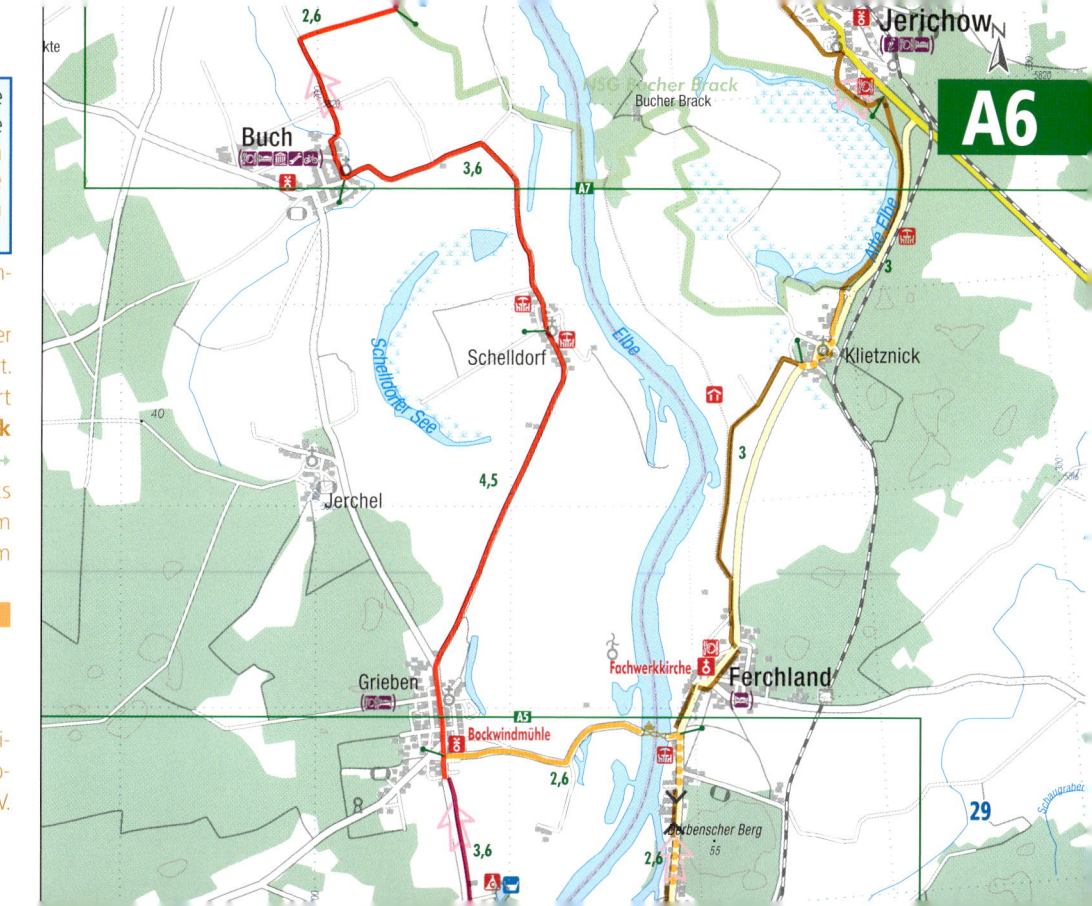

🛈 Die **Klosterkirche** (1148 bis ca. 1200) war bis 1552 die Kirche des Prämonstratenserklosters. Die dreischiffige romanische Säulenbasilika mit Querschiff und Vierung ist das älteste und wertvollste märkische Backsteingebäude. Die gotischen Türme stammen aus dem 15. Jh. Bedeutende Schätze sind die Krypta mit den kunsthistorisch wertvollen Kapitellen und der romanische Osterleuchter. Gehört zu den offenen Radwegekirchen am Elberadweg.

Jerichow – Klosterkirche Innenansicht

🛈 **Stadtkirche**. Der spätromanische Backsteinbau stammt aus dem 13. Jh., der Fachwerkturm aus dem 17. Jh. Der Innenraum wurde im Barockstil und mit dem prächtigen Renaissance-Epitaph aus Marmor und Alabaster (1609) ausgestattet.

✲ Die **Holländer-Windmühle** (Ende 19. Jh.) ist die letzte der ehemals sieben in Jerichow erbauten Windmühlen.

✲ Der **Burgberg** war Standort einer ehemaligen slawischen Wallanlage. Im 12. Jh. wurde hier eine deutsche Burg mit Wehrturm, doppelter Ringmauer und Wassergraben (Elbeabzweig) errichtet. Im Dreißigjährigen Krieg wurde die Burg zerstört. In der Mitte des 18. Jh. wurden alle verbliebenen Gebäude abgerissen. Seit dem Ende des 19. Jhs. befindet sich auf dem Burgberg ein Park.

✲ Der **Topfmarkt** ist der älteste Marktplatz der Stadt.

🛆 **Naturschutzgebiete Bucher Brack & Alte Elbe**. Seltene Vögel und Pflanzen sind hier im Überflutungsgebiet und in den Altwässern zu finden. Ein Naturlehrpfad führt vom Stadtzentrum entlang der Alten Elbe bis nach Klietznick. Von einem Hochstand überblickt man die Weite der Elbniederungen bis Tangermünde.

Der Name Jerichow deutet auf den slawischen Ursprung der heutigen Kleinstadt hin (von jeri = keck, forsch und chow = Burg, Versteck). Die Stadt entwickelte sich aus einem slawischen Fischerdorf, das in der Nähe der heutigen Stadtkirche lag. Seit Jahrhunderten zählten Handwerk, Gewerbe und Braurechte zu den wichtigsten Erwerbszweigen Jerichows. Urkundlich erwähnt wird Jerichow erstmalig 1144 in der Gründungsurkunde des Klosters Jerichow. König Konrad III. stattete das Prämonstratenserstift mit Grundbesitz aus und unterstellte es dem Bistum Havelberg. Zunächst siedelten sich Chorherren aus dem Kloster Unserer Lieben Frauen in Magdeburg

Jerichow – Klosterkirche

AndersRum (Karte A 7): In **Tangermünde** geradeaus auf die **Lange Straße** durchs Zentrum → links in die **Stendaler Straße** → dem Deich folgen → in einer Rechts-Links-Kombination auf die Straße nach **Buch** → Variante rechtselbisch: nach der Brücke rechts dem Radweg folgen → rechts zum Deich → links auf dem Radweg 7,5 Kilometer bis nach Jerichow.

im Zentrum Jerichows unweit einer Burg an. Bereits vier Jahre später zogen sie dem bunten Treiben und der Unruhe Jerichows entfliehend aus dem Ort an die heutige Stelle des Klosters.

Begleitet von längeren Unterbrechungen dauerte die Erbauung der Klosteranlage 100 Jahre. Eine ein Kilometer lange Klostermauer umgab das mittelalterliche Bauensemble aus Kirche, Klausurhof und Wirtschaftsgebäuden. Erbaut wurde das Kloster in romanischer Backsteinbauweise. Da natürliches Baumaterial im Jerichower Land fehlte, wurden Backsteine aus den Baumaterialien Lehm und Schlick, die an der Elbe reichlich vorhanden waren, hergestellt. Bis zu 12.000 Backsteine wurden pro Brand in

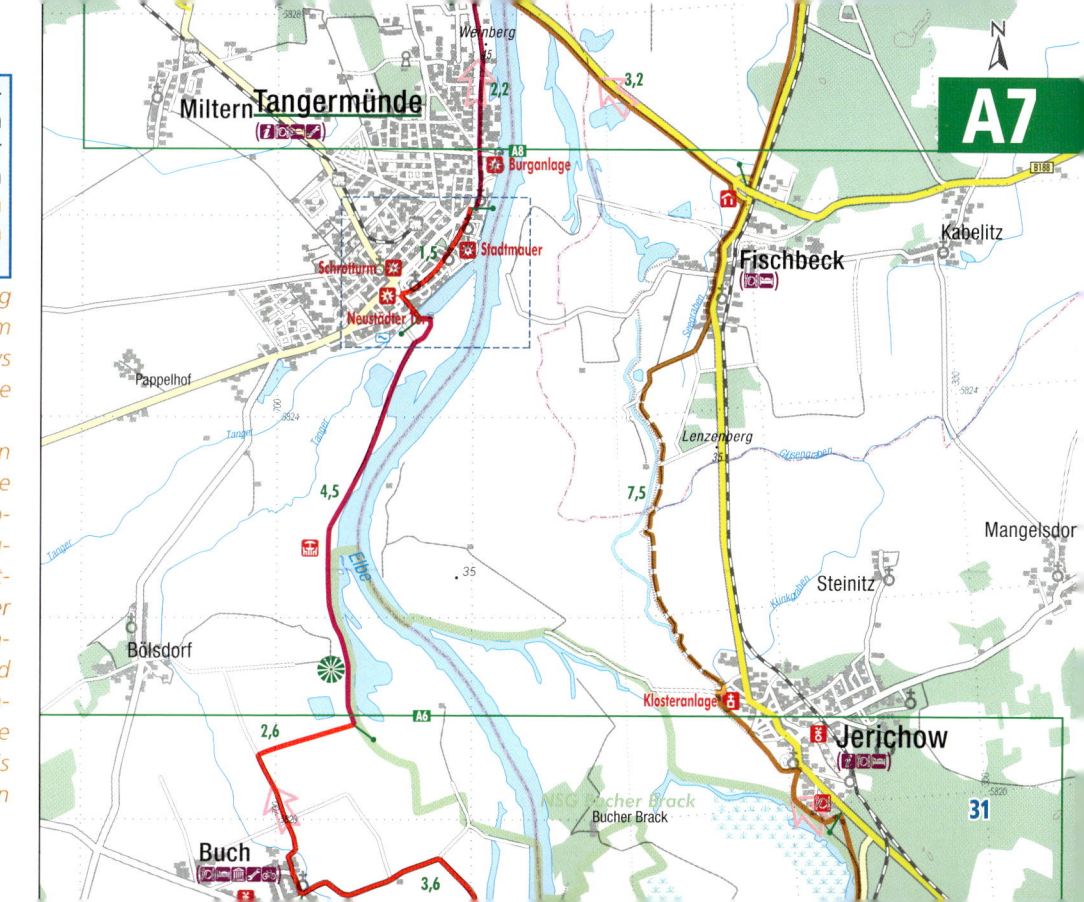

den Feldbrandöfen, die auf freiem Gelände erbaut wurden, hergestellt. Die technischen Vorzüge des Materials trugen zu einer weiten Verbreitung dieser neuen Bauweise bei. Deshalb gilt das Jerichower Land als Wiege des norddeutschen Backsteinbaus. Allein im Jerichower Land sind 30 Backsteinkirchen nachweisbar, deren Grundriss streng in Westturm, Gemeinderaum, Chor und Apsis gegliedert ist. Die Gestaltungsmöglichkeiten des Backsteins ließen eine klare Gliederung der Außenwände und eine Schlichtheit der Innenräume zu, wie sie den reformkirchlichen Bauvorstellungen der Prämonstratenser entsprachen.

Im Zuge der Lutherischen Reformation des 16. Jahrhunderts wurde das Kloster geschlossen. Die Bemühungen des Bischofs Busso von Alvensleben, das Kloster dem Bistum Havelberg auf lange Sicht zu erhalten, blieben erfolglos. Vier Jahre nach seinem Tod wurde 1552 der Ritter Hans von Krusemark weltlicher Verwalter und aus dem ehemaligen Klosteramt entstand

später die brandenburg-preußische Domäne. Der Versuch, das Kloster in den Jahren 1629-31 wiederzubesetzen, scheiterte in den Wirren des Dreißigjährigen Krieges an den schweren Verwüstungen kaiserlicher und schwedischer Truppen im Jahre 1631. Nach der Instandsetzung erzielten die Domänenpächter besonders mit der Bier- und Branntweinherstellung lukrative Einnahmen.

Die Klosterkirche, zunächst als evangelisch-lutherische Amtskirche benutzt, war nach der Instandsetzung 1685 durch den Kurfürst Friedrich Wilhelm von Brandenburg Sitz der neugegründeten Reformierten Gemeinde aus französischen und süddeutschen Emigranten, später dann der evangelisch-unierten Kirchengemeinde. In den Jahren 1853-56 und 1955-60 wurden umfassende Restaurierungsarbeiten an der Kirche notwendig. Die schrittweise Freilegung und Restaurierung der Klausurräume, des Kreuzganges und des Innenhofes wurden seit 1965 durchgeführt. Die romanischen Innenräume konnten 1977, als das Museum Kloster Jerichow eröffnet wurde, einer breiten Öffentlichkeit zugänglich gemacht werden. Heute ist das Kloster nicht nur Museum sondern auch Ort verschiedener Kunstausstellungen, Tagungen zur mittelalterlichen Backsteinbauweise und der Konzertreihe Jerichower Sommermusiken. Als eines der Tore entlang der Straße der Romanik ist das Kloster Jerichow mit seinem über Jahrhunderte unverändert erhalten gebliebenen Baustil eines der unverwechselbaren Beispiele romanischer Backsteinbaukunst Norddeutschlands.

Von Jerichow geht es weiter am Deich entlang → vor bis zur B 107 → dort links auf den Radweg durch **Fischbeck** bis zur Brücke über die Elbe.

VARIANTE Wenn Sie hier geradeaus fahren, können Sie alternativ über Schönhausen und Sandau nach Havelberg radeln. Zwar ist Tangermünde äußerst sehenswert, doch auch ein Abstecher nach Schönhausen, der Geburtsstadt Otto von Bismarck, lohnt sich. Im Bismarck-Museum (✆ 039323/874, ÖZ: April bis 3. Okt., Di-So 10.00-18.00 Uhr, 4. Okt.-März, Di-So 10.00-17.00 Uhr) wird nicht nur das Lebenswerk des "Eisernen Kanzlers" gewürdigt, sondern auch Details aus dem Privatleben des ersten Reichskanzlers gezeigt.

Dem Radweg links über die Brücke folgen → nach einem Linksbogen zur Straße hin treffen Sie wieder auf die Hauptroute.

Von Grieben nach Tangermünde 16,5 km

Am Ortsende von Grieben gabelt sich die Straße, hier rechts nach **Schelldorf** und dann weiter nach Buch am Deich entlang.

Buch

PLZ: 39517; Vorwahl: 039362

- 🛈 **Landerlebnis Elbtalauen e.V.**, Querstr. 22, ✆ 90009 od. ✆ 81673
- 🏛 Elbe-Zentrum Buch: ElbeLandmuseum und NABU-Elbe-Landmuseum, Querstr. 22, ✆ 81673, ÖZ: Mai-Okt. 10-17 Uhr. Attraktive Ausflüge ins "Biosphärenreservat Flußlandschaft Elbe", Naturlehrpfad und Naturbeobachtungsturm, Färber-, Kräuter- und Duftgarten, alte Gemüsesorten der Altmark, Streuobstwiese mit über 40 Obstsorten
- ⛪ **Dorfkirche** (13. Jh.)
- ✻ **Holländerwindmühle**
- ✻ **Rolandfigur**

In Buch auf die erste Straße nach rechts → ein paar hundert Meter nach Ortsende rechts zur Elbe einbiegen → auf den Dammweg hinauf und auf diesem bis zum Hafenbecken in

Tangermünde

Tangermünde → über die Brücke in die **Stendaler Straße** → rechts in die **Kirchstraße**, dem Zentrum von Tangermünde.

Tangermünde

PLZ: 39590; Vorwahl: 039322

- 🛈 **Touristinformation**, Markt 2, ✆ 22393, www.tourismus-tangermuende.d
- ⛵ **Fahrgastschifffahrten**, Goethestr. 21, ✆ 3654 od. ✆ 0171/4218162
- 🏛 **Burgmuseum Schlossfreiheit**, Schlossfreiheit 5, ✆ 92844
- 🏛 **Stadtgeschichtliches Museum**, Altes Rathaus, ✆ 42153
- ⛪ Die **Nikolaikirche** wurde als romanischer Feldsteinbau im 12. Jh. erbaut.
- ⛪ **St. Stephanskirche** (1184-88), im 14./15. Jh. wurde die im romanischen Baustil erbaute Kirche in mehreren Bauabschnitten zu einer gotischen Hallenkirche umgebaut. Sie ist der größte Sakralbau der Altmark. Das Kirchenschiff wurde durch den großen Stadtbrand von 1617 vollständig zerstört. Nur wenig der ursprünglichen Ausstattung konnte vor den Flammen gerettet werden, so das bronzene Taufbecken von 1508. Die Scherer-Orgel aus dem Jahr 1624, die seit 1994 nach umfangreichen Restaurierungsarbeiten wieder in St. Stephan erklingt, ist eine der 10 wertvollsten Orgeln Europas. Gehört zu den offenen Radwegekirchen am Elberadweg.
- ⛪ **St. Elisabethkapelle** (Salzkirche). Ursprünglich zum gleichnamigen Hospital gehörend, das 1617 durch den Stadtbrand zerstört wurde, diente die Kapelle vom Ende des 17. bis ins 19. Jh. als Salzlager. Heute wird sie als Konzert- und Ausstellungshalle genutzt.

Tangermünde

❻ **Burganlage**. Hier sind die Überreste der Burg zu finden, die im 14. Jh. von Karl IV. um- und ausgebaut wurde. Teile der Ringmauer und der Gefängnisturm (1480) sind erhalten geblieben.

✸ **Schrotturm**. In diesem ehemaligen Wehrturm wurden im 19. Jh. Schrotkugeln hergestellt.

✸ **Neustädter Tor**. Es ist eine der schönsten mittelalterlichen Toranlagen des norddeutschen Raumes.

✸ Die ehemalige **Zuckersiederei**, Kirchstr. 62, wurde 1826 gegründet. Daraus entwickelte sich in der ersten Hälfte des 20. Jhs. eine der größten und modernsten Zuckerraffinerien Europas und die Tangermünder Schokoladenfabrik, in der die bekannte Schokolade „Feodora" hergestellt wurde.

✸ Das **Rathaus** ist ein Beispiel spätgotischer Architektur. Der Ostflügel mit seiner prächtigen Schauwand wurde um 1430 errichtet. Später wurde das Gebäude um die Gerichtslaube erweitert. In der oberen Etage befinden sich das Trauzimmer und der Rathausfestsaal, im Erdgeschoss und in den Kellerräumen ist das Heimatmuseum untergebracht.

Tangermünde

✸ **Fachwerkhäuser** in der Kirchstraße. Das Straßenbild prägen reich verzierte Fachwerkhäuser aus dem 17. Jh. und jüngeren Datums. Eines der schönsten Tangermünder Fachwerkhäuser ist die Nummer 23, das durch seine kunstvollen Flachschnitzereien besticht.

✸ Der **Buhnenkopf** ist ein Fachwerkhaus aus dem 17. Jh. Den Namen erhielt dieses Gebäude aufgrund seiner Lage. Es ragt wie ein Buhnenkopf der Uferbefestigung in die Straße hinein.

✸ **Stadtmauer** (um 1300), im 18. und 19. Jh. umfangreiche Erneuerungsarbeiten.

✸ **Steigberg**. Diese Treppe führt von der Elbe hinauf in die Stadt und wurde zum Schutz mit einem Wehrturm überbaut.

✸ **Rossfurt mit Elbtor** (15. Jh.). Es handelt sich um einen von hohen Futtermauern eingefassten und etwa 100 m langen Hohlweg, der vom Elbtor zur Stadt hinaufführt. Die Rossfurt war bis ins 19. Jh. der einzige Zugang zur Stadt von der Elbseite her. Eine Messlatte am Torbogen zeugt von den Höchstwasserständen der vergangenen Jahrhunderte.

✸ **Hühnerdorfer Tor**, von der ehemaligen Doppeltoranlage ist noch der 24 m hohe Wehrturm erhalten.

✸ Die **Schlossfreiheit** war Ort der Burgmannensiedlung. Hier befindet sich das älteste Wohnhaus (Haus Nr. 5) Tangermündes. Das Untergeschoss stammt aus dem Jahre 1543, das Obergeschoss aus dem 17. Jh. In diesem Gebäude befindet sich das Burgmuseum.

✸ **Kanzlei** (1373), dieses einzige erhaltene Gebäude des inneren Burghofes aus der Zeit Kaiser Karl IV. wurde einst als Tanzsaal, im 18. Jh. als Schreiberei genutzt.

✸ Der **Bergfried** (Kapitelturm, 1376) war Teil der Ringmauer und wurde zeitweise als Getreidespeicher des Berliner Domkapitels genutzt.

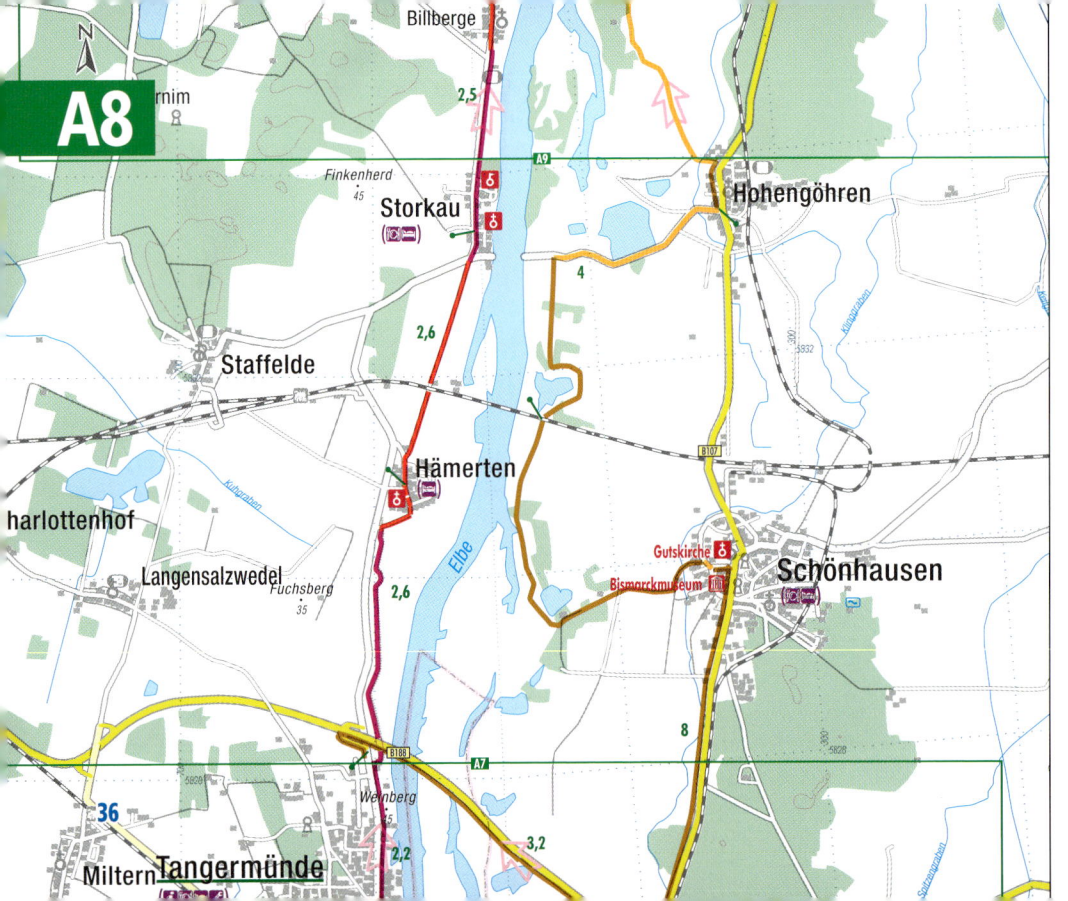

AndersRum (Karte A 8): Dem Radweg von **Billberge** durch **Storkau** folgen → im Rechtsknick geradeaus unter den Bahnschienen hindurch nach **Hämerten** → am Deich entlang unter der Elbbrücke durch nach **Tangermünde.**

→ Ausflug nach Jerichow: die Brücke unterqueren → rechts dem Radweg über die Brücke folgen.

- **Freibad**, Friedensstr. 25, ✆ 73084
- **Aqua Fun**, Kirchstraße, ✆ 92000
- **Service-Center Gerike**, Kurt-Eisner-Str. 4, ✆ 72660
- **Fahrradersatzteile Budnik,** Arneburgerstr. 37, ✆ 0175/8070250

Tangermünde wird erstmalig 1009 von Bischof Thietmar von Merseburg urkundlich erwähnt. Demnach war „Tongeremuthi" Burgwardshauptort innerhalb des Verteidigungssystems an der Elbe, das zum Schutz vor den ostelbischen Slawen errichtet worden war. Vom 12. bis zum 13. Jahrhundert entwickelte sich Tangermünde von einem Marktort, der 1136 als Elbzollstelle genannt wird, zu einer Stadt. Die älteste schriftliche Erwähnung der Stadt Tangermünde geht auf das Jahr 1275 zurück. Zu Beginn des 14. Jahrhunderts bildet sich

AndersRum (Karte A 9): Von **Gr. Ellingen** → geradeaus nach **Arneburg** → von der Bahnhofstraße links in die **Breite Straße**, am Markt rechts → auf dem Radweg bis **Billberge**

der Rat als Verwaltungsbehörde heraus, der von wenigen Veränderungen abgesehen bis 1693 bestand.

Im 14. Jahrhundert erwarb der römisch-deutsche Kaiser Karl IV. die Mark Brandenburg und damit auch die Hansestadt Tangermünde, deren Mitgliedschaft im hansischen Städtebund spätestens seit 1368 bestand. Er wählte die Burg in Tangermünde als Nebenresidenz zum Hradschin in Prag. Von hier aus wollte er den Handel zwischen seiner Residenzhauptstadt Prag und den Handelszentren in England, in Skandinavien, im Baltikum und Nowgorod über die verbündeteten Häfen der Hansestädte Hamburg und Lübeck fördern. Nach seinem Tod residierten über einige Jahrzehnte die Hohenzollern auf der Burg von Tangermünde, bis sie Mitte des 15. Jahrhunderts ihren Kurfürstensitz endgültig nach Berlin/Cölln verlegten.

Im 15. Jahrhundert florierte der Handel mit Tuchen, Bier und Getreide. Diese Zeit der wirtschaftlichen Blüte und der damit verbundene Reichtum spiegelt sich in den prächtig verzierten Bauwerken wie dem spätgotischen Rathaus mit seinem prächtigen Schaugiebel und den mächtigen Stadttoren wieder.

Ein Brand zerstörte 1617 zwei Drittel aller Häuser und Scheunen innerhalb der Stadtmauern. Die angeblich Schuldige, Grete Minde, wurde mit anderen Beschuldigten zum Tode auf dem Scheiterhaufen durch „Schmöchen" verurteilt. Erst im 19. Jahrhundert wurde ihre Unschuld herausgefunden. Ihr Schicksal inspirierte einige Schriftsteller zu literarischen Werken wie beispielsweise Theodor Fontane, der ihr eine Novelle widmete. Nach dem Brand wurden neben den erhaltenen Gebäuden der Backsteingotik kunstvoll verzierte zweigeschossige Fachwerkhäuser errichtet, von denen einige besonders schöne Häuser in der Kirchstraße stehen. Da die Stadt seit mehr als fünf Jahrhunderten keine bedeutende politische Rolle spielte und sich die Industrialisierung des 19. Jahrhunderts überwiegend im Norden Tangermündes vollzog, ist das historische Stadtbild Tangermündes nahezu unverändert erhalten geblieben.

Hämerten

Von Tangermünde nach Arneburg 14 km

Entlang der **Hünerdorfer Straße** aus dem Stadtzentrum von Tangermünde hinaus → rechts auf dem Radweg entlang der Hauptstraße → in der Linkskurve geradeaus in die **Arneburger Straße** bis zur Elbbrücke.

VARIANTE Sie können von Tangermünde nach Havelberg auch die rechtselbische Alternativroute nutzen. In Schönhausen kommen Sie am Geburtshaus Bismarcks vorbei (siehe auch Karten A 8-11).

Vor der Elbbrücke nach rechts und → diese unterqueren → Sie folgen dem Radweg am Deich bis nach Hämerten.

Hämerten

8 Ev. Kirche St. Johannes. Gehört zu den offenen Radwegkirchen am Elberadweg.

Auf der **Hauptstraße** durch Hämerten → nach den letzten Häusern geradeaus → durch die Unterführung unter den Gleisen der ICE-Hochgeschwindigkeitsstrecke

Arneburg – St. Georg

AndersRum (Karte A 10): Von Billberge nach Rosenhof, später dem Radweg nach rechts folgen → um das Rittergut links herum → auf dem Radweg über **Schwarzholz** nach **Hohenberg-Krusemark**, hier links auf die **L 16** durch **Gr. Ellingen.**

hindurch → danach schnurgerade weiter auf dem asphaltierten Weg → kurz vor Storkau rechts auf den Radweg entlang der **K 36**.

Storkau (Elbe)

- **Storkauer Kirche**, ein für die Gegend untypischer Backsteinbau. Mit dem im Osten stehenden Kirchturm zählt diese Kirche zu den sieben „verkehrten" Kirchen der Altmark.

Von Storkau geradeaus weiter nach **Billberge** → rechts in die Ortschaft mit dem Gutshof → hügelig geht es auf dem Hochplateau über der Elbe nach Arneburg.

VARIANTE Wenn Sie nach rechts in Richtung Fähre abbiegen, können Sie auch auf der rechtselbischen Variante weiterradeln. Den Wegeverlauf finden Sie im Kartenblatt.

Arneburg
PLZ: 39596; Vorwahl: 039321

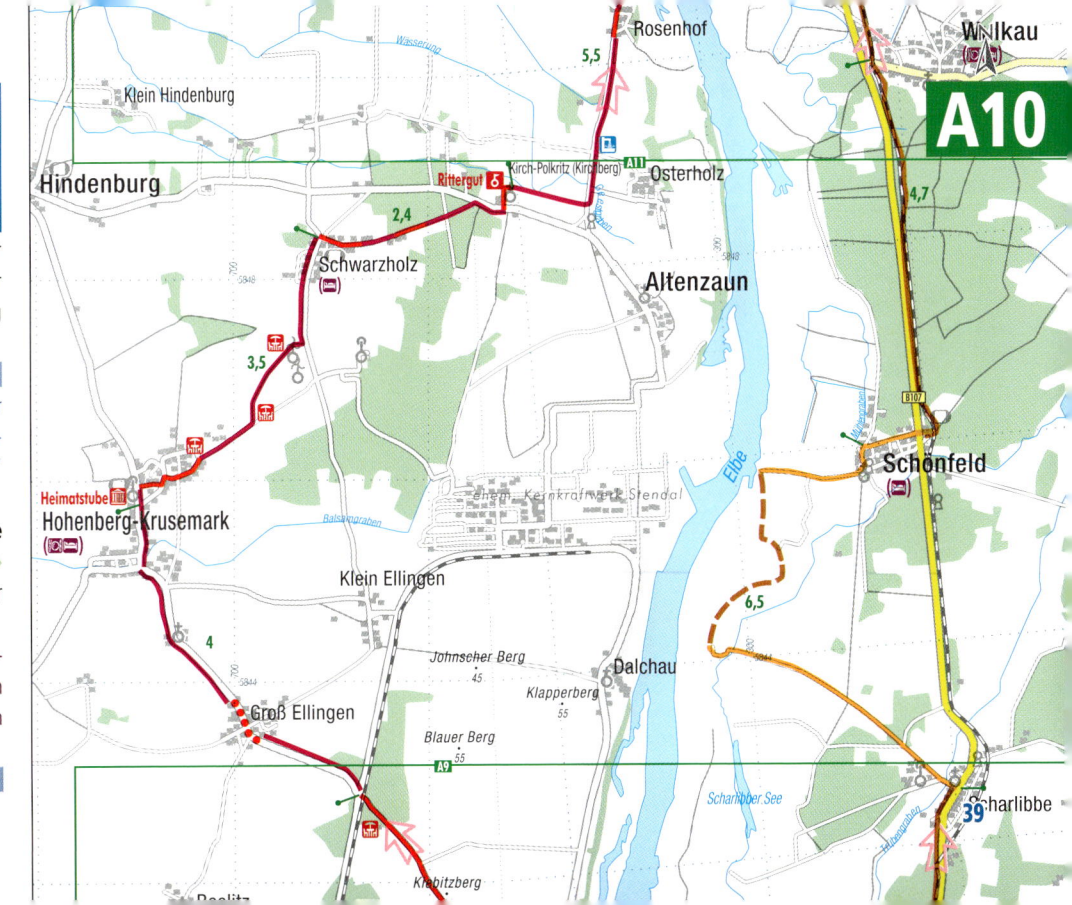

- **Tourist-Information Arneburg-Goldbeck**, Breite Str. 14a, ✆ 5180 od. Tourismusbüro Arneburg, ✆ 51817
- **Fähre**, Betriebszeiten: Mo-Fr 7-18 Uhr, Sa, So/Fei 10-19 Uhr
- **Heimatmuseum**, Breite Str. 16, ✆ 51817. Das Museum ist im Schwarzen Adler untergebracht. Themen sind die Früh- und Ortsgeschichte sowie die Dokumentation der Fischerei und Schifffahrt.
- Die **Pfarrkirche St. Georg** (13. Jh.) ist eine einschiffige spätromanische Feldsteinkirche. Gehört zu den offenen Radwegekirchen am Elberadweg.
- Auf dem **Burgberg** finden sich mittelalterliche Umfassungsmauerreste aus Feld- und Backstein sowie Reste einer dreireihigen Palisadenbefestigung.
- **Schillgedenkstein**
- **Freibad**, Am Campingplatz, ✆ 2249
- **Buchholz**, Bahnhofstr. 1, ✆ 2337

Arneburg liegt auf einer nach Osten hin kaum merklich ansteigenden Hochfläche, die in einem jähen Steilhang zur Elbe hin endet. Von hier aus ist das Elbtal weithin überschaubar. Direkt am angrenzenden Elbtal entstand Arneburg im Schutz der gleichnamigen ottonischen Reichsburg, die im 10. Jahrhundert zur Sicherung der Reichsgrenze gegen Übergriffe der östlich benachbarten slawischen Stämme diente. Heute sind nur noch die Mauerreste aus dem 13. Jahrhundert und ein Park auf dem Burgberg vorhanden.

Für das Jahr 978 ist eine Stiftung des Benediktinerordens durch den Burggrafen Bruno und seiner Gemahlin belegt. Ein Schutzbrief gegen die ostelbischen Slawen wurde 983 von Papst Benedikt VII. ausgestellt. Ungefähr gleichzeitig wurde die Stadt mit einem palisadenbewehrten Wall und einem Wassergraben befestigt.

Im 14. Jahrhundert entwickelte sich Arneburg zu einem Flecken, einem kleinen Mediatstädtchen mit einem adligen Stadtherren. Die Altstadt wurde nach dem großen Stadtbrand 1767 mit finanzieller Unterstützung des Königs Friedrich II. wieder aufgebaut. Das bedeutendste Bauwerk Arneburgs, die Kirche St. Georg, wurde um 1200 auf dem Steilufer der Elbe erbaut. Heute zählt sie zu den ältesten romanischen Kirchbauten in der Altmark.

Von Arneburg nach Räbel   35,5 km

Am Marktplatz links in die **Breite Straße** → an der nächsten Kreuzung rechts in die **Bahnhofstraße** → auf der Hauptstraße Richtung Groß Ellingen und Werben → schnurgerade auf dem Radweg nach **Groß Ellingen** → nach insgesamt 7,5 km ist Hohenberg-Krusemark erreicht.

Hohenberg-Krusemark
PLZ: 39596; Vorwahl: 039394
- **Heimatstube**, Hauptstr. 46, ✆ 81339

Im Ort rechts Richtung Osterburg → zuerst eher links halten, dann in die **Pappelstraße** wenden → beim „Vorfahrt achten" dann links in die **Hohenberger Straße** → rechts in die **Parkstraße** → dem Straßenverlauf folgend aus Hohenberg hinaus → der Radweg führt nach **Schwarzholz** → am Ende der Ortschaft rechts → auf einem gepflasterten Radweg nach **Kirch-Polkritz** → sobald der Radweg endet, nach

AndersRum (Karte A 11): Von **Berge** über die Straße nach **Kannenberg** → links durch den Sumpf auf den Radweg nach **Büttnershof** → über die Vorfahrtsstraße und dann rechts in Richtung Kirche → vorbei am Gutshaus → auf dem Radweg durch Rosenhof → linkselbisch: von Havelberg immer dem Radweg entlang der B 107 nach Sandau folgen → rechts geht es zur Fähre.

links zum ehemaligen Rittergut wenden und am **Rittergut** und dem Friedhof vorbeifahren. *Hier sehen Sie den Gedenkstein und die Schautafel, welche an die Schlacht des General York von Wartenberg gegen die Truppen Napoleons erinnert.*

Weiter auf dem Radweg nach **Rosenhof** → auf dem Weg zum Büttnershof die Backsteinkirche und das ehemalige **Gut Käcklitz** passieren.

Büttnershof

- **Gutshaus** mit Parkanlage
- Die **Kirche** ist ein Backsteinbau der Frühgotik. Ende des 19. Jhs. wurde sie im Inneren restauriert. In den 50er Jahren des 20. Jhs. wurden die Innenräume neu geweißt und mit Bibelsprüchen verziert. Die

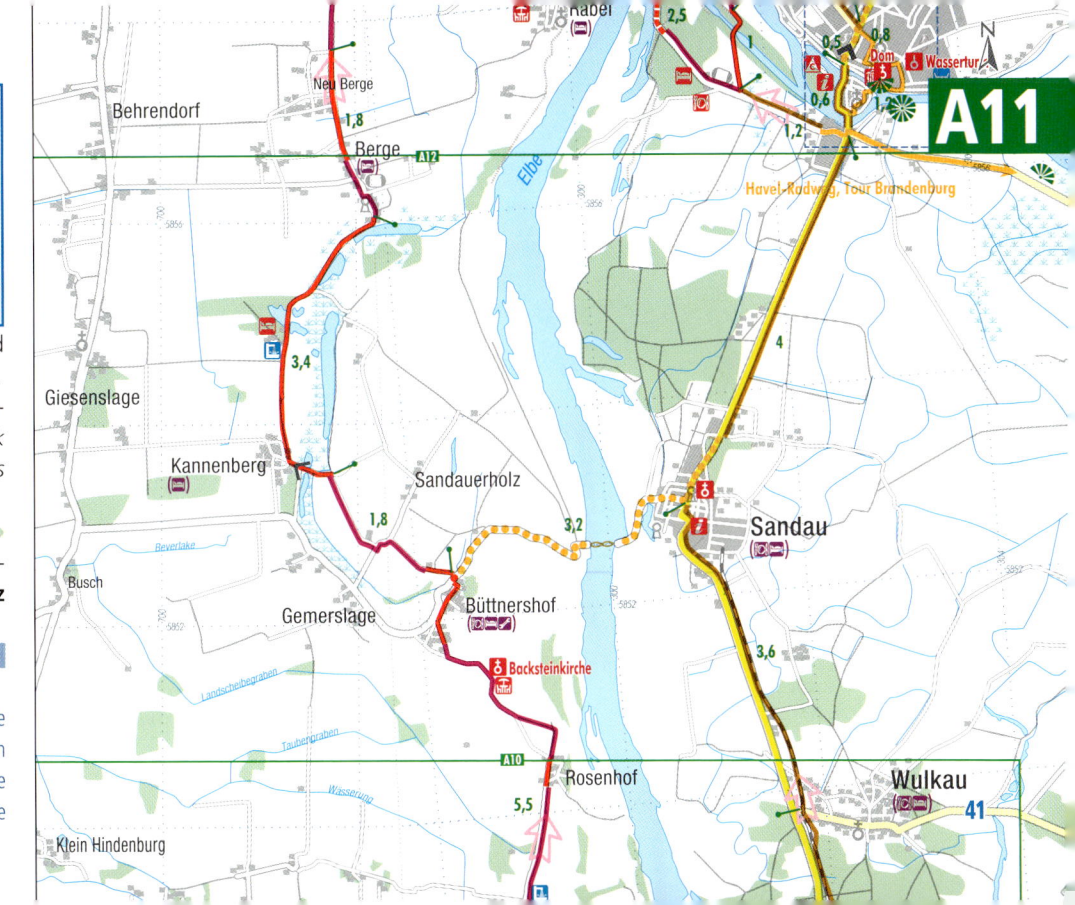

A11

Kirche hat ihre eigentliche Funktion verloren und die Ruine wurde als Aussichtsturm ausgebaut.

🚲 **Gutshaus Büttnershof**, Dorfstr. 38, ☏ 81046

In Büttnershof rechts → nach links über die Vorfahrtstraße, die L 9, in eine Kopfsteinpflasterstraße.

VARIANTE: Wenn Sie auf der durchgehend asphaltierten Variante über Sandau nach Havelberg fahren, kürzen Sie 13 km ab. Allerdings ist diese Route verkehrsreicher als die linkselbische Tour.

Variante über Sandau nach Havelberg 7,5 km

An der Vorfahrtstraße nach rechts auf die mäßig befahrene **L 9** einbiegen und mit der **Fähre Sandau** die Elbe überqueren.

TIPP: Fähre Sandau: ☏ 039383/6000, Betriebszeiten: Mo-Sa 5.30-21.30 Uhr, So/Fei 7-21.30 Uhr. Weiter auf der L 9 nach Sandau.

Sandau
PLZ: 39524; Vorwahl: 039383

ℹ️ **Touristinformation**, Marktstr. 2, ☏ 60915

⛪ Der **Kirchturm** der dreischiffigen **Basilika** wurde nach der Zerstörung im Zweiten Weltkrieg in den vergangenen Jahren wieder aufgebaut.

An der Vorfahrtstraße links auf den Radweg an der **B 107** und nach Havelberg radeln. → Havelberg

Auf der linkselbischen Hauptroute ist es nur kurzzeitig holprig, denn schon bald taucht linker Hand ein Radweg auf → an der T-Kreuzung links auf dem Radweg bleiben → an der nächsten T-Kreuzung links → zwischen Teichen hindurch und leicht hinauf → rechts auf dem Dammweg → an **Kannenberg** vorbei → durch das Dorf Berge hindurch.

Nach 4,5 km an der **L 2** links einbiegen → nach links in die **Kirchstraße** → nach rechts in die **Marktstraße** und über den **Marktplatz**.

Werben
PLZ: 39615; Vorwahl: 039393

ℹ️ **Tourismusbüro Werben (Elbe)**, Marktpl. 1, ☏ 92755

🏛️ **Heimatmuseum** im Elbtor, ☏ 92755 od. ☏ 219

⛪ **St. Johanniskirche** (12.-15. Jh.), dreischiffige Hallenkirche, Führungen: Herr Schultze, ☏ 5649

✴️ **Rathaus**, mit mittelalterlichem Gewölbe. Das Erdgeschoss ist aus dem Jahre 1793.

AndersRum (Karte A 12): Weiter auf dem Deich zwischen Havel und Elbe → an den Wehranlagen rechts → auf der Insel zwischen Elbe und Havel durch **Neuwerben** dem Radweg folgen → bei Havelberg rechts auf den Radweg antlang der **L 2** in Richtung **Fähre Räbel** → in Räbel nach rechts auf den Deich → in Werben nach links auf die **Fischerstraße** → rechts in die **Lange Straße** → über den **Marktplatz**, die **Markt-** und die **Kirchstraße** zur **L 2**, hier nach rechts → rechts auf den Radweg nach **Berge**.

Linkselbisch: immer dem Deich nach Werben folgen → Variante nach Sandau: an der L 2 links → auf den Radweg an der B 107 nach rechts.

✴️ **Reste der Stadtbefestigung** mit Salzkirche, Hungerturm und dem Elbtor aus dem 15. Jh.

✴️ **Bockwindmühle** (1824), Führungen: Familie Schnelle, ☏ 9298-0

🏊 **Freibad**, ÖZ: Mai-Sept. 10-20 Uhr

🚲 **NABU Werben**, Marktpl. 1, ☏ 5252

🔧 **Bergmann**, Seehäuser Str. 15, ☏ 449

Das 1.000 Jahre alte Werben ist die kleinste Hansestadt Deutschlands und hat nur knapp 800 Einwohner. In Werben sind die ältesten Wurzeln des Johanniterordens in Deutsch-

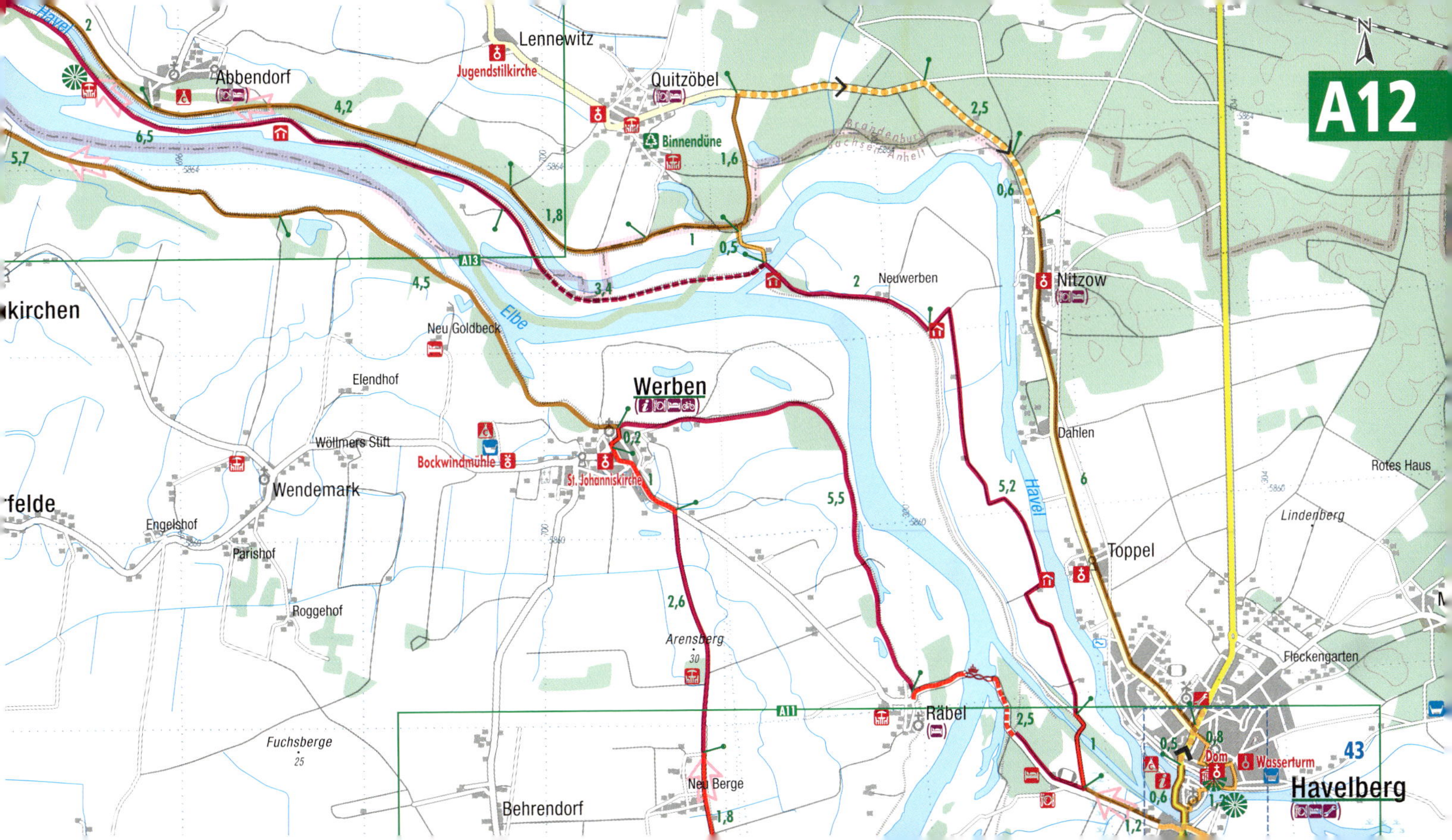

A12
Havel
Lennewitz
Jugendstilkirche
Abbendorf
Quitzöbel
Binnendüne
Brandenburg
Sachsen-Anhalt
Elbe
Neuwerben
Nitzow
kirchen
Neu Goldbeck
Elendhof
Werben
Wöllmers Stift
Bockwindmühle
St. Johanniskirche
Wendemark
felde
Engelshof
Parishof
Roggehof
Dahlen
Rotes Haus
Lindenberg
Toppel
Arensberg
Fleckengarten
Räbel
Fuchsberge
Neu Berge
Behrendorf
Dom
Wasserturm
Havelberg
43
A13
A11

land zu finden. Nach einer Pilgerfahrt übertrug Markgraf Albrecht der Bär dem Orden die Kirche St. Johannis, die zum Hauptsitz des Johanniter-Ritterordens wurde. Noch heute sind in der Stochenstadt die Bauwerke der mittelalterlichen Blütezeit und Fachwerkhäuser zu bewundern.

TIPP Von Werben bis Wittenberge besteht die Möglichkeit, beide Seiten der Elbe zu befahren. Die Wege sind in diesem Bereich ausgeschildert. Jedoch ist die linkselbische Variante über Beuster rund 18 km kürzer, da beim fahren der rechtselbischen Route die Überquerung der Elbe zu berücksichtigen ist. Im Gegenzug bietet die rechtselbische Variante aber eine Vielzahl an Sehenswürdigkeiten.

Kurz nach rechts in die **Lange Straße** → gleich danach links in die **Fischerstraße** → auf den Radweg auf dem Deich und nach rechts → auf dem Deich entlang weiter → an der Straße nach links zur Fähre Räbel.

Räbel
Fähre, ✆ 0173/2486795, Betriebszeiten: Mo-Fr 6-18 Uhr, Sa, So/Fei 7-18 Uhr

Von Räbel nach Wittenberge   38,5 km
Der Elbe-Radweg führt bis Havelberg größtenteils auf einem Radweg an der L 2.

VARIANTE Empfehlenswert und zudem die hochwassersichere Variante ist ein Abstecher über das wunderschöne mittelalterliche Städtchen Havelberg.

Variante über Havelberg   16,5 km
Von der L 2 links in die B 107, **Genthiner Straße** → geradeaus auf die Stadtinsel Havelberg fahren.

AUSFLUG Von Havelberg aus können Sie einen Abstecher in die Prignitz machen.

Havelberg
PLZ: 39539; Vorwahl: 039387

Tourist-Information Havelberg, Uferstr. 1, ✆ 79091
Personenschifffahrt, Informationen: Reederei Bolz, Semliner Str. 6e, 14715 Stechow, ✆ 033874/60321 od. 0171/5262272; sowie bei der Tourist-Information.
Prignitzmuseum, Am Dom, ✆ 21422, ÖZ: Apil-Sept, Mo-Fr 9-18 Uhr, Sa, So/Fei 13-17 Uhr, Okt.-März, Mo-Fr 9-17 Uhr, Sa 13-17 Uhr. Im ehemaligen Prämonstratenser-Domherrenstift sind Ausstel-

lungen zur Ur- und Frühgeschichte der Westprignitz, zur Bistums- und Stadtgeschichte sowie zur Dombaugeschichte und Kirchenkunst untergebracht.

🚴 Der **Dom St. Marien** wurde 1170 eingeweiht und nach einem Brand in einen gotischen Gewölbebau umgewandelt. Gehört zu den offenen Radwegekirchen am Elberadweg.

🚴 **Pfarrkirche St. Laurentius**. Die dreischiffige Hallenkirche in Backsteinbauweise stammt aus der 2. Hälfte des 13. Jhs. Umbau und Renovierung erfolgten im Jahre 1913.

Erlebnisbad, Am Lindenweg, ☎ 88033

Hotel am Hafen, Bahnhofstr. 39a/b, ☎ 72870

Hubeny, Pritzwalkerstr. 43, ☎ 88797

Erlebnispädagogisches Centrum, Schulstr. 2, ☎ 79325

Jugendzentrum Elb-Havel-Winkel, Uferstr. 2, ☎ 88220

Das Bistum Havelberg wurde 948 erstmalig urkundlich erwähnt. Damit zählt es neben Brandenburg zu den ältesten Bistümern östlich der Elbe. Im 12. Jahrhundert errichteten Chorherren des Prämonstratenserordens den Dom St. Marien und das dazugehörende Kloster auf einer eiszeitlichen Anhöhe über der Havel unweit deren Mündung in die Elbe.

In mehreren Etappen entstand bis ins 15. Jahrhundert hinein eine romanisch-gotische Domanlage, die heute als Kleinod ostelbischer Backsteinarchitektur einen der reizvollsten Anziehungspunkte längs der „Straße der Romanik" darstellt. Darüber hinaus stellt der Dom mit seinem Museum und den zahlreichen Musikveranstaltungen das kulturelle Zentrum der Stadt

Havelberg

Havelberg

und der Region dar.

Die Stadt Havelberg selbst entwickelte sich zu den Füßen dieser Anlage auf einer Insel in der Havel. Säulen des wirtschaftlichen Lebens waren Handwerk, Viehzucht, Ackerbau und Fischerei. Zum bedeutendsten Wirtschaftszweig entwickelte sich im Mittelalter der Schiffsbau, von der Lage an der Havel und der Nähe zur Elbe profitierend. Gegen Ende des 17. Jahrhunderts wurden hier sogar seetüchtige Schiffe gebaut, die international viel Beachtung erlangten. Die Altstadt zeugt noch heute mit ihrer wertvollen Architektur von der Blütezeit Havelbergs. Am 1. Juni 2008 erhielt Havelberg den Beinamen Hansestadt.

In Havelberg links auf den Radweg der Uferstraße und den zweiten Havelarm überqueren → an der Ampelkreuzung links in die **Wilsnacker Straße** → auf der Landstraße 10 km in Richtung Quitzöbel fahren → vor **Quitzöbel** links in den Radweg einbiegen → beim Wehrwärterhaus nach links über die Havel → zwischen Havel und Elbe nach rechts dem Radweg folgen → vor Gnevsdorf ein weiteres mal die Havel nach rechts überqueren und auf der Hauptroute weiterradeln.

Auf der Hauptroute biegen Sie an der **L 2** nach links in die **Elbstraße** → nach etwas mehr als einem Kilometer nach rechts → über den Schleusenkanal → auf der Insel zwischen Elbe und Havel weiter → vor Neuwerben auf den Deich hinauf und durch den Ort → nach dem ersten Wehr nach links und dann auf dem Radweg zwischen Elbe und Havel weiter → beim Wehr über den Havelkanal, gleich danach links → auf der Straße weiter nach **Gnevsdorf** → nach etwa einem Kilometer links halten auf den Deich → nach einem Kilometer rechts nach Rühstädt abbiegen.

Flusslandschaft Elbe

Die Biosphären- und Naturschutzgebiete im Elbeverlauf sichern den Erhalt der einzigartigen und – obwohl als Wasserstraße genutzt – immer noch ursprünglichen Flusslandschaft. Dies ist auch ein Resultat der jahrelangen Funktion als innerdeutsches Grenzgebiet. Insgesamt 3.750 km² und über

> **AndersRum (Karte A 13):** Von **Hinzdorf** auf der Straße über **Scharleuk** nach **Bälow**, dort geradeaus auf den Deich → links auf den Weg nach **Rühstädt** → im Rechtsbogen auf einen Radweg zum Deich → dort links nach **Gnevsdorf** → in Gnevsdorf links auf dem Deich zwischen Elbe und Havel → linkselbisch: immer dem Deichradweg folgen.

Losenrade
Steinfelde
sgottberg
Beuster
Fachwerkkirche
Blaulichtmuseum
Werder
Esack
Ostorf
Unterkamps
Wegenitz
Oberkamps
Voßhof
Nienfelde
Seehausen
Herzfelde
Hinzdorf
Scharleuk
Sandkrug
Taube Elbe
Scharpenlohe
Bälow
Biosphärenreservat
Flusslandschaft Elbe
Storchendorf
NABU-Besucherzentrum
Quitzowkirche
Schlosspark
Rühstädt
Gnevsdorf
Schönberg am Deich
Klein Holzhausen
Groß Lüben
Wunderblutkirche St. Nikolai
Bad Wilsnack
A13
Legde
Lennev
Jugendstilkirche
Abbendorf
47

Elbe
Alte Elbe
Aland
Havel

5,2
2
3
2
1,5
4
2,4
1,5
3,8
2,5
2
4,2
6,5
5,7
1,8

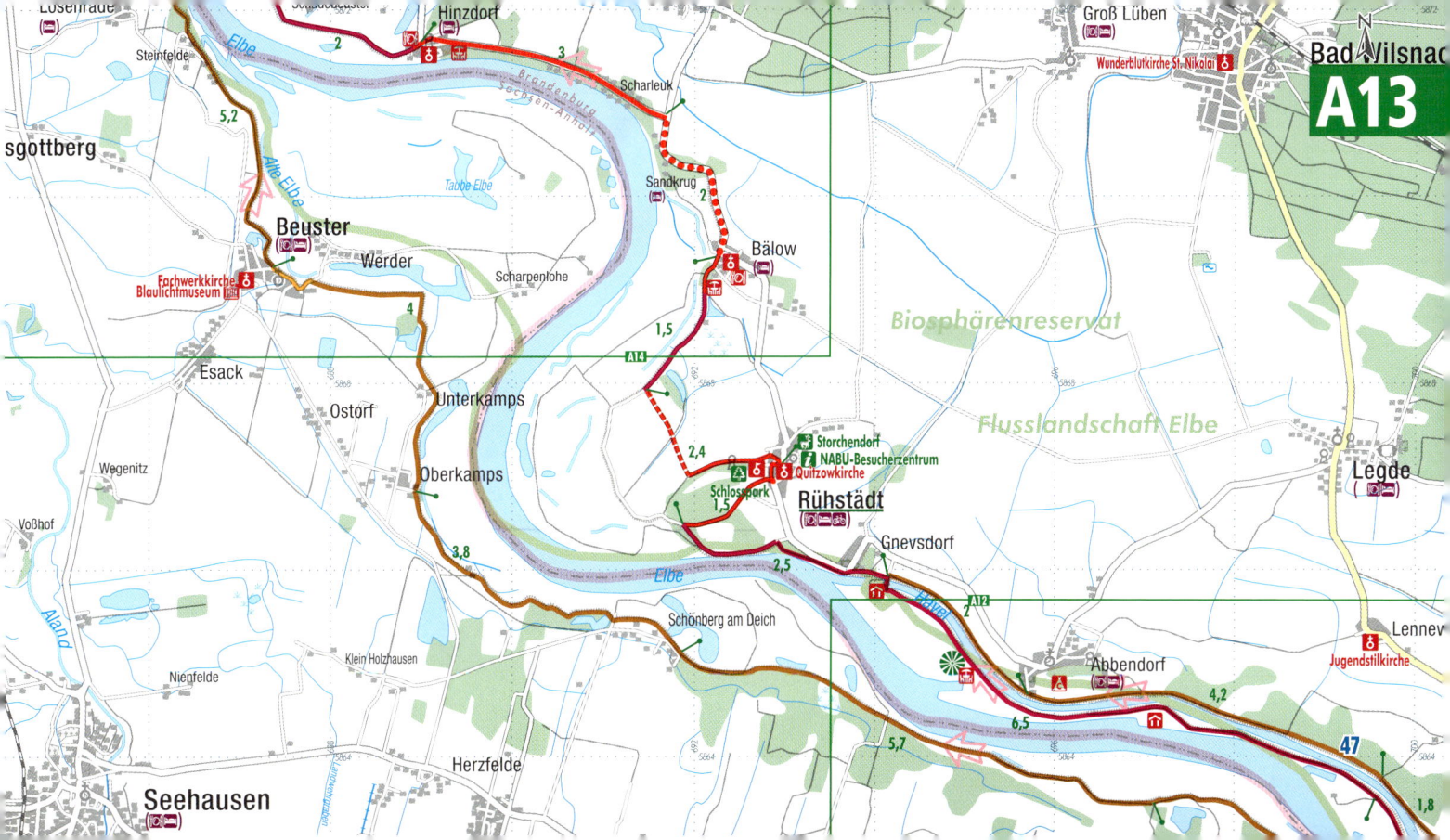

A14
A12

In Rühstädt

400 Kilometer Flusslänge umfasst das sich über fünf Bundesländer erstreckende, 1997 ins Leben gerufene UNESCO-Biosphärenreservat „Flusslandschaft Elbe". Vor allem im mittleren Elbeverlauf werden Sie ein geschlossenes Naturschutzgebiet mit all seiner natürlichen Schönheit durchradeln. Die intakten Auenwälder als artenreichste natürliche Lebensräume Mitteleuropas, Überflutungsflächen und dann auch wieder trockenen Dünen bieten vielen seltenen Pflanzen und Tieren letzte Rückzugsräume. Die Ruhe auf ihrer Tour wird nur manchmal vom Geklapper der vielen Störche, wie hier im Dorf Rühstädt, und dem Geplätscher der Elbebiber in den Abendstunden unterbrochen werden.

Rühstädt
PLZ: 19322; Vorwahl: 038791

- **NABU Storcheninformationszentrum**, Neuhaus 9, ✆ 980-24, ÖZ: April-Sept., tägl. 10-18 Uhr, Okt.-März n. V. Ausstellung zum Thema Weltenbummler Adebar.
- Das **Schloss** im Rokokostil wird heute als Hotel genutzt.

Rühstädt in der Prignitz ist mit seinen 30 Storchennestern das storchenreichste Dorf Deutschlands. Vor etwa 40 Jahren haben die Bewohner des Dorfes begonnen, Nisthilfen für Störche auf Ihren Dächern anzubringen. Seit den 1970er Jahren wurden Statistiken erstellt und die Jungstörche zur Wiedererkennung beringt. Schon Mitte der 80er Jahre begannen sich immer mehr Menschen für das Storchendorf zu interessieren, und im Rahmen des kleinen Grenzverkehrs kamen auch immer mehr Menschen nach Rühstädt. Seit 1990 gibt es einen Storchenclub, der derzeit etwa 80 Mitglieder zählt. Jedes Jahr im Juli wird hier das Storchenfest gefeiert.

Links in die Straße **Am Brink** → dem Weg folgen → dann rechts zum Deich und diesem Weg dann bis **Bälow** folgen → am Deich weiter entlang nach **Hinzdorf**.
In der Rechtskurve schräg links in die Pflasterstraße, die dann in einen gekiesten Radweg übergeht → vor **Garsedow** links weiter auf die Asphaltstraße bis zur Brücke.

Quitzöbel

AndersRum (Karte A 14): Von der B 189 nach links und über die Bahnschienen → linkselbische Variante: hier rechts und immer dem Deichradweg folgen → über die Brücke nach **Wittenberge** → rechts auf die Straße nach **Garsedow** → geradeaus über den Deich nach **Hinzdorf** → im Ort auf die Straße, rechts halten nach Scharleuk.

Wittenberge

VARIANTE

Die Radroute des Elbe-Radweges führt ab der Brücke vor Wittenberge beiderseits der Elbe weiter. Wenn Sie die rechtselbische Variante fahren wollen, lesen Sie im Kapitel „Rechtselbisch von Wittenberge nach Hamburg" auf Seite 71, Karte C 1, weiter. Wollen Sie lieber auf die linke Elbuferseite wechseln, lesen Sie bitte auf Seite 51, Karte B 1 weiter.

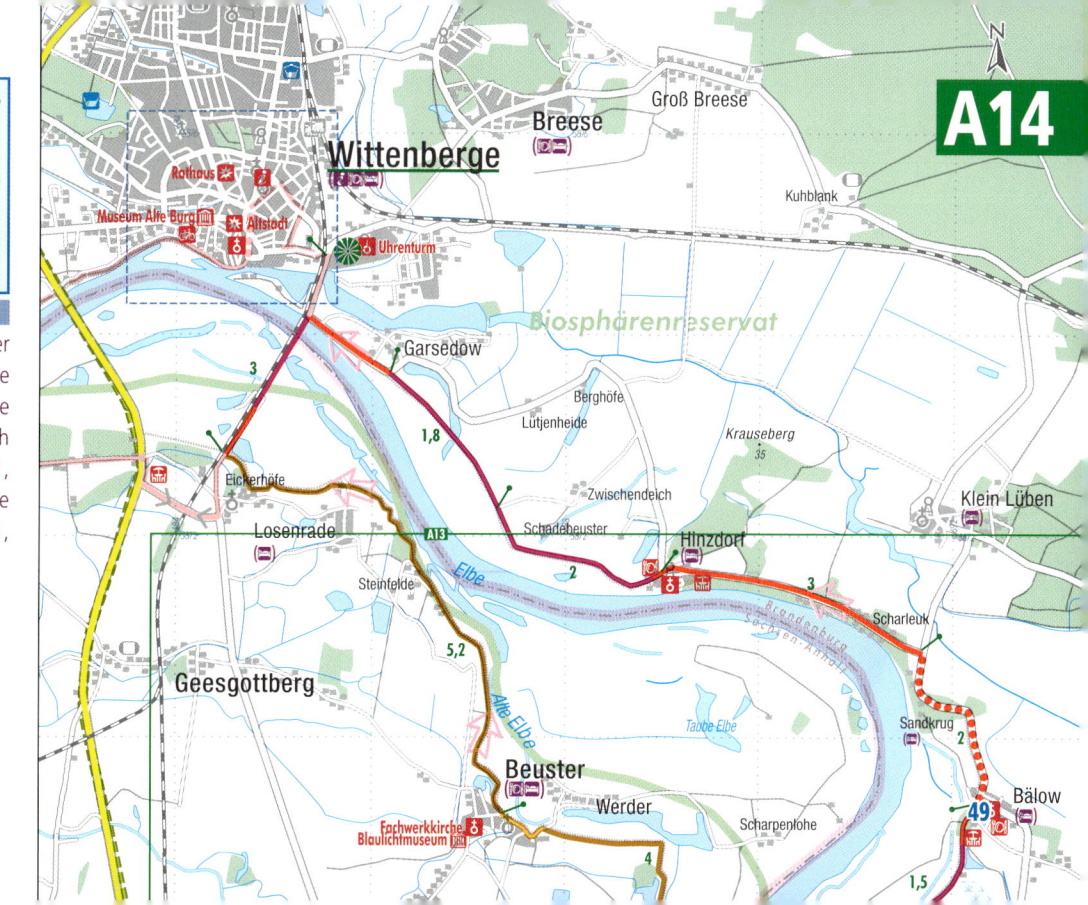

Linkselbisch von Wittenberge nach Hamburg   195 km

Je weiter Sie nach Norden vordringen, um so mehr verändert sich die Landschaft. Die Elbdämme werden höher und sehenswerte Fachwerkstädte wie Hitzacker säumen die Ufer des Stroms. Nach Westen dehnt sich das beschauliche Wendland aus, die ersten und einzigen Hügel auf Ihrer Tour begegnen Ihnen auf diesem Wegstück bis nach Hamburg. Eindrucksvoll sind vor allem die stillen und erholsamen Elbauen, eine Wonne für jeden Naturliebhaber und Erholungssuchenden. Um so kontrastreicher ist dann der Übergang in die Hafenmetropole Hamburg, dem krönenden Höhepunkt dieses zweiten Abschnitts.

Die Radroute verläuft zum Großteil neben oder auf dem Elbdamm, aber unbefestigte Wald- und Feldwege oder kurze Wegstücke auf normalen Landstraßen mit etwas mehr Verkehr bleiben nicht ganz aus.

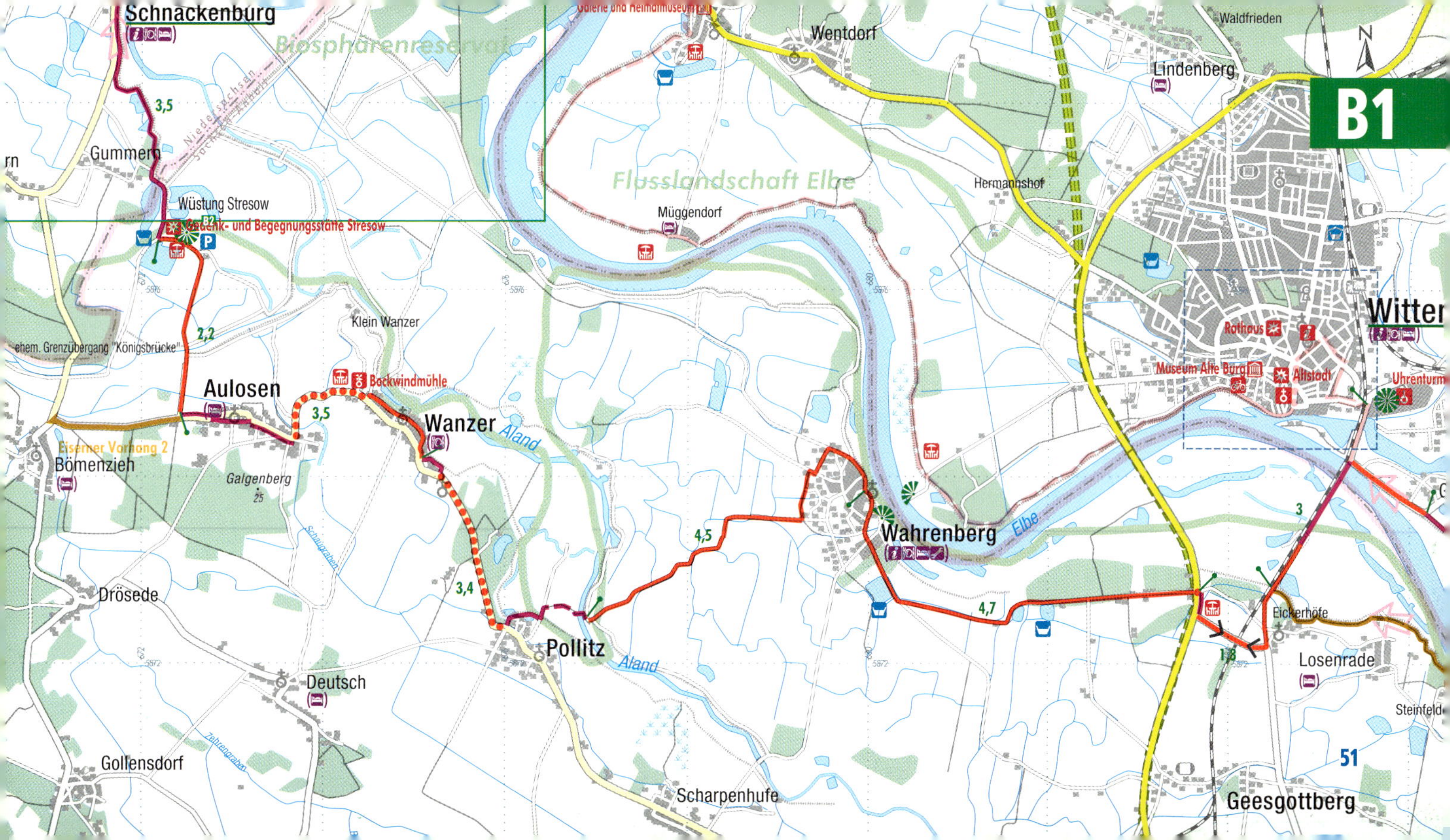
Schnackenburg
Biosphärenreservat
Galerie und Heimatmuseum
Wentdorf
Waldfrieden
Lindenberg
B1
3,5
Gummern
Niedersachsen
Sachsen-Anhalt
Hermannshof
Flusslandschaft Elbe
Müggendorf
Wüstung Stresow
B2
Gedenk- und Begegnungsstätte Stresow
2,2
Klein Wanzer
ehem. Grenzübergang "Königsbrücke"
Aulosen
Bockwindmühle
3,5
Wanzer
Aland
Rathaus
Museum Alte Burg
Altstadt
Uhrenturm
Eiserner Vorhang 2
Bömenzieh
Galgenberg
25
Wahrenberg
Elbe
4,5
3
Schaugraben
3,4
Drösede
4,7
Eickerhöfe
Pollitz
Aland
1,8
Losenrade
Deutsch
Steinfeld
Zehrengraben
Gollensdorf
51
Scharpenhufe
Geesgottberg

AndersRum (Karte B 1): An der Grenzanlage vorbei nach links → in **Aulosen** der Ausschilderung über **Wanzer** nach **Pollitz** folgen → am Ortseingang links auf den Radweg nach **Wahrenberg** → an der T-Kreuzung links dem Straßenverlauf in die **Kreuzstraße** folgen → rechts auf den Deich → an der Kreuzung geradeaus → an der **B 189** rechts und gleich wieder links.

Von Wittenberge nach Schnackenburg   26 km
Wittenberge
Auf dem Radweg links neben den Gleisen hinüber ans linke Elbufer fahren → bei **Eickerhöfe** den Schildern folgend rechts über die Gleise → rechts auf die **B 189** und gleich in die erste Straße wieder links → auf der asphaltierten Straße bis nach Wahrenberg → bei den ersten Häusern rechts auf den Deich hinauf → vor der Kirche vom Deich hinunter.

Wahrenberg
PLZ: 39615; Vorwahl: 039397

- **Fremdenverkehrsverein Wahrenberg e. V.**, Kirchweg 21, ☎ 367 od. 225
- **Statt-Flucht**, Am Elbdeich 68, ☎ 41469

Wahrenberg

Wahrenberg ist das storchenreichste Dorf Sachsen-Anhalts. Storchentafeln in der Nähe der Horste geben Auskunft über das Ankunfts- und Abflugsdatum und über die Anzahl der aufgezogenen Jungstörche.

Der Ort Wahrenberg selbst ist ein Haufendorf. Sehenswert sind die Fachwerkhäuser und die noch erhaltenen Dreiseitenhöfe (Warften), die zum Schutz vor dem Elbhochwasser angelegt wurden.

Geradeaus dem Auenlehrpfad um Wahrenberg herum folgen → links in die **Brunnenstraße** → kurz rechts und wieder links in den **Lindenweg** → rechts in den **Pollitzer Weg** → ein Betonplattenweg führt aus Wahrenberg hinaus und zum Deich hin → über den Deich, dann folgt ein kurzes Stück Wiesenweg und danach über das Brücklein über die **Aland** → auf den nächsten Damm hinauf und auf dem gepflasterten Weg an **Pollitz** vorbei → den Dammweg verlassen, nach rechts auf die Vorfahrtstraße einbiegen und auf dieser weiter ins 2 km entfernte **Wanzer** radeln.

Wanzer
✱ Die wiederaufgebaute **Bockwindmühle** (2007) lädt an Festtagen zum Schaumahlen und Brotbacken ein.

Kurz vor der Ortschaft rechts zum Damm hinüber → ein kurzes Stück am Damm entlang → zurück zur Hauptstraße und rechts → nach 70 m erneut rechts in den Ort hinein auf einem gepflasterten

AndersRum (Karte B 2): Von nach **Vietze** links hoch in den Wald → rechts hinunter auf die Straße über Brünkendorf nach **Restorf** → rechts auf der L 258 → rechts auf den Radweg → in einem Bogen um den See → in **Gartow** der B 493 folgen → links über **Holtorf** nach **Schnackenburg** → vor der Fähre rechts auf die Hauptstraße → links auf den Radweg in Richtung **Grenzanlage**.

B2

Lenzen
St. Katharina
Burg / Burgmuseum
Ehem. Wachturm
Gedenksteine
Gandow
Schlosspark
Lanz
Babekuhl
Mödlich
Vietze
Aussichtsturm
Höhbeck
Heimatmuseum
Wustrow
Höhbeck
Pevestorf
Brünkendorf
Elbholz
Elbholz
Ehem. Wachturm
Jagel
Biosphärenreservat
Elbe
Laascher See
Restorf
Finkenberg
Lütkenwisch
Laasche
Grenzlandmuseum
Siedlung Binnenfeld
Holtorf
Schnackenburg
Gartower See
Biosphärenreservat
St. Georg
Quarnstedt
Gartow
Kapern
Gummern
Wüstung Stresow

2,4
1,4
1,4
2
2,5
2,2
3,2
4,5
8
4,7
1,2
3,5

53

Weg → gegen Ortsende in einer Links-Rechts-Kombination wieder auf die Vorfahrtstraße.

Aulosen

Dem Verlauf der Vorfahrtstraße folgen → im Ort links an der Kirche vorbei → ca. 500 m nach Ortsende rechts ab.

TIPP Geradeaus führt hier der Deutsch-Deutsche-Radweg. Nach knapp 2 km in einem Linksbogen am Hof vorbei.

TIPP Hier können Sie ein Freiluftmodell der ehemaligen innerdeutschen Grenzanlage mit Originalteilen besichtigen sowie die Aussicht von einem Turm genießen.

Am See rechts auf den Deich hinauf → dem Deichradweg folgen → rechts auf die **B 493** und weiter nach Schnackenburg.

Schnackenburg

PLZ: 29493; Vorwahl: 05840

🛈 **Tourist-Information Gartow**, Nienwalder Weg 1, 29471 Gartow, ✆ 05846/333

Schnackenburg

⛴ **Fähre Schnackenburg**, ✆ 03877/564362 od. 0173/8847145, Fährbetrieb: 15. April-14. Sept., Mo-Fr 5.45-21 Uhr, Sa, So/Fei 8-21 Uhr; ab 15. Sept., Mo-Fr 5.45-21 Uhr, Sa, So/Fei 8-19.30 Uhr

🏛 **Grenzlandmuseum Schnackenburg**, Am Markt 4, Auskünfte über die Stadt Schnackenburg, ✆ 210 od. bei der Tourist-Information, ÖZ: Mai-30. Sept., Mo-Fr 9-17 Uhr, Sa 13-17 Uhr, So 10-17 Uhr; Okt.-30. April, Di-Fr 10-16 Uhr, Sa 13-17 Uhr, So 10-17 Uhr

🅰 **Grenz- und Naturlehrpfad** mit Informationstafeln, Beobachtungsturm und Sichtwand. Infos bei der Tourist-Information.

Von Schnackenburg nach Gorleben 25 km

Auf der **Bürgermeister-Schamp-Straße**, die in den **Alten Postweg** über geht, Schnackenburg nach Westen in Richtung Holtorf verlassen → an der T-Kreuzung in **Holtorf** nach rechts auf

AndersRum (Karte B 3): Geradeaus auf der **K 27** nach **Grippel** → rechts in den **Deichweg** → kurz auf die Straße und gleich links auf den Deich → rechts auf den Radweg wechseln nach **Gorleben** → links in die **Burgstraße** → rechts in den **Wiesendamm** → links in den **Gleinkedamm** → auf der **K 28** nach **Vietze** → und durch den Ort.

die Straße nach Gartow einbiegen → rechts auf den straßenbegleitenden Radweg an der **B 493**.

Gartow

PLZ: 29471; Vorwahl: 05846

🛈 **Tourist-Information Gartow**, Nienwalder Weg 1, ✆ 333

⛪ **St. Georg Kirche** (1724), Barockkirche

✳ **Paddel oder Pedale**, Kanustation/Verleih Gartower See, Nordufer, ✆ 980366, www.kanustation-gartow.de. Die Elbtalauen können erst vom Wasser aus ihre gesamte beeindruckende natürliche Vielfalt entfalten! Es werden diverse Führungen angeboten.

✳ **Skulpturenpark Seegeniederung** mit Seeadlerbeobachtungsturm und Biberlehrpfad

✳ **Wassererlebnispark** mit Wasserspielgeräten am Campingplatz Gartow

🅰 **Biotop und Umweltgarten Gartow**

B3

Kacherien
Langendorf
Mühlenberg 40
Wentorfer Berg 40
born
Siemen

Gaarz
Aussichtsturm
Rhinowkanal
Baarz
Besandten
Aussichtsturm
Unbesandten
Ausstellung Grünes Band
Grippel
Kietz
Laase
Laaser Graben
Lange Berg 20
Gorleben

Lenzer Wische
Breetz
Dannenberg 20
Wootz
Elbe
Seege
Meetschow
Laasche

Ellenburg
Wasserburg
Seedorf
Ehem. Wachtu
Mödlich
Vietze Aussichtsturm
Höhbeck 77
Heimatmuseum
Höhbeck
Brünkendorf
Resto

2,6
4,5
5,5
2,2
4
2,4
1,4
2,5
55

Gorleben

- **Badesee**, Gartower-und Laascher See.
- **Wendlandtherme**, Am Helk 1, ✆ 444
- **FDNF Fahrradtouristik**, Hauptstr. 19, ✆ 9310

In der Ortsmitte rechts auf die **L 256** → nach 50 m rechts an der Schutzgebietsverwaltung vorbei → auf dem asphaltierten Deichweg nach links → nach 1,3 km rechts auf einen unbefestigten Weg → an der Vorfahrtstraße links nach **Restorf** → in Restorf der Vorfahrtstraße, der **L 258**, rechts nach Pevestorf folgen.

Höhbeck OT Pevestorf

Der Vorfahrtstraße durch den Ort folgen.

> **TIPP** Nach rechts gelangen Sie zur Fähre Pevestorf-Lenzen, mit der Sie zum rechten Elbufer übersetzen können (Fährbetrieb: Mai-31. Aug., Mo-Fr 6-21 Uhr, Sa, So/Fei 8-21 Uhr; Sept.-April, nur bis 19.30 Uhr, ✆ 038792/7665).

Nach links abzweigen und steil bergauf in den Wald zum Höhbeck radeln.

Vom Höhbeck haben Sie einen imposanten Blick über den Elbstrom weit in die Lenzener Wische hinein. Nach Westen schweift der Blick über den Gartower Forst. Im Osten sieht man das Elbholz.

Im Wald bald nach rechts in den unbefestigten Forstweg abzweigen → es geht nun wieder bergab → am Waldende rechts auf die asphaltierte Straße nach Vietze hinein.

Höhbeck OT Vietze
PLZ: 29478; Vorwahl: 05846

- **Tourist-Information Gartow**, Nienwalder Weg 1, ✆ 333
- **Heimatmuseum Höhbeck**, Horst Hingst, Hauptstr. 1, ✆ 1439, ÖZ: 1. April-31. Okt., Mi, Sa, So/Fei ab 16 Uhr (Führungen); Nov.-März, Führungen n. V.
- **Aussichtsturm Schwedenschanze**

> **AndersRum (Karte B 4):** In **Hitzacker** von der **Marschtorstraße** auf den Radweg am Deich → auf der **K 36** durch **Wussegel** → an **Strachauer Rad** → vorbei → dem Deichradweg über **Damnatz** nach **Brandleben** folgen → dort rechts → links auf die kleine Straße nach **Langendorf** → hinter der Kirche rechts und wieder links auf die **K 27**.

Rechts auf die Vorfahrtstraße **K 28** → ab Ortsausgang dem Radweg folgen → am Radwegende rechts der kleinen Straße folgen → kurz rechts und wieder links → in **Meetschow** rechts und noch einmal links → an der nächsten Abzweigung erneut rechts → auf dem **Gleinkendamm** nach Gorleben → noch vor der Hauptstraße rechts und hinter der Kirche entlang.

Gorleben

Gorleben erlangte bundesweite Bekanntheit durch die mit hohem Polizeiaufgebot gesicherten Castor Transporte zum Atommüllzwischenlager in der Nähe des Ortes. Im gesamten Landkreis sehen Sie die von Atomkraftgegnern aufgestellten gelben Kreuze.

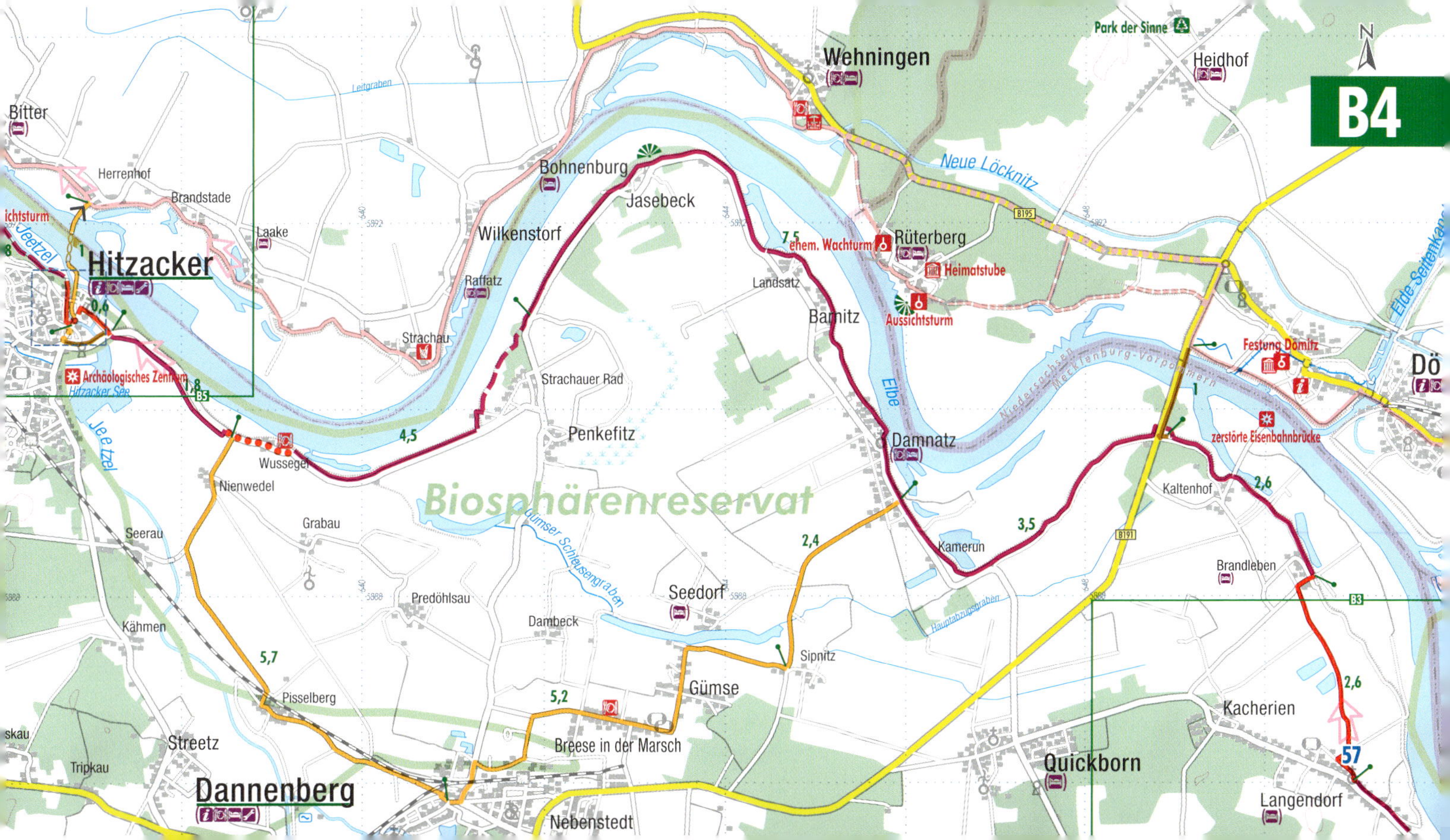

B4
Park der Sinne
Wehningen
Heidhof
Bitter
Herrenhof
Brandstade
Laake
Hitzacker
Bohnenburg
Jasebeck
Wilkenstorf
Raffatz
Strachau
Neue Löcknitz
B195
Rüterberg
ehem. Wachturm
Heimatstube
Aussichtsturm
Landsatz
Barnitz
Festung Dömitz
Elbe
Elde-Seitenkanal
Leitgraben
Jeetzel
Archäologisches Zentrum
Hitzacker See
B5
Strachauer Rad
Penkefitz
Wussegel
Nienwedel
Damnatz
zerstörte Eisenbahnbrücke
Kaltenhof
Biosphärenreservat
Gümser Schleusengraben
Grabau
Seerau
Kamerun
B191
Brandleben
Seedorf
Predöhlsau
Dambeck
Kähmen
B3
Hauptabzugsgraben
Sipnitz
Gümse
Pisselberg
Kacherien
Breese in der Marsch
Streetz
Tripkau
Quickborn
Dannenberg
Nebenstedt
Langendorf
57
Niedersachsen
Mecklenburg-Vorpommern

Dannenberg (Elbe)

Linkselbisch von Gorleben
nach Hitzacker   33 km

In Gorleben rechts auf den Radweg entlang der **L 256** → nach rund 1,5 km die Straße queren und links auf den befestigten Deichweg → in **Laase** die Landstraße queren → links und gleich wieder rechts parallel zur L 256 → in **Grippel** nach rechts → dem linksseitigen Radweg bis zum Ortseingang Langendorf folgen.

Langendorf
Im Ort vor der Kirche rechts → nach 400 m erneut rechts → nach 200 m nach links auf einer kleinen Straße durch die Wiesen nach **Brandleben** → in Brandleben rechts und nach 50 m links auf den asphaltierten Deichweg.

> **VARIANTE** An der Bundesstraße 191 können Sie nach rechts auf dem straßenbegleitenden Radweg über die Elbbrücke auf die andere Uferseite ins mecklenburgische Dömitz gelangen.

Unter der B 191 hindurchfahren und auf dem betonierten Weg am Deich nach Damnatz radeln.

Damnatz

> **AUSFLUG** Von Damnatz aus können Sie übrigens auch einen Abstecher nach Dannenberg (Elbe) machen. Die historische Altstadt lädt mit ihren Fachwerkhäusern und Geschäften zum Bummeln und Verweilen ein.

Dannenberg
PLZ: 29451; Vorwahl: 05861

🛈 **Gäste-Information**, Altes Rathaus, Am Markt 5, ✆ 808545

⚓ **Renaissancekapelle Breese**, ✆ 05864/1219, Führungen n. V.

Markt in Dannenberg

🏛 **Museum im Waldemarturm**, ✆ 808-117 od. -545, ÖZ: April-Okt., Di-So Fei 10-12 Uhr und 14-17 Uhr, Führungen n. V., wechselnde Sonderausstellungen zum Thema Kunst, Programm bei der Gäste-Information und im Museum.

🏛 **Historisches Feuerwehrmuseum Neu Tramm**, Am Breselenzer Weg 13, Ortsteil Neu Tramm, ✆ 2242, ÖZ: 16. April-30. Juni, Okt., Sa, So/Fei 10-16 Uhr; Juli-Sept., Mi-Fr 14-17 Uhr, Sa, So/Fei 10-16 Uhr

🏛 **Infostelle Biosphärenreservat**, Altes Rathaus, Am Markt 5, ✆ 808545. Ausstellung „Sei (k)ein Frosch" zum Thema Elbauen-Gewässer. Es werden auch **naturkundliche Führungen** angeboten.

- **Marionettentheater Dannenberg**, Am Waldemarturm. Termine, Informationen und Anmeldungen für Gruppen und Einzelpersonen: Renate Wojahn, ✆ 05865/483 od. ✆ 2452
- **Freibad Dannenberg**, Am Bäckergrund, ✆ 7280
- **Fahrradiele Schröder**, Marschtorstr. 25/26, ✆ 8439

Von Damnatz auf dem asphaltierten Deichweg weiterfahren → an **Barnitz und Landsatz** vorbei → nach **Jasebeck** → parallel zur **Elbuferstraße** geht es mit Blick ins Elbvorland auf dem Deich weiter Richtung Penkefitz → der Deichweg ist kurz vor **Strachauer Rad** geschottert → weiter parallel zur Elbe → vor dem Gasthof in **Wussegel** auf die **K 36** nach 800 m links auf dem betonierten Weg → nach 1,8 km geradeaus über die K 36 → auf der **Marschtorstraße** hinein nach Hitzacker → im Zentrum am Markt links in die **Hauptstraße**.

Hitzacker/Elbe

VARIANTE: Wenn Sie die zum Teil sehr starken Steigungen auf der nun folgenden Strecke umgehen wollen, sollten Sie in Hitzacker auf die andere Elbseite übersetzen.

Hitzacker/ Elbe
PLZ: 29456; Vorwahl: 05862

- **Tourist-Information**, Am Markt 7, ✆ 96970

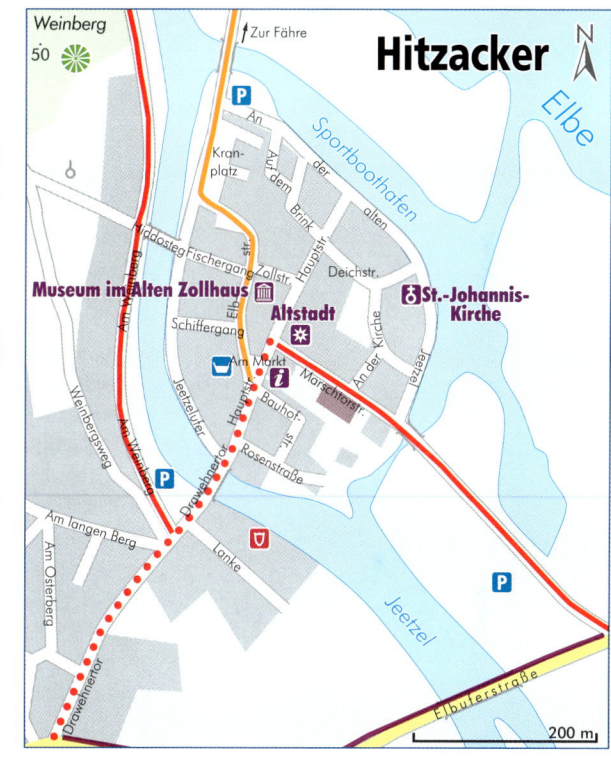

- **Fähre Hitzacker** für Personen und Fahrräder, Hr. Jahnke, ✆ 0160/5960668 od. ✆ 96970, Fährzeiten: 1. April-15. Okt., tägl. 9-18 Uhr u. n. V. Tipp: Bei morgendlichem Tourstart anfragen, denn Hitzacker ist empfindlich für Niedrigwasser!
- **Elbrundfahrten**, Frau Paulin, Bahnhofstr. 6, ✆ 0171/3626000 od. ✆ 7791
- **Rundfahrten** auf dem ehem. Zollboot Hitzacker, Infos über Tourist-Information
- **Elbe-Schifffahrtsbüro** für Rundfahrten und Fahrbuchungen, ✆ 969717
- **Archäologisches Zentrum Hitzacker**, Am Hitzacker See, ✆ 6794, ÖZ: April, Okt., Di-Fr 10-16 Uhr, Sa, So/Fei 10-18 Uhr; Mai-Sept., Di-So 10-18 Uhr
- **Das Museum im Alten Zollhaus**, Zollstr. 2, ✆ 8838, ÖZ: Di-Fr 10-17 Uhr, Sa, So/Fei 10-17 Uhr und n. V.
- **St. Johannis** (13. Jh.), die bemalten Glasfenster wurden nach dem 1. Weltkrieg von Hitzacker Bürgern in Auftrag gegeben.
- Die **Historische Altstadt** liegt auf der vom Fluss Jeetzel umflossenen Stadtinsel.
- **Hochseilgarten**, Infos unter ✆ 9770 und ✆ 959100, Klettern in luftigen Höhen.
- **Aussichtsturm** Klötzie

Hitzacker/Elbe

- Auf dem **Weinberg** wurde seit 1528 Wein angebaut, bis im Jahr 1713 ein Hagelsturm alle Weinstöcke vernichtete. Seit 1983 wird diese alte Tradition am nördlichsten Weinberg Deutschlands fortgeführt.
- **Freibad Hitzacker**, Hiddo-Bad, Rieselweg 3, ✆ 7287, ÖZ: Mai-Sept., Mo-Fr 10-20 Uhr, Sa, So 9.30-19 Uhr
- **R. Reibe**, Lüneburger Str. 2, ✆ 1602

Die Altstadt von Hitzacker ist wegen ihres sehenswerten Stadtensembles eines der attraktivsten Ziele entlang der „Deutschen Fachwerkstraße", die mit einer Länge von 2.000 Kilometern von der Elbe bis zum Bodensee reicht, und die verschiedenen Arten der fachwerkgeprägten Baukultur zeigt.

AndersRum (Karte B 5): Rechts am Mühlenbach entlang aus **Neu Darchau** heraus → kurz links auf die **L 231** → rechts auf die **K 19** → über **Glienitz**, **Drethem** nach **Bahrendorf** → vor dem Ort links in eine Forststraße → auf der **Triftstraße** durch **Tiesmesland** → links der **K 36** folgen → kurz vor Hitzacker links auf den Weg entlang der Jeetzel einbiegen → in **Hitzacker** rechts in die Straße **Am Weinberg** → am Ende links auf die **Hauptstraße**.

Das Straßenbild der Altstadt prägen kunstvoll verzierte Fachwerkhäuser und einige Massivbauten im Klinkermauerwerk. Die Fachwerkhäuser sind meist giebelständig, teils mit Erkern oder Utluchten versehen, einige mit Ausfachungen verputzt oder Sichtklinkern ausgefacht. Zwei große Brände, 1548 und 1668, zerstörten Hitzacker fast völlig. Deshalb sind aus der Zeit vor dem ersten Brand keine und aus der Zeit zwischen diesem und dem zweiten Brand nur sehr wenige Häuser erhalten. Hierzu zählt das Alte Zollhaus mit Steilgiebel, das 1589 errichtet wurde. Vermutlich aus zwei Häusern entstanden, handelt es sich hier um ein zweigeschossiges Fachwerkhaus in Stock-

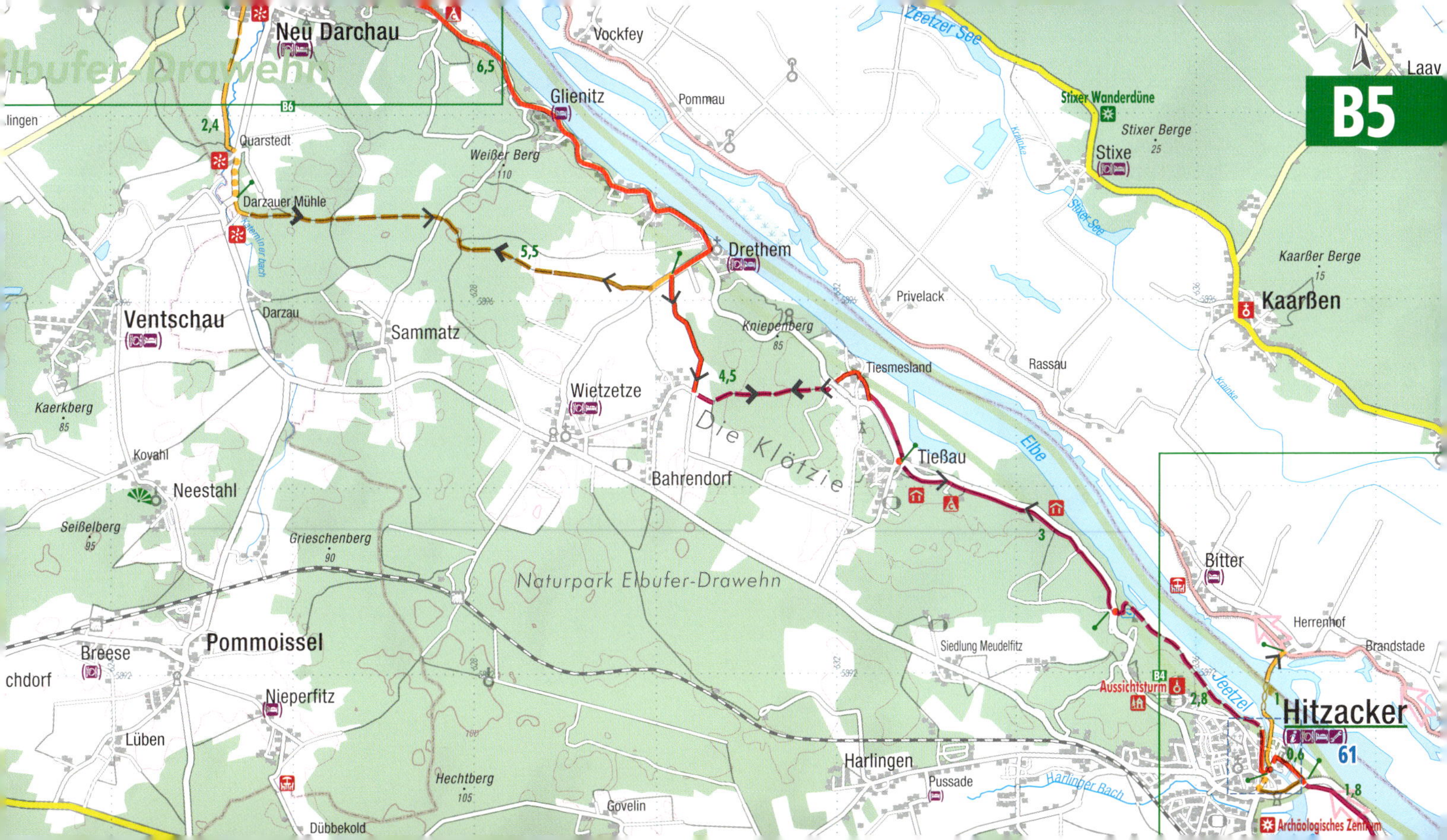
B5
Elbufer-Drawehn
Neu Darchau
Vockfey
Zeetzer See
Laav
Glienitz
Pommau
Stixer Wanderdüne
Stixer Berge
25
Stixe
Quarstedt
Weißer Berg
110
Darzauer Mühle
Drethem
Kaarßer Berge
15
Kaarßen
Privelack
Ventschau
Darzau
Sammatz
Kniepenberg
85
Tiesmesland
Rassau
Wietzetze
Kaerkberg
85
Die Klötzie
Tießau
Elbe
Kovahl
Neestahl
Bahrendorf
Seißelberg
95
Grieschenberg
90
Bitter
Naturpark Elbufer-Drawehn
Herrenhof
Brandstade
Breese
Pommoissel
Siedlung Meudelfitz
chdorf
Nieperfitz
Aussichtsturm
Jeetzel
Hitzacker
61
Lüben
Harlingen
Hechtberg
105
Pussade
Harlinger Bach
Govelin
Dübbekold
Archäologisches Zentrum
lingen
6,5
2,4
5,5
4,5
3
2,8
1
0,6
1,8
B6
B4

werkskonstruktion, dessen starke Ständer mit kräftigen Fußbändern einzeln ausgesteift sind. Aus der Zeit zwischen den Bränden stammt auch die Drawehner Torschenke (1635), die erste Gastwirtschaft im Ort. Dieses malerische zweigeschossige Fachwerkhaus in Stockwerkskonstruktion wird von einem Krüppelwalmdach gekrönt.

Im Herbst 2008 ist in Hitzacker die Hochwasserschutzanlage, eines der größten Bauwerke Europas, fertiggestellt worden.

Von Hitzacker nach Neu Darchau   17,5 km

TIPP Auf dem Abschnitt von Hitzacker nach Neu Darchau befinden Sie sich auf einer Nebenroute des offiziellen Elberadweges.

Nach der Überquerung der Jeetzel rechts abbiegen in die Straße Am Weinberg → dieser bis zum Ende folgen → an der T-Kreuzung links weiter auf den flußbegleitenden Radweg → nach der Kläranlage führt Sie der Weg direkt zur K 36 → hier rechts auf den straßenbegleitender Radweg nach **Tießau** abbiegen → hinter Tießau rechts nach **Tiesmesland**.

Am Sackgassenschild links → auf der **Triftstraße** aus der Ortschaft hinaus → unter der K 36 hindurch → kurz darauf rechts auf einer unbefestigten Forststraße in den Wald hinein → über eine Anhöhe nach **Bahrendorf** → noch vor der Ortschaft rechts nach Drethem abzweigen.

VARIANTE Kurz vor der Ortslage Drethem haben sie die Möglichkeit über die Darzauer Mühle nach Neu Darchau zu gelangen. Hierfür folgen Sie der Variante. Links auf die **K 19** → nach 300 m rechts → die nächsten 4,5 km zuerst leicht bergauf radeln, dann im Wald steiler bergan auf einem Forstweg über eine Anhöhe und dann hinunter zur **Darzauer Mühle** → rechts auf die befahrene **L 231** → am Ortsende von **Quarstedt** links über den Mühlenbach → nach der Brücke rechts → entlang des Mühlenbachs nach Neu-Darchau.

VARIANTE An der Vorfahrtstraße gelangen Sie nach rechts zur Fähre Darchau, wo Sie zum rechten Elbufer wechseln können. Nach links geht es auf dem straßenbegleitenden Radweg am linken Elbufer weiter.

AndersRum (Karte B 6): In **Bleckede** dem Sanddeich folgen → an der **K 22** nach links → in der Rechtskurve geradeaus → dem Feldweg nach **Alt Garge** folgen → entlang der Hauptstraße nach **Neu Darchau**.

Neu Darchau

An der K 19 rechts Richtung Drethem → an der Kirche links weiter auf der flußbegleitenden Kreisstraße → durch Glienitz und Klein Kühren hindurch → an der T-Kreuzung rechts auf die Hauptstraße (L 232) in den Ort Neu Darchau hinein.

Neu Darchau

⛴ **Fähre Darchau**, ✆ 05853/1322, Fährzeiten: Mo-Sa 5.30-21 Uhr, So/Fei 9-21 Uhr

Linkselbisch von Neu Darchau
nach Bleckede   14 km

Vor dem Ortsausgang rechts auf den rechtsseitigen Radweg der L 231 nach **Katemin** → dort hindurch und weiter auf dem Radweg entlang der Straße nach Walmsburg.

Ungefähr 2 km hinter Walmsburg zweigt der Radweg rechts in den Wald ab → bergab zum Elbufer → auf dem Weg nach Alt Garge hinein.

B6
kedermoor
Biosphaerium Elbtalaue
Elbschloss
0,8
B7
Weißer Berg
15
Bleckede
Sandbergen
Hauberg
55
Findlingsgarten
Breetze
Nindorf
Runder Berg
50
Göddingen
Jägerberg
60
Staatsforst Bleckede
Barskamp
Köstorfer Berg
Köstorf
Kettelberg
60
Köstorfer Berg
60
Ellringen
7,5
Garger Berge
20
Alt Garge
Draisinentour
Gedenkstätte
Wennenberg
50
Viehler Berge
60
6
Walmsburg
Staatschenberge
45
Stiepelse
Krusendorf
Sumte
Lärchenberg
10
Neu Garge
Viehle
Gülstorf
EXPO-Scheune
Konau
Wachturm
Popelau
Darchau
Groß Kühren
Elbe
Katemin
Wachturm
0,6
B5
Klein Kühren
63
Neu Darchau
6,5
Biosphärenreservat
Flusslandschaft Elbe
Naturpark Elbufer-Drawehn

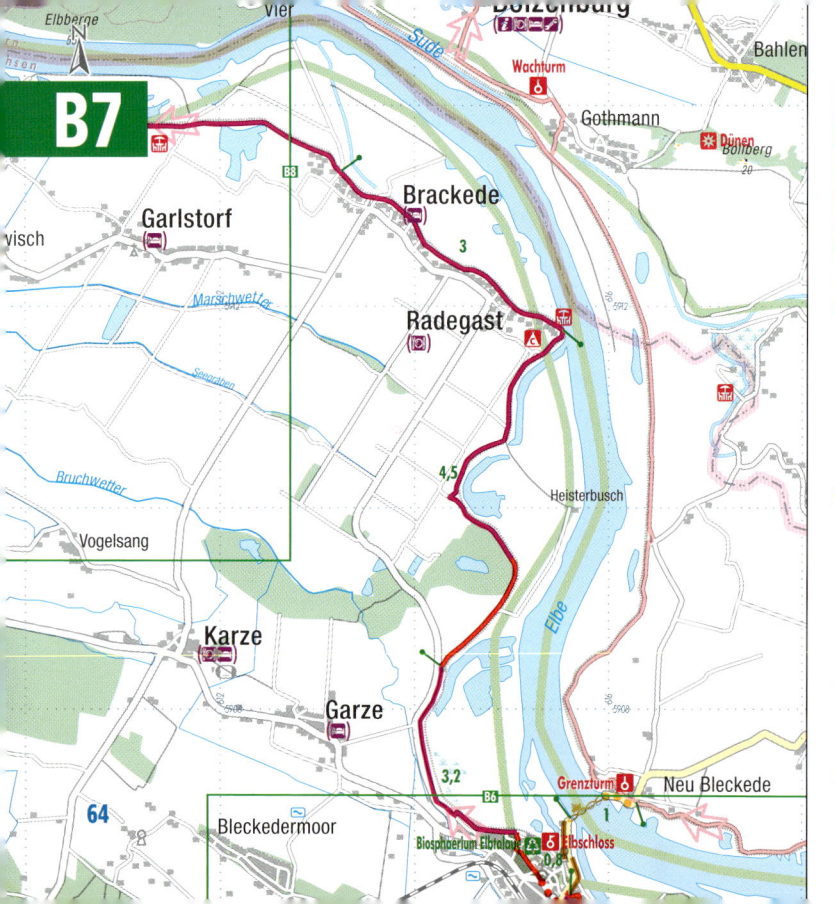

AndersRum (Karte B 7): Am Deich entlang über **Brackede** und **Radegast** nach **Bleckede** → vom Deich rechts in Richtung Biosphaerium Elbtalaue abzweigen → rechts am Schloss vorbei → links auf die **Lüneburger Str.**

AndersRum (Karte B 8): In **Artlenburg** links am Deich entlang halten → die **B 209** zwei mal kreuzen → geradeaus auf den Deich → die nächsten 12 Kilometer auf oder neben dem Deich entlang über **Hohnstorf** und **Barförde** fahren.

Alt Garge

- **Draisinentour**, ✆ 05854/967187, Rad fahren einmal anders: Fahren Sie 14 km auf einer ehemaligen Werksbahnstrecke durch die Elbtalaue. Abfahrt täglich um 10 und 14 Uhr vom Draisinenbahnhof Alt Garge, Anmeldung erbeten.
- **Freibad Bleckede**, Am Waldbad 5, ✆ 05854/334, ÖZ: Mo 13.30-19.30 Uhr, Di-Fr 9.30-19.30 Uhr, Sa, So 8.30-19.30 Uhr

Im Ort rechts auf den Radweg entlang der Hauptstraße → an der ersten Möglichkeit wieder rechts ab → nach einem Kilometer wieder rechts in die Stiepelser Straße → an den letzten Häusern nach links → nach rechts vom Wald weg → nördlich des Bauersees vorbei → der Feldweg ist dann wieder befestigt und führt nach **Alt-Wendischthun** → hier rechts auf die **K22** → an der **L 222** erneut rechts → die Elbstraße kreuzen.

VARIANTE An der Elbstraße rechts geht es zur Fähre nach Neu Bleckede am rechten Elbufer. Ab dort ist die Fahrt nach Lauenburg über Boizenburg 30 km lang. Geradeaus über die L 219 gelangen Sie mit weniger Verkehrslärm in nur 20 km am linken Elbufer nach Lauenburg.

Bleckede

PLZ: 21354; Vorwahl: 05852

- **Tourismusleitstelle Nord Elberadweg**, Im Biosphaerium Elbtalaue, Schlossstr. 10, ✆ 951495

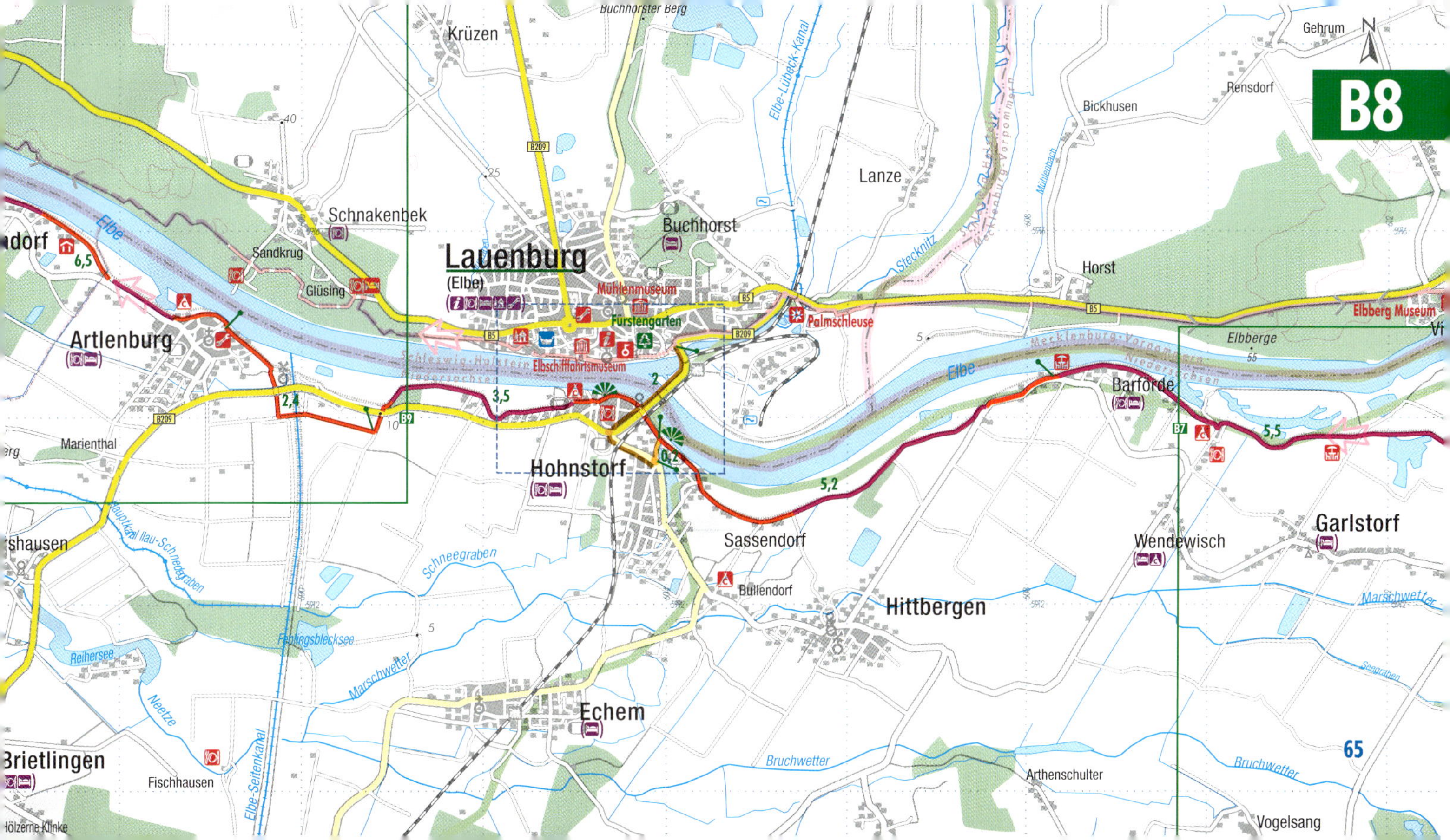
B8
Buchhorster Berg
Krüzen
Gehrum
Rensdorf
Bickhusen
Elbe-Lübeck-Kanal
B209
Lanze
Mühlenbach
Schnakenbek
Sandkrug
Glüsing
Buchhorst
Lauenburg
(Elbe)
Mühlenmuseum
Fürstengarten
Palmschleuse
Stecknitz
Horst
Elbberg Museum
Elbberge
B5
Elbe
Artlenburg
Schleswig-Holstein
Niedersachsen
Mecklenburg-Vorpommern
Elbschifffahrtsmuseum
Barförde
Marienthal
B9
Hohnstorf
Sassendorf
Wendewisch
Garlstorf
Schneegraben
Bullendorf
Hittbergen
Marschwetter
Reihersee
Neetze
Echem
Seegraben
Bruchwetter
Brietlingen
Fischhausen
Elbe-Seitenkanal
Arthenschulter
Vogelsang
Hölzerne Klinke
6,5
2,4
3,5
2
0,2
5,2
5,5
65

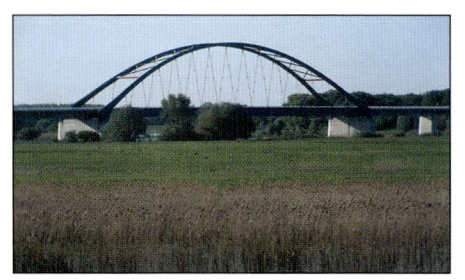

- **Fähre Bleckede**, ✆ 2255, Fährzeiten: Mo-Sa 5.30-23 Uhr, So/Fei 9-20 Uhr
- **Naturkundliche Führungen**, Biosphaerium Elbtalaue, ✆ 95140
- **Biosphaerium Elbtalaue - Schloss Bleckede**, Schlossstr. 10, ✆ 95140. Informationszentrum für das Biosphärenreservat Elbtalaue mit Blick in die Biberburg und ihre Bewohner, einer Aquarienlandschaft, die die Unterwasserwelt der Elbe zeigt und einer Live-Übertragung aus dem Storchennest. Eine 1.000 qm große Ausstellung widmet sich der Flusslandschaft und ihren natürlichen Bewohnern. Hinzu kommen ein Aussichtsturm, naturkundliche Aktivitäten und ein Schloss-Café.
- **Webers Fahrradshop**, Breite Str. 6, ✆ 1272

Linkselbisch von Bleckede nach Hohnstorf 21,5 km

Hinter der Kirche entlang → am Schloss vorbei → vor dem Damm links → am Damm entlang → rechts auf den straßenbegleitenden Radweg an der **K 27** → nach nicht ganz 2 km rechts Richtung Heisterbusch → dem Verlauf des Elbdammes folgen → die nächsten 17 km verläuft der Radweg nun immer parallel zum Deich bis nach Lauenburg → es geht vorbei an den Dörfern **Radegast**, **Brackede**, **Barförde** und **Sassendorf** und weiter nach **Hohnstorf**.

Hohnstorf

- **Fischereimuseum**, Elbdeich 35, Info: ✆ 04139/6632

TIPP Für einen Besuch der malerischen 800 Jahre alten Schifferstadt Lauenburg am anderen Elbufer zweigen Sie an der Kreuzung ca. 400 m vor der Elbbrücke nach links ab. Dann an der Vorfahrtsstraße rechts und an der Bundesstraße erneut rechts. Sie queren die Elbe auf dem Radweg. Nach der Brücke, die den Elbe-Lübeck-Kanal überquert, biegen Sie links ins Zentrum von Lauenburg in die Elbstraße ab. Einen detaillierten Stadtplan finden Sie auf Seite 85.

> **AndersRum (Karte B 9):** Die Brücke nach **Geesthacht** unterqueren → immer geradeaus auf dem Deich entlang → in **Tespe** kurz auf die **L 217** → links auf den Deich → weiter über **Avendorf** nach **Artlenburg**.

Von Hohnstorf nach Marschacht-Rönne 18 km

In Hohnstorf auf dem Elbdamm weiterfahren, links am **Campingplatz** vorbei → dann links unter der B 209 hindurch → die nächste Straße nach rechts → den Elbe-Seiten-Kanal überqueren → in die erste Straße wieder rechts → nun immer geradeaus nach Artlenburg hinein.

Artlenburg

Im Ort eher rechts so nahe wie möglich an der Elbe halten → erst wenn es rechts zum Campingplatz ab-

B9
Geesthacht
Hansaviertel
Haferberg
Rappenberg
Papersberg
Forst Hasenthal
Neu Gulzow
Museumseisenbahn Karoline
Geesthacht Museum
St. Salvatoris-Kirche
Stausee
Energiepark
Weinberg
Hochseilgarten
Krümmel
Steinberg
Grünhof
Krukow
Juliusburg
Kernkraftwerk Krümmel
Tesperhude
Sommer 2011
Stove
Elbstorf
Schwinde
Rönne
Ende 2011
Niedermarschacht
Marschacht
Obermarschacht
Krümse
Elbe
Tespe
Avendorf
Schnakenbek
Sandkrug
Glüsing
Artlenburg
Eichholz
Bütlingen
Hunden
Oldershausen
Fahrenholz
Neetze
Horburg
Kotnerberg
Klosterberg
Marienthal
B404
B209
1,5
3,8
5,7
6,5
2,4
67

geht, geradeaus auf den unbefestigten Weg fahren → vor der L 217 rechts in den asphaltierten Anliegerweg → parallel zum Damm und ab **Avendorf** auf dem Damm nach Tespe.

Tespe
Im Ort links hinunter vom Damm und rechts auf die **Elbuferstraße** → an der Kreuzung, an der es links nach Lüneburg geht, rechts an der Schranke vorbeifahren → auf den Radweg zum Damm hoch → die Brücke unterqueren.

> **TIPP** Kurz davor zweigt nach rechts ein gepflasterter Pfad ab, der Sie zur Brücke über die Elbe führt. Dort gelangen Sie auf dem straßenbegleitenden Radweg zum anderen Ufer nach Geesthacht.

Linkselbisch von Marschacht-Rönne
nach Kirchwerder   16,5 km
Auf dem Damm weiter nach **Stove** → an der T-Kreuzung links und gleich wieder rechts auf den Weg, der unterhalb des Dammes verläuft.

Drage
8 Die Fensterbilder der Hallenkirche **St. Marien** (15. Jh.) sind besonders sehenswert.

Am Ende des Ortes rechts auf den Damm hochfahren → auf dem asphaltierten Dammradweg weiter bis Laßrönne.
Hinter **Laßrönne** → an der Vorfahrtstraße geradeaus auf den linksseitigen Radweg der Kreis-

> **AndersRum (Karte B 10):** Auf dem Deich durch **Fünfhausen** → nach 5 Kilometern rechts in Richtung **Fähre Hoopte** → auf der linken Elbseite weiter → am oder neben dem Deich über **Laßrönne** und **Drage** bis zur Brücke nach **Geesthacht**.

straße → nach der Brücke über den **Ilmenaukanal** rechts auf den linksseitigen Radweg an der Landesstraße → nach 300 m rechts zur Fähre Hoopte.

> **TIPP** Fähre Hoopte: Betriebszeiten: März-Nov., Mo-Fr 6-20 Uhr, Sa, So/Fei 8.30-20 Uhr

Nach dem Übersetzen mit der Fähre am anderen Elbufer geradeaus über die Vorfahrtstraße → gleich in die nächste Straße nach links.

Lütjenburg
Nach 500 m im Ort rechts abbiegen → an der Vorfahrtstraße links und in die nächste Straße nach rechts → nach 600 m nach links auf den asphaltierten Dammweg abzweigen.

> **TIPP** Sie lesen ab hier nun im Kapitel „Rechtselbisch von Wittenberge nach Hamburg" im Abschnitt „Kirchwerder nach Hamburg" auf Seite 89, Karte C 10, weiter.

B10

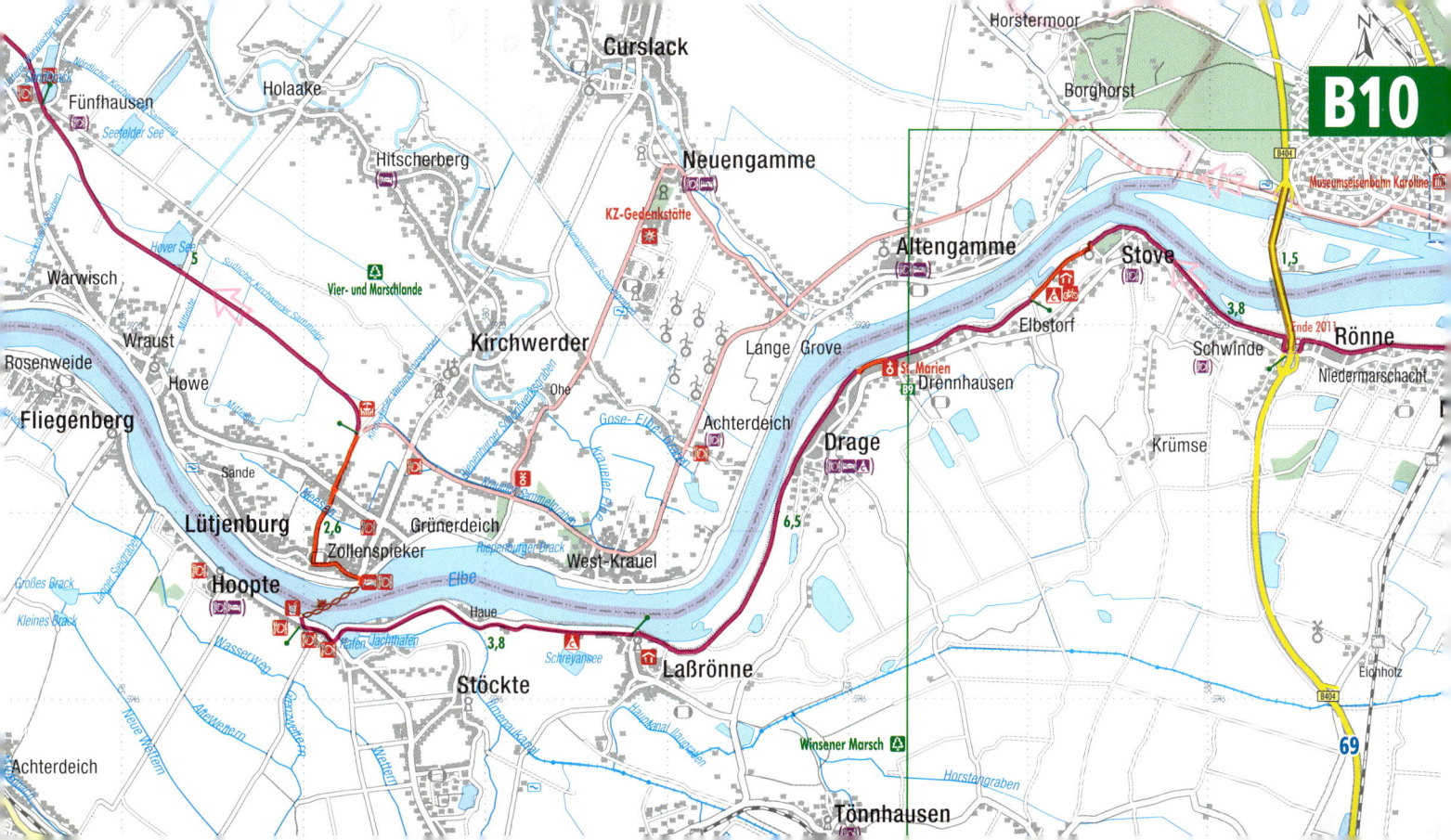

Rechtselbisch von Wittenberge nach Hamburg   179 km

Je weiter Sie nach Norden vordringen, umso breiter wird die Flusslandschaft. Im Gegensatz zum linken Elbufer müssen Sie auf dieser Route keine Hügel überwinden. Bevor Sie nach Niedersachsen gelangen, durchfahren Sie am rechten Ufer bei Dömitz und Boizenburg kurz das Land Mecklenburg-Vorpommern. Dann tauchen Sie in Niedersachsen in die Elbaue ein und radeln am sehenswerten Lauenburg vorbei. Über Geesthacht geht die Reise in die lebendige Hafenmetropole Hamburg.

Die Radroute verläuft zum Großteil auf unbefestigten oder asphaltierten Wegen neben oder auf dem Elbdamm, auf straßenbegleitenden Radwegen und auch mal auf unbefestigten Wald- und Feldwegen. Nur selten gibt es Wegstücke auf normalen Landstraßen.

Von Wittenberge
nach Lütkenwisch/Schnackenburg　　23 km

Halten Sie sich an der Brücke rechts und fahren Sie geradeaus weiter → dann links durch den Eisenbahntunnel und immer der Ausschilderung des Elbe-Radweges über die **Packhofstraße** folgen → ins Zentrum von Wittenberge.

Wittenberge
PLZ: 19322; Vorwahl: 03877

- **Touristinformation Wittenberge**, Paul-Lincke-Platz 1, im Kultur- und Festspielhaus, ☏ 929181, www.wittenberge.de
- **Fahrgastschiff „Wels"**, Anlegestelle Sporthafen, ☏ 79195
- **Stadtmuseum Alte Burg** (17. Jh.), ÖZ: Di-So 11-17 Uhr. Restauriertes Fachwerk-Herrenhaus, einstiger Wohnsitz der Edlen Herren Gans zu Putlitz. Die Ausstellungen thematisieren die Expansion Wittenberges vom Ackerbürgerstädtchen zum bedeutenden Verkehrs- und Gewerbestandort, die Geschichte der Nähmaschine mit Exponaten von 1850 bis 1991 und deren Produktion, sowie die Stadtgeschichte. Neben den Ausstellungsbereichen erwarten den Besucher die „Werkstatt Nähmaschine", individuelle Führungen, Sonderausstellungen etc.
- **Ev. Stadtkirche** (1870-72), Kirchplatz, im neugotischen Stil erbaut. Nach Absprache mit dem Pfarrer kann der Kirchturm besichtigt werden, von dem ein Rundblick über die Stadt und die Elbauen für die Strapazen des Aufstieges entschädigt.
- **Rathaus** (1912-14), August-Bebel-Str. 10. Die Fassade dieses Neobarockgebäudes ist mit Tuff- und Sandstein verblendet. Zur Innenausstattung gehören reich verzierte Repräsentationsräume mit üppigen Glasmalereien und kostbaren Schnitzarbeiten. Der Rathausturm (51 m) beherbergt ein mechanisches Uhrwerk und lässt den Besucher auf einer Aussichtsplattform in Höhe von 37,5 m einen herrlichen Blick über Wittenberge genießen. Turmbesteigungen von April-Okt., Führungen unter ☏ 929181.
- Das **Steintor** (um 1300) ist das älteste und wichtigste Bauwerk der Wittenberger Altstadt. Das ehemals nördliche Stadttor diente auch als Polizeigefängnis. Seit den 1920er Jahren befindet sich hier das Stadtmuseum, in dem die Ausstellung „Achtung alter Turm! Das Steintor und seine Geschichten" gezeigt wird. ÖZ: siehe Stadtmuseum.
- **Haus „Zu den vier Jahreszeiten"**, Johannes-Runge-Str. 16. Dieses viergeschossige Mietshaus wurde um die Jahrhundertwende zusammen mit dem Stadtviertel um die Johannes-Runge-Straße erbaut. Die Charakteristik dieses Hauses wird durch Gestaltungselemente des Jugendstils geprägt.
- **Siedlung „Eigene Scholle"** (1914), im Norden Wittenberges zwischen Ahornweg und Lindenweg. Der Bauhaus-Architekt Walter Gropius (1883-1969) errichtete im Auftrag der Landesgesellschaft Eigene Scholle GmbH eine Siedlung mit den von ihm entwickelten Ideen zu rationell zu errichtenden Bauten. Die Siedlung ist die größte der von ihm konzipierten Wohnanlagen.
- Die **Altstadt** wurde in Form eines Schiffes auf Schwemmsand erbaut. Die Touristinformation bietet auf Anfrage sachkundige Stadtführungen durch die Altstadt an.
- Der **Elbhafen** wurde in den Jahren 1832-35 ausgebaut.

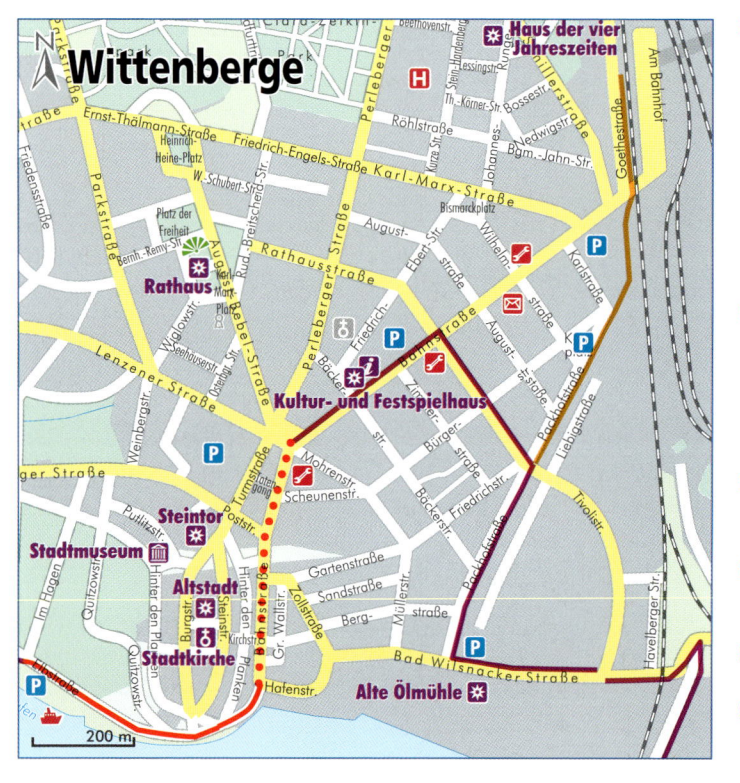

✹ **Uhrenturm**, Bad-Wilsnacker-Str. 34, ÖZ: Di-Fr 11-17 Uhr, Sa, So 11-16 Uhr. Das Wahrzeichen der Stadt auf dem Gelände des einstigen Singer-Nähmaschinenwerks ist eine der größten Turmuhren auf dem europäischen Festland. Führungen finden von Mai-Sept. jeden 1. Sa des Monats um 14 Uhr ohne Voranmeldung statt, Treffpunkt am Uhrenturm.

✹ **Kultur- und Festspielhaus**, ✆ 929181, moderne multifunktionale Theater-, Konzert- und Kongressstätte; der aktuelle Spielplan ist bei der Tourist-Information erhältlich.

◉ **Friedensteich**, Camping- und Übernachtungsmöglichkeiten in Blockhütten, Beachvolleyballanlagen

◉ **Prignitzer Badewelt**, an der Schwimmhalle 5b, ✆ 403515, Sport und Erlebnishallenbad

⚙ **Zweirad-Center Berger**, Bahnstr. 18, ✆ 60244

⚙ **Fahrradfachhandel Schukat**, Rathausstr. 55, ✆ 61153

AndersRum (Karte C 1): Auf dem Deichweg an **Lütkenwisch** und **Cumlosen** vorbei → nach weiteren 5 Kilometern kommen Sie in **Müggendorf** an → durch den Ort und auf dem Deich 8 Kilometer bis nach **Wittenberge** → unter der Eisenbahnbrücke hindurch → rechts über die Elb-Brücke.

⚙ **Fahrrad Raugsch**, Stern 3, ✆ 9574826

Der Sage nach soll sich in Wittenberge eine Burg an der Mündung von Stepenitz und Karthane befunden haben, die aus Rache von einem betrogenen Liebhaber niedergebrannt wurde.

Der Hafen von Wittenberge, die größte Stadt der Prignitz, zählt zu den wichtigsten Häfen an der Elbe. Hier wurden nach seinem Ausbau in den 1830er Jahren vor allem Petroleum, Steinkohle, Heringe und Getreide aus Hamburg umgeschlagen. Er bestimmt

C1
Jagel
Lütkenwisch
Schnackenburg
Grenzlandmuseum
Cumlosen
Galerie und Heimatmuseum
Motrich
Bentwisch
Wentdorf
Waldfrieden
Lindenberg
Waldhaus
Biosphärenreservat
Flusslandschaft Elbe
Niedersachsen
Sachsen-Anhalt
Hermannshof
Müggendorf
Wüstung Stresow
Gedenk- und Begegnungsstätte Stresow
Klein Wanzer
"Königsbrücke"
Aulosen
Bockwindmühle
Wanzer
Aland
Galgenberg
Schaugraben
Wahrenberg
Elbe
Wittenberge
Rathaus
Museum Alte Burg
Altstadt
Uhrenturm
Garsedow
Eickerhöfe
C2
73
3,2
1,2
2,5
3
4,5
2,2
5,7
0,4
1,8
25

noch heute mit seinen großen Speichern das Panorama der Stadt. Mit der Industrialisierung im 19. Jahrhundert gelangte Wittenberge zu wirtschaftlicher Blüte. Den Grundstein hierzu legte der Berliner Kaufmann Salomon Herz, der mit der Ölmühle die erste Fabrik Wittenberges errichtete.

Vor allem das 1903 errichtete Singer-Nähmaschinenwerk wurde zur führenden Produktionsstätte und brachte der Stadt den Beinamen „Stadt der Nähmaschinen". Bis 1990 wurden hier die weltberühmten Singer, später Veritas Nähmaschinen, hergestellt. Seit den 1990er Jahren wurde viel gebaut und restauriert; die Altstadt wurde zu großen Teilen saniert. Außerdem bietet die Stadt jedes Jahr eine Reihe von Veranstaltungen wie zum Beispiel die Elblandfestspiele, die zahlreiche Besucher anlocken.

Wittenberge auf der Deichkrone verlassen → in Elbnähe auf einem gekiesten Weg über **Müggendorf** in Richtung Cumlosen → noch vor der Ortschaft links auf einen Dammweg, der westlich am Ort entlangführt.

Cumlosen
PLZ: 19322; Vorwahl: 038794
- **Heimatstube** Willi Westermann
- **Galerie Rolandswurt** in der alten Küsterei, Dorfpl. 1, ☎ 30228. Wechselnde Ausstellungen regionaler Künstler.

Aus Cumlosen hinaus zuerst entlang der **B 195** Richtung Lanz → nach 300 m links auf den gekiesten Weg auf den Damm abzweigen → es geht zur Elbe zurück → nach gut 2 km weiter in Elbnähe auf einem asphaltierten Radweg bis Lütkenwisch.

Lütkenwisch
- **Fähre Schnackenburg**, ☎ 03877/564362 od. 0173/8847145. Fährbetrieb: Mai-Aug., Mo-Fr 5.45-19.30 Uhr, Sa,So/Fei 8-19.30 Uhr; ab 15. Sept., Mo-Fr 5.45-19.30 Uhr, Sa, So/Fei 8-19.30 Uhr

> **AndersRum (Karte C 2):** Am Abzweig **Lenzen** geradeaus weiter auf dem Deich in den Ort **Lütkenwisch**.

Von Lütkenwisch/Schnackenburg nach Dömitz   30,5 km

Von Lütkenwisch nach Lenzen weiterhin auf einem Radweg am Elbdamm radeln → etwa nach 3 km rechts auf den Deich.

AUSFLUG: Nach 9,5 km zweigt nach rechts die Straße nach Lenzen mit seinem schönen restaurierten Innenstadtkern ab. Nach links gelangen Sie zur Fähre Pevestorf-Lenzen.

Lenzen
PLZ: 19309; Vorwahl: 038792
- **Lenzen-Information,** Berliner Straße 7, ☎ 7302
- **Fähre Pevestorf-Lenzen,** Erich Butchereit, Fährhaus Lenzen, ☎ 7665. Fährbetrieb: Mai-31. Aug., Mo-Fr 6-21 Uhr, Sa, So/Fei 8-21 Uhr; Sept.-30. April, nur bis19.30 Uhr
- **St. Katharinenkirche** (14. Jh.)
- **Burg** (um 1200), Burgstr. 3, ☎ 1221, ÖZ: April-Okt, tägl. 10-18 Uhr, Nov.-März, Mi-So 10-17 Uhr und nach Anfrage. Von der frühdeutschen Burg ist heute nur noch der 28 m hohe Burgturm übrig. Von oben hat man einen herrlichen Ausblick auf die Elblandschaft.

C2

C3

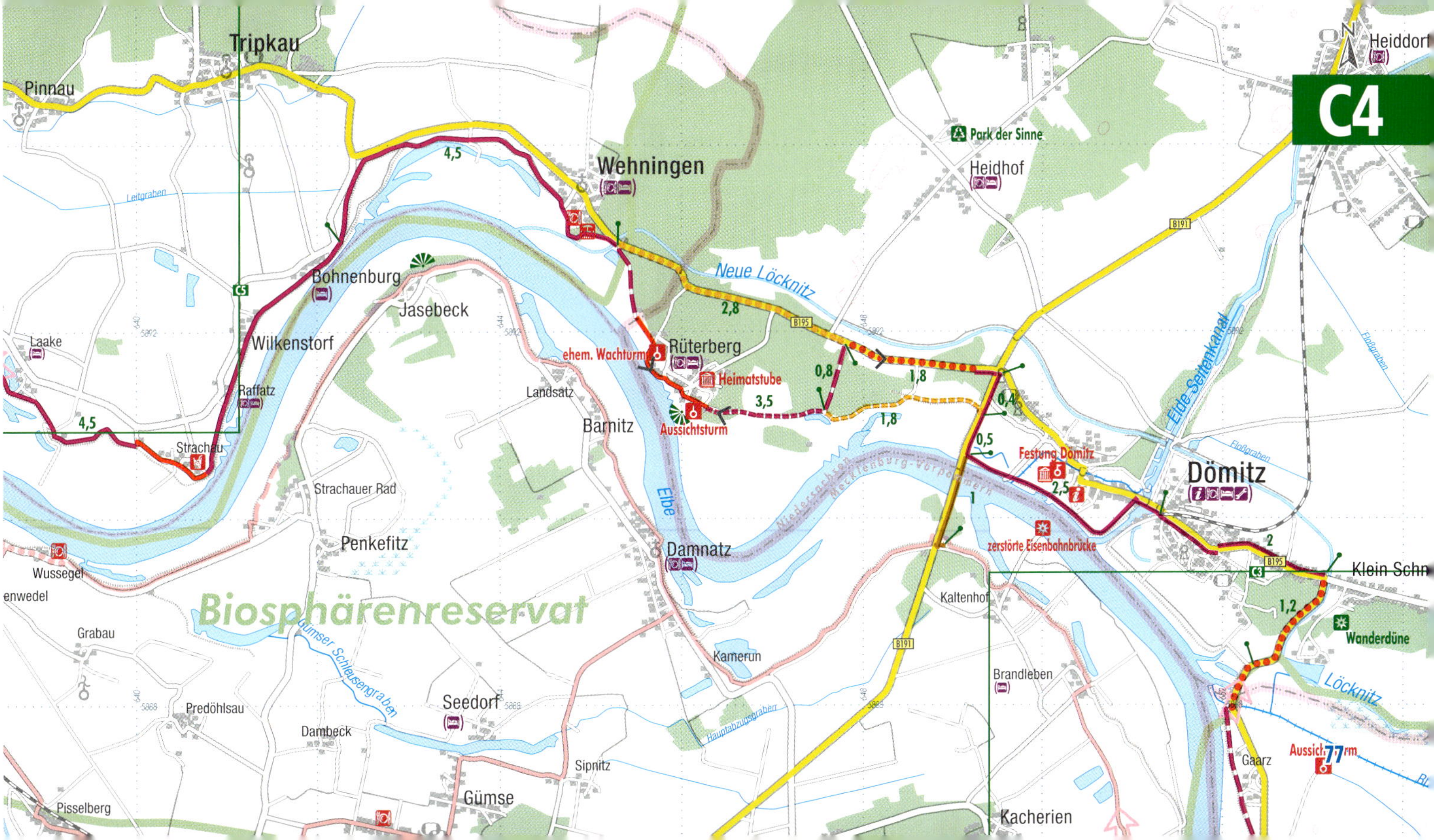
C4
Tripkau
Pinnau
Wehningen
Park der Sinne
Heidhof
Heiddorf
Leitgraben
4,5
Bohnenburg
Jasebeck
Wilkenstorf
Laake
Raffatz
Strachau
4,5
Neue Löcknitz
2,8
B195
ehem. Wachturm
Rüterberg
Heimatstube
0,8
1,8
3,5
Aussichtsturm
1,8
0,4
0,5
Landsatz
Barnitz
Elbe
Elde-Seitenkanal
Floßgraben
Floßgraben
Festung Dömitz
Dömitz
2,5
1
Niedersachsen
Mecklenburg-Vorpommern
zerstörte Eisenbahnbrücke
B191
2
B195
Klein Schn
1,2
Wanderdüne
Strachauer Rad
Penkefitz
Damnatz
Wussegel
enwedel
Kaltenhof
Biosphärenreservat
Grabau
Gümser Schleusengraben
Kamerun
B191
Brandleben
Löcknitz
Predöhlsau
Seedorf
Dambeck
Hauptabzugsgraben
Gaarz
Aussichtsturm
Sipnitz
Gümse
Pisselberg
Kacherien

AndersRum (Karte C 3): Vor Baarz von der Bundesstraße zum Deich, diesem 16 Kilometer folgen → **Besandten** und **Mödlich** durchfahren → immer weiter am Deich entlang bis zum Abzweig nach Lenzen.

AndersRum (Karte C 4): Von **Herrenhof** dem Deichradweg 12 Kilometer bis nach **Wehningen** folgen → über die Brücke → gleich rechts durch **Rüterberg** → rechts auf die **B 195** → an der Ampel rechts dem Radweg 2,5 Kilometer folgen → in **Dömitz** entlang der B 195 und über die Müritz-Elde-Wasserstraße → weiter auf dem Radweg, nach der Rechtskurve auf der Bundesstraße im Verkehr.

- **Burgmuseum,** Burgstr. 3, ✆ 1221, ÖZ: siehe Burg. Im Museum werden die Ausstellungen „Stadtgeschichte" und „Mensch und Strom" gezeigt. Diese Ausstellung behandelt die Natur- und Kulturgeschichte der Elbtalaue. In einer Videoanimation kann der Besucher die Perspektive eines über die Elbtalaue fliegenden Reihers erleben oder an einer Multivisionsshow teilnehmen. Die Nebengebäude werden derzeit zum Europäischen Zentrum für Auenökologie, Umweltbildung und Besucherinformation ausgebaut.
- **Filzschauwerkstatt,** ✆ 80592, ÖZ: 1. Mai-14. Okt., Mo-Fr 10-17 Uhr, Sa/So 14-17 Uhr; 15. Okt.- 30. April, Mo-Fr 10-16 Uhr u. n. V. Größte handwerkliche Filzschauwerkstatt Europas, Entstehung und Geschichte des Handfilzes.
- **Lenzer Wische**, Landschaft zwischen Lenzen und Dömitz mit Niedersachsenhäusern und Auenwald.

Weiter geradeaus über die Straße auf einem gekiesten Radweg auf dem Elbdamm radeln → vorbei an **Mödlich**, **Wootz** und **Kietz** sowie **Besandten** → nach 18 km endet der Dammweg → auf Höhe der Landesgrenze zwischen Brandenburg und Mecklenburg-Vorpommern an der **B 195** nach rechts → nach 1,8 km ab der Linkskurve auf dem Radweg nach Dömitz hinein.

Dömitz
PLZ: 19303; Vorwahl: 038758

- **Tourist-Information,** Rathauspl. 1, ✆ 22112
- **Tourismusverband Mecklenburg-Schwerin e. V.**, Alexandrinenpl. 7, 19288 Ludwigslust, ✆ 03874/666922
- **Museum Dömitz**, Festung Dömitz, ✆ 22401, ÖZ: Mai-Okt., Di-Fr 9-17 Uhr, Sa, So/Fei 10-18 Uhr, Nov.-April, Di-Fr 10-16.30 Uhr, Sa, So/Fei 10-16.30 Uhr. Im Museum werden nicht nur verschiedene Ausstellungen u. a. zur Geschichte der Festung und der Stadt gezeigt, sondern es gibt auch eine

AndersRum (Karte C 5): Von **Vockfey** dem Deichradweg 11 Kilometer nach **Herrenhof** folgen.

Gedenkhalle für den niederdeutschen Schriftsteller Fritz Reuter.
- **Festung Dömitz** (1559-65), Flachlandfestung mit fünfeckigem Grundriss. Errichtet zum Schutz der Landesgrenze und zur Kontrolle der Elbzolleinnahmen.
- **Wander-Binnendüne** in Klein Schmölen, Informationen bei der Naturparkverwaltung, ✆ 038847624840
- **Fahrrad Behncke**, Friedrich-Franz-Str. 21, ✆ 22543

Auf der Festung Dömitz wurde der Schriftsteller Fritz Reuter in den Jahren zwischen 1838 und 1840 gefangengehalten. Bekannt wurde Reuter mit seinem Buch „Ut mine Festungstied".

Von Dömitz nach Herrenhof 21,5 km

Unmittelbar nach der Brücke über die Müritz-Elde-Wasserstraße links auf den Damm auffahren → entlang der Wasserstraße bis vor zur Elbe → rechts weiter auf dem Damm bis zur Brücke, hier nach rechts.

VARIANTE Sie können das verkehrsreiche Stück auf der Bundesstraße umgehen, indem Sie ca. 400 m weiter gerade aus fahren und nach links auf den Radweg an der Neuen Löcknitz einbiegen.

C5

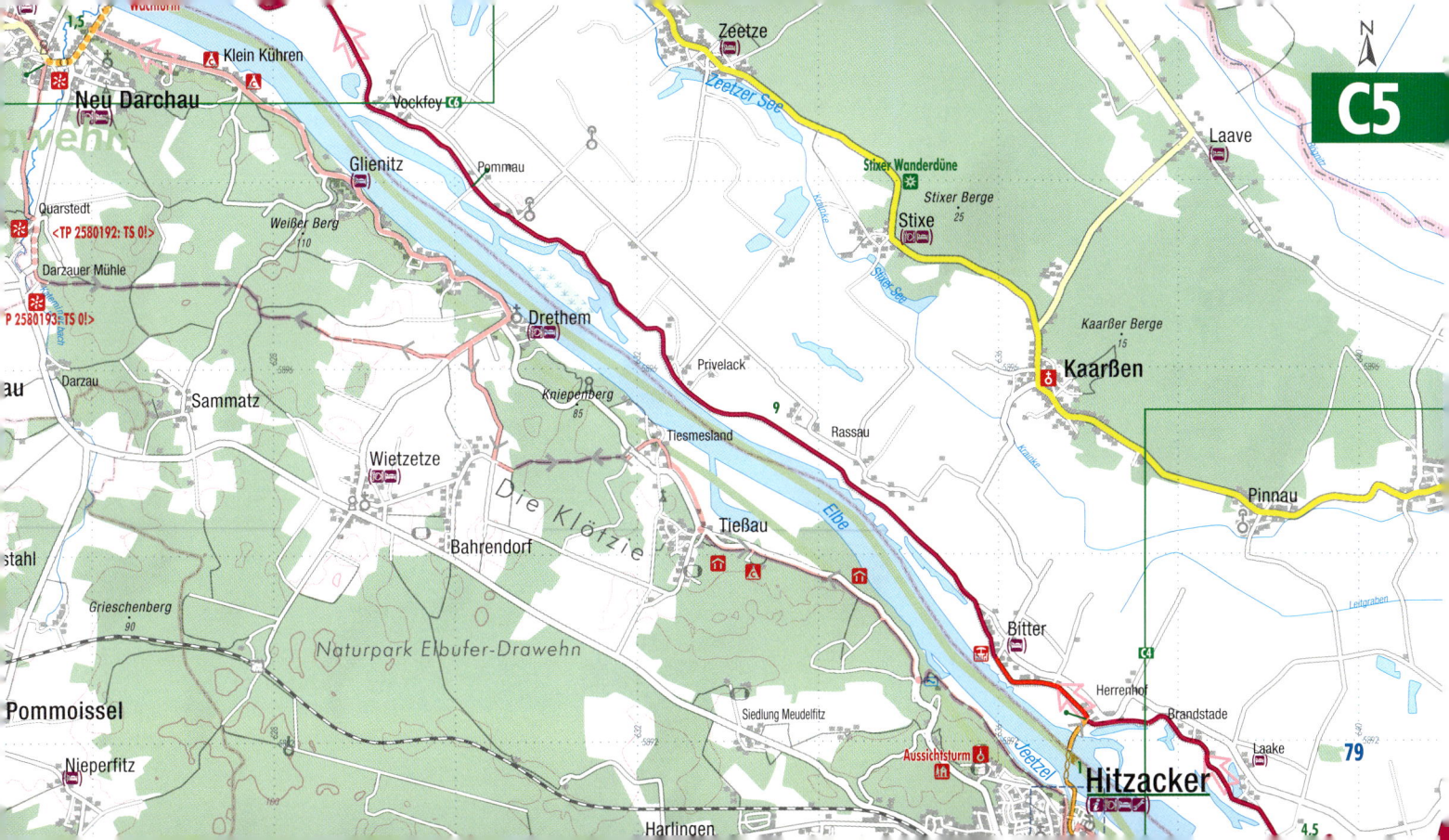

- Neu Darchau
- Klein Kühren
- Vockfey
- Zeetze
- Laave
- Glienitz
- Pommau
- Stixer Wanderdüne
- Stixer Berge
- Quarstedt
- <TP 2580192: TS 0!>
- Darzauer Mühle
- Weißer Berg 110
- Stixe
- P 2580193: TS 0!
- Darzau
- Sammatz
- Drethem
- Kaarßer Berge 15
- Kaarßen
- Kniepenberg 85
- Privelack
- Wietzetze
- Tiesmesland
- Rassau
- Die Klötzie
- Pinnau
- Bahrendorf
- Tießau
- Grieschenberg 90
- Naturpark Elbufer-Drawehn
- Bitter
- Ledgraben
- Pommoissel
- Siedlung Meudelfitz
- Herrenhof
- Brandstade
- Nieperfitz
- Aussichtsturm
- Laake
- Jeetzel
- 79
- Hitzacker
- Harlingen
- 4.5

An der Ampel links auf die **B 195** → nach 1,8 km nach links in den breiten Forstweg abzweigen → dem Verlauf dieses breiten Weges folgen → nach gut 2 km geht es leicht bergauf nach Rüterberg.

Rüterberg

🏛 **Heimatstube**, im Hotel-Restaurant Elbklause, ÖZ: Mo-So ab 12 Uhr. Hier befindet sich ein kleines Grenzmuseum.

Das mecklenburgische Dorf war seit einer Grenzstreitigkeit 1967 mit der BRD durch einen zweiten Grenzzaun auch von der ehemaligen DDR abgetrennt. Die Bewohner benötigten einen Passierschein um ihr Dorf zu verlassen und durften keinen Besuch empfangen. Am 8. November 1989 riefen die Dorfbewohner die Freie Dorfrepublik aus und dürfen seit 1991 den Zusatz „Dorfrepublik 1967-1989" offiziell auf ihren Ortsschildern führen.

TIPP Wenn Sie auf den Holzturm steigen, haben Sie eine wunderbare Aussicht auf die Elbauenlandschaft.

Auf einer Pflasterstraße bergab → am Ortsausgang von Rüterberg vor dem Wald links auf einem gekiesten Weg zu einem Hof → nach dem Hof rechts in den Waldweg → an der B 195 nach links über die **Neue Löcknitz** → gleich nach links auf den Dammweg → nach 800 m bei **Wehningen** links auf den Radweg auf dem Elbdamm einbiegen.

Wehningen

PLZ: 19273; Vorwahl: 038845

🏛 Im **Schlosspark Wehningen** sehen Sie den Torbogen des ehem. Schlosses.

TIPP Nach 12 km geht in Herrenhof die Rad- und Personenfähre nach Hitzacker ab (Herr Jahnke, ☎ 0160/5960668 oder 05852/97550, Fährzeiten: 1. April - 15. Okt., Mo-So 9-18 Uhr u. n. V.), so dass Sie hier zur anderen Uferseite wechseln und das sehenswerte Hitzacker besuchen können.

Von Herrenhof nach Darchau   14,5 km

Am Abzweig der Fähre Hitzacker geradeaus am Damm entlang über **Bitter** nach **Privelack**.

TIPP Bei Stixe befindet sich die Stixer Wanderdüne, die vor etwa 10.000 Jahren nach der Eiszeit entstand und heute ein beliebtes Ausflugsziel ist.

Nach Privelack die nächsten 7 km immer am Deich entlang weiter → nach **Groß Kühren** den Bögen des Deiches bis nach Darchau folgen.

AndersRum (Karte C 6): In **Neu Bleckede** am Deich entlang elbaufwärts nach **Stiepelse** → dort kurz auf die Straße und wieder auf den Deich → über **Konau** und **Darchau** 13 Kilometer dem Deich nach **Vockfey** folgen.

Darchau

⛴ **Fähre Darchau**, ☎ 05853/1322, Fährzeiten: Mo-Sa 5.30-21 Uhr, So/Fei 9-21 Uhr

TIPP Am Ortsende von Darchau geht es geradeaus zur Fähre nach Neu Darchau ans linke Elbufer.

Von Darchau nach Neu Bleckede   14 km

Auf dem asphaltierten Dammradweg durch die Elbaue vorbei an Konau.

Konau

🏛 **EXPO-Scheune**, ☎ 038841/20747. Ausstellung zur Deutsch-Deutschen Geschichte und grenzhistorischer Rundgang.

✱ ehemaliger **Grenzwachturm** der DDR

Konau ist eines der wenigen Elbedörfer, das die einst typische Siedlungsform an der Elbe als Marschhufendorf erhalten hat. Seit 1994 steht das Dorf unter Denkmalschutz, war Expo-Projekt 2000 und ist mit seinen wunderschön

C6
Neu Wendischthun
Grenzturm
Neu Bleckede
Elbschloss
0,8
1
5
C7
Stiepelse
Krusendorf
Dellien
Rosengarten
Sumte
B195
Amt-Neuhaus
Biosphärenreservat
Flusslandschaft Elbe
Lärchenberg
10
2,2
Bleckede
Sandbergen
Garger Berge
20
Alt Garge
Neu Garge
Draisinentour
Gedenkstätte
2,2
Viehle
Gülstorf
Haar
Krainke
Nindorf
Runder Berg
50
Wennenberg
50
Göddingen
4,7
EXPO-Scheune
Konau
Jägerberg
60
Viehler Berge
60
Barskamp
Wachturm
Popelau
Walmsburg
Elbe
Darchau
Groß Kühren
Katemin
Wachturm
Köstorfer Berg
Staatschenberge
45
1,5
5,7
C5
Klein Kühren
Köstorf

C7

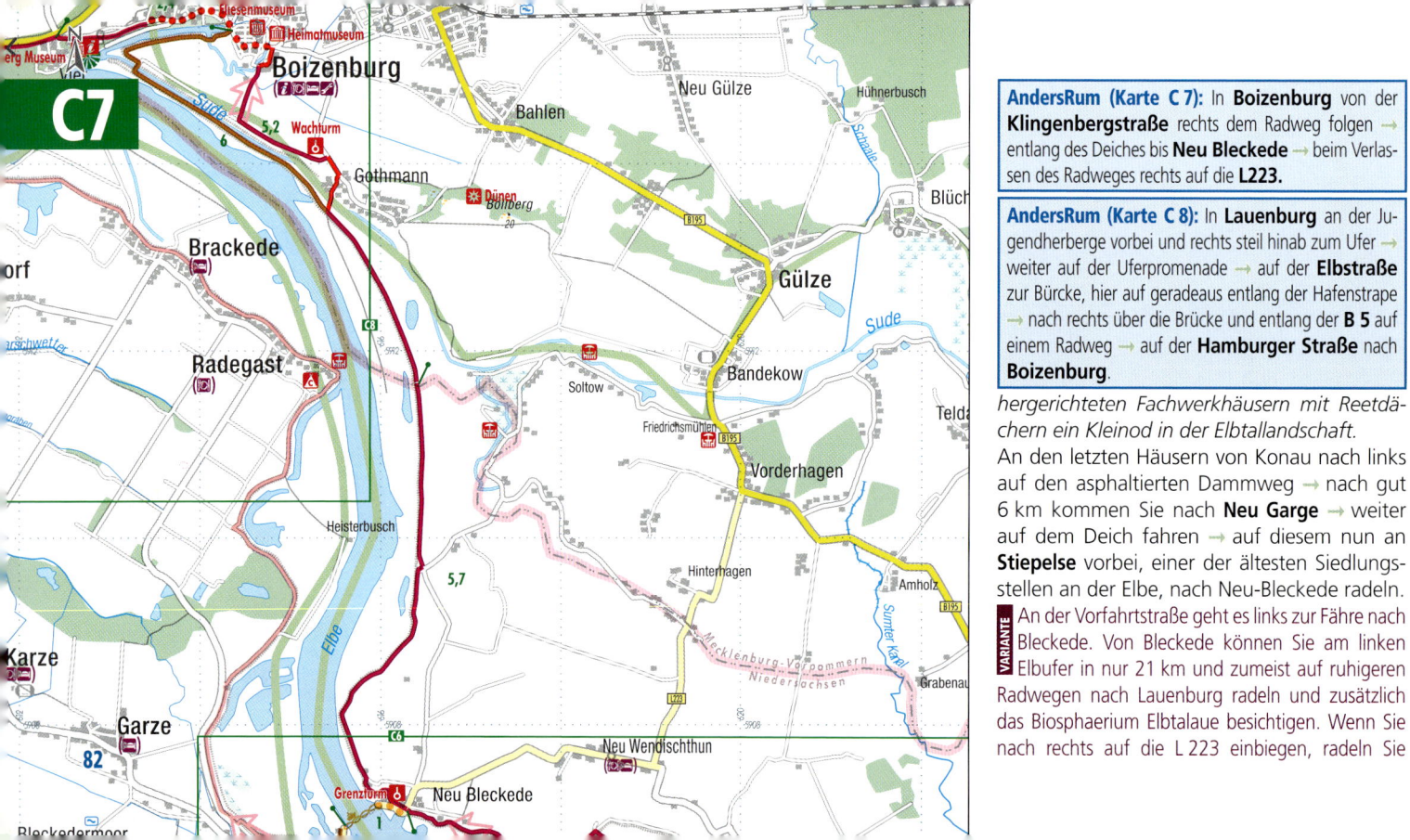

AndersRum (Karte C 7): In **Boizenburg** von der **Klingenbergstraße** rechts dem Radweg folgen → entlang des Deiches bis **Neu Bleckede** → beim Verlassen des Radweges rechts auf die **L223**.

AndersRum (Karte C 8): In **Lauenburg** an der Jugendherberge vorbei und rechts steil hinab zum Ufer → weiter auf der Uferpromenade → auf der **Elbstraße** zur Bürcke, hier auf geradeaus entlang der Hafenstrape → nach rechts über die Brücke und entlang der **B 5** auf einem Radweg → auf der **Hamburger Straße** nach **Boizenburg**.

hergerichteten Fachwerkhäusern mit Reetdächern ein Kleinod in der Elbtallandschaft.

An den letzten Häusern von Konau nach links auf den asphaltierten Dammweg → nach gut 6 km kommen Sie nach **Neu Garge** → weiter auf dem Deich fahren → auf diesem nun an **Stiepelse** vorbei, einer der ältesten Siedlungsstellen an der Elbe, nach Neu-Bleckede radeln.

VARIANTE An der Vorfahrtstraße geht es links zur Fähre nach Bleckede. Von Bleckede können Sie am linken Elbufer in nur 21 km und zumeist auf ruhigeren Radwegen nach Lauenburg radeln und zusätzlich das Biosphaerium Elbtalaue besichtigen. Wenn Sie nach rechts auf die L 223 einbiegen, radeln Sie

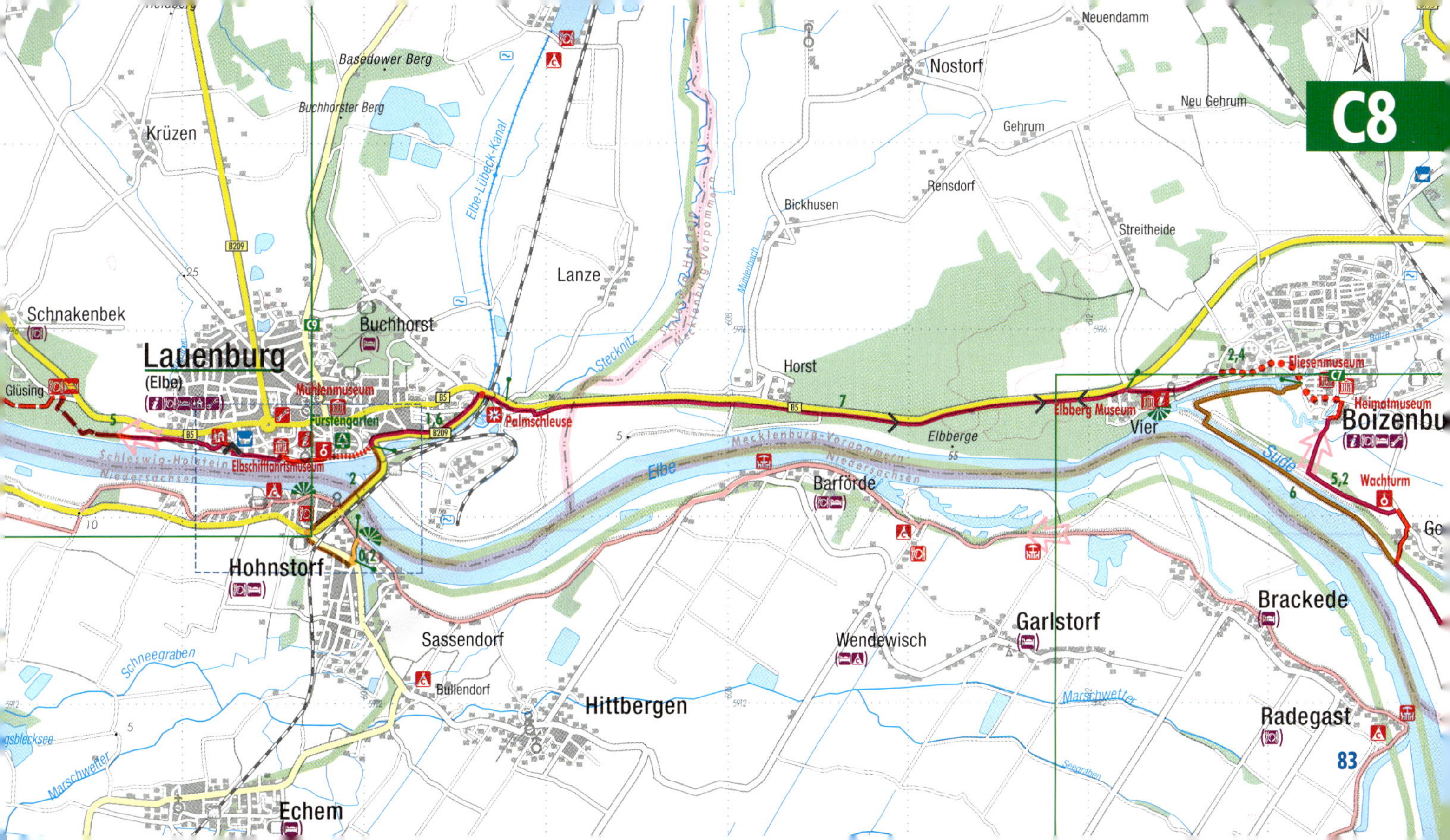

C8
Basedower Berg
Buchhorster Berg
Krüzen
Elbe-Lübeck-Kanal
Nostorf
Neuendamm
Neu Gehrum
Gehrum
Rensdorf
Bickhusen
Streitheide
Lanze
Schnakenbek
Buchhorst
Lauenburg
(Elbe)
Glüsing
Mühlenmuseum
Fürstengarten
Palmschleuse
Stecknitz
Mühlenbach
Horst
B209
B5
Fliesenmuseum
Heimatmuseum
Elbberg Museum
Vier
Boizenbu
Elbberge
Elbe
Schleswig-Holstein
Niedersachsen
Mecklenburg-Vorpommern
Elbschifffahrtsmuseum
Barförde
Sude
Wachturm
Hohnstorf
Sassendorf
Bullendorf
Hittbergen
Wendewisch
Garlstorf
Brackede
Radegast
Schneegraben
Marschwetter
Seegraben
Echem

am rechten Elbufer weiter und über Boizenburg in 30 km nach Lauenburg.

Neu Bleckede
- **Fähre Bleckede**, ✆ 05852/2255, Fährzeiten: Mo-Sa 5.30-23 Uhr, So/Fei 9-20 Uhr

Von Neu Bleckede nach Boizenburg 11,7 km
Nach 300 m links auf den Radweg in Richtung Elbe fahren → hier dem Deich bis Boizenburg folgen → beim Verlassen des Radweges links in die **Klingenbergstraße** abbiegen.

Boizenburg
PLZ: 19258; Vorwahl: 038847
- **Stadtinformation Boizenburg**, Markt 1, ✆ 55519
- **Fahrgastschifffahrt**, Reederei Helle, ✆ 04136/403; Reederei Wilcke, ✆ 04139/6285; Raddampfer Kaiser Wilhelm, Informationen bei der Tourist Info DeOpenDoor ✆ 520267
- **Heimatmuseum**, Markt 1, ✆ 52074
- **Fliesenmuseum**, Reichenstr. 4, ✆ 53881, ÖZ: Di-Fr 10-12 Uhr und 14-16 Uhr, Sa-So 14-16 Uhr. Im ersten deutschen Fliesenmuseum werden künstlerisch gestaltete Fliesen gesammelt und präsentiert.
- **Elbbergmuseum**, am westlichen Stadtrand über die B 5 erreichbar, ✆ 52074, ÖZ: Mai-Sept., Sa, So 14-17 Uhr. An diesem zweifach historischen Ort gab es zur Zeit des Nationalsozialismus ein Außenlager des ehemaligen KZ Neuengamme und später zu DDR Zeiten den Transitvorkontrollposten der ehemaligen innerdeutschen Grenze. Die Ausstellungen zu diesen Themen werden im ehemaligen Küchenkeller des KZ-Außenlagers gezeigt.
- **Naturerlebnisbad**, Boizestr. 5, ✆ 33245
- **M. Strauß**, Am Mühlenteich, ✆ 53016

Von Boizenburg nach Lauenburg/Elbe 11 km
Von der **Klingenbergstraße** links in die **Hamburger Str.** biegen → dieser bis zur **B5** folgen → ab dem Ortsende gibt es einen straßenbegleitenden Radweg entlang der B 5 bis nach Lauenburg → an der **Hafenstraße** links → im Linksknick geradeaus auf Kopfsteinpflaster ins Zentrum von Lauenburg.

VARIANTE: Weiter die Hafenstraße entlang, können Sie auf dem staßenbegleitenden Radweg bis an das linke Elbufer fahren.

Lauenburg/Elbe
PLZ: 21481; Vorwahl: 04153
- **Tourist-Information**, Amtsplatz 4, ✆ 51251, www.lauenburg.de
- **Raddampfer Kaiser Wilhelm**, ✆ 520267, Fahrten 14-tägig an Wochenenden von Mai bis Sept.
- **Elbschifffahrtsmuseum**, Elbstr. 59, ✆ 51251, ÖZ: März-Okt., täglich von 10-17 Uhr, Sa, So 10-17 Uhr; Nov.-Feb., Mi, Fr, Sa, So 10-13 Uhr und 14-16.30 Uhr
- **Mühlenmuseum**, Lauenburger Mühle, Bergstr. 17, ✆ 5890, ÖZ: täglich 10-18 Uhr. Ein ehemaliger Müller führt sachkundig durch die Mühle und berichtet vom Leben und Arbeiten seines Standes.

Lauenburg

🏛 **Findorff-Museum**, Hohler Weg 3, ÖZ: Mo-So 10-18 Uhr, So 12-18 Uhr. Das im Jahr 1607 erbaute Haus zeigt Exponate über die Brüder Findorff. Der eine war Kunstmaler, der andere hat als Moorkommissar in 20 Jahren 90.000 ha Moorland erschlossen und erwarb sich so den Namen „Vater der Moorbauern".

✳ Der **Schlossturm** ist das älteste Bauwerk der 1182 errichteten Askanierburg.

✳ Die **Palmschleuse** ist die älteste erhaltene Kammer-Schleuse Nordeuropas.

🅰 **Fürstengarten und Grotte**

🏊 **Freibad Am Kuhgrund**, ✆ 5950 od. 4115

🚲 **Zweirad Sandmann**, Hamburger Str. 39, ✆ 582000

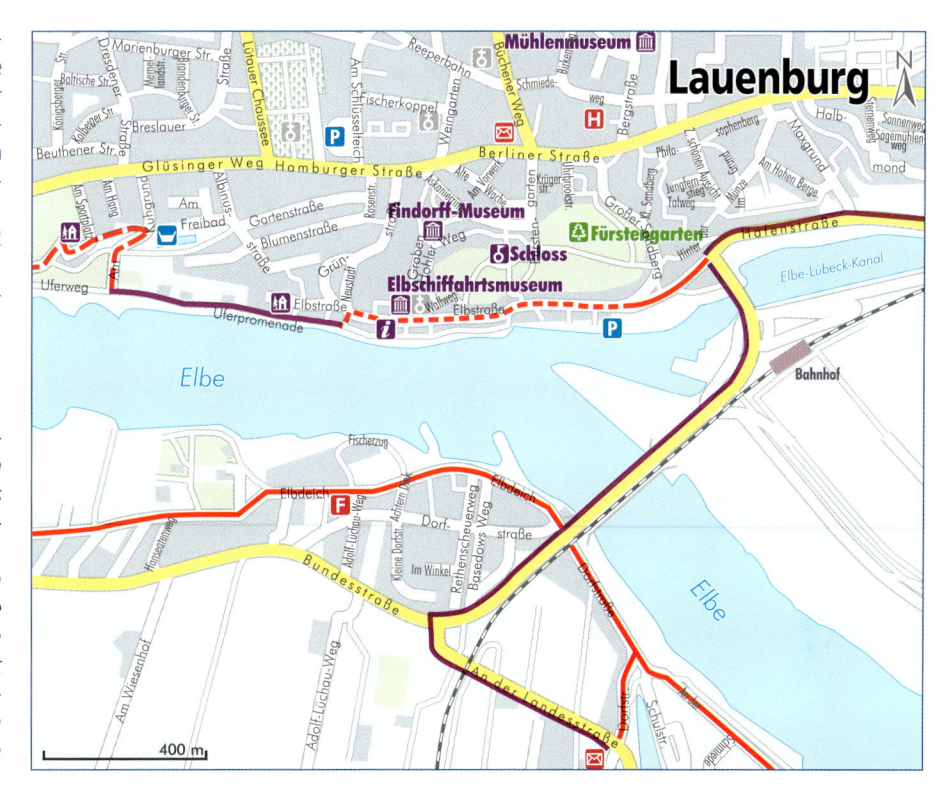

1182 ließ Bernhard von Askanien die Lavenburg (Lave – slawisch: Elbe) errichten. Nach einem Brand wurde die Burg in der Mitte des 15. Jahrhunderts unter Herzog Johann IV. wieder aufgebaut und um einen runden Turmbau, dem Wahrzeichen der Stadt, erweitert. Ähnlich wie die Türme des Lübecker Holstentores diente der neue Schlossturm als Geschützturm, von dem aus die strategischen Punkte der Stadt mit schwerem Geschütz unter Beschuss genommen werden konnten. Nach Umbauten im 18. Jahrhundert diente der Turm ausschließlich der Gefangenenunterbringung. Das großzügige Schloss, in dem einst so bekannte Persönlichkeiten wie Wallenstein, König Wilhelm I. oder Bismarck weilten, wurde 1616 durch einen Brand stark zerstört. Erhalten blieb nur der Ostflügel sowie der Schlossturm.

Direkt an der Salzstraße gelegen, profitierte Lauenburg im Mittelalter vom Salzhandel. Auf dem Handelsweg gelangte das Salz aus der Lüneburger Saline, die mit 400 Beschäftigten eine der größten Produktionen des Mittelalters darstellte, von Lüneburg über Lauenburg bis in die Hansestadt Lübeck. Von dort aus wurde das Salz über die Ostsee in ferne Länder verschifft. Die reichverzierten und malerischen Fachwerkhäuser in der historischen Altstadt zeugen von einem über die Jahrhunderte andauernden, blühenden Geschäftsleben Lauenburgs. Entlang der Elbstraße, Lauenburgs ältester Straße, und des Hohlen Weges, dem ehemaligen Burggraben, stammen die Häuser überwiegend aus dem 16. und 17. Jahrhundert. Eine geschlossene historische Bebauung aus dem 17. und 18. Jahrhundert ist in den Straßen Neustadt, Grünstraße und Hunnenburg erhalten.

Von Lauenburg/Elbe nach Geesthacht 15 km

Nach einem Kilometer auf der **Elbstraße** links auf den **Elbuferweg**, einem Rad- und Fußweg → nach einem Kilometer rechts steil hoch auf der Straße **Am Kuhgrund** → links in den Pfad zur Jugendherberge → links vorbei an den **Sportplätzen** in die Straße **Elbkamp** → durch den Wald zum Rastplatz **Glüsinger Grund** → nach links über den Weg in einen Waldweg hinein → nach 1,5 km die Straße queren → an der Wegegabelung am Waldanfang links in den gekiesten Forstweg → die nächsten 5 km geht es hügelig auf diesem Forstweg durch den Wald des Naturschutzgebietes → in **Tesperhude** nach links auf die Vorfahrtstraße → nach der Rechtskurve links auf den ufernahen Radweg an der Elbe → am **Kernkraftwerk Krümmel** vorbei geht es auf einem straßenbegleitenden Radweg nach Geesthacht.

Geesthacht

PLZ: 21502; Vorwahl: 04152

- **Tourist-Information Stadt Geesthacht**, Krügersches Haus, Bergedorfer Str. 28, ✆ 836258
- Das **Geesthacht Museum im Krügerschen Haus** befindet sich im ältesten Gebäude der Stadt. Ausstellung zur Technikgeschichte „Made in Geesthacht", und Energie-Zukunftswerkstatt. ✆ 836258, ÖZ: April-Sept., Mo-Fr 10-18 Uhr, Sa-So 11-17 Uhr; Okt.-Mörz, Mo-Sa 11-17 Uhr, Gruppen n. V.
- **Museumseisenbahn „Karoline"**, ✆ 836258 (Tourist-Information). Dampflok mit hist. Eisenbahnwagons auf der Strecke Krümmel, Geesthacht, Bergedorf (HH)
- **St. Salvatoris-Kirche** (1685), Kirchenstieg 1, ✆ 2208. Besichtigung: n. V. Die Fachwerkkirche wurde mit den 1684 vor den Elbfluten geretteten Steinen und dem Inventar der Vorgängerkirche erbaut.
- **Hochseilgarten**, Elbuferstraße, ✆ 907792
- **Elbbrücke** mit Staustufe, Information: ✆ 8469140
- **Freizeitbad Geesthacht**, direkt an der Elbe, ÖZ: Mo 10-20 Uhr, Di-Fr 6.30-20 Uhr, Sa, So/Fei 7-20 Uhr
- **Piet Pellerito**, Dünebergerstr. 85, ✆ 0151/52989413
- **Zweirad-Zentrum Jonni Baar**, Bergedorfer Str. 28, ✆ 3667

Einen Kontrast zur eher beschaulichen Landschaft längs der mittleren Elbe bietet mit ihrer Technikgeschichte die Stadt Geesthacht. Der

> **AndersRum (Karte C 9):** Durch **Geesthacht** nahe der Elbe auf dem Radweg, diesem weiter nach **Tesperhude** folgen → rechts in den **Ringweg** → hügelig 11 Kilometer durch den Wald nach Lauenburg.

C9
Düneberg
Richtweg
Gülzow
Wiershop
Fehmberg
Schaferberg
Hansaviertel
Haferberg
Museumseisenbahn Karoline
Geesthacht Museum
St. Salvatoris-Kirche
Rappenberg
Neu Gulzow
Papersberg
Geesthacht
Forst Hasenthal
Stausee
Energiepark
Weinberg
Hochseilgarten
Krukow
Juliusburg
Tierpark Krüzen
Heidberg
Rönne
Schwinde
Niedermarschacht
Marschacht
Krümmel
Steinberg
Grünhof
Kernkraftwerk Krümmel
Elbe
Krümse
Obermarschacht
Tesperhude
Krüzen
Tespe
Eichholz
Schnakenbek
Avendorf
Sandkrug
Glüsing
Lauenburg
(Elbe)
Artlenburg
Bütlingen
Oldershausen
Schleswig-Holstein
Niedersachsen
Elbschifffahrtsmu
Linau
B404
B209
B5
87

AndersRum (Karte C 10): Durchfahren Sie **Fünfhausen** → weiter auf oder am Deich entlang über **Achterdeich** und **Altengamme** → rechts auf der Bundesstraße nach **Geesthacht**.

Schwede Alfred Nobel gründete 1866 im Geesthachter Ortsteil Krümmel eine Pulverfabrik, in der er das Dynamit erfand. Durch diese Erfindung wandelte sich die bescheidene Pulverfabrik zum bedeutendsten Sprengstoffwerk des europäischen Kontinents. Andere Energien setzen das 1958 erbaute Pumpspeicherwerk, das größte seiner Art Norddeutschlands, und das 1983 im gleichnamigen Ortsteil erbaute Kernkraftwerk Krümmel frei.

Geesthacht

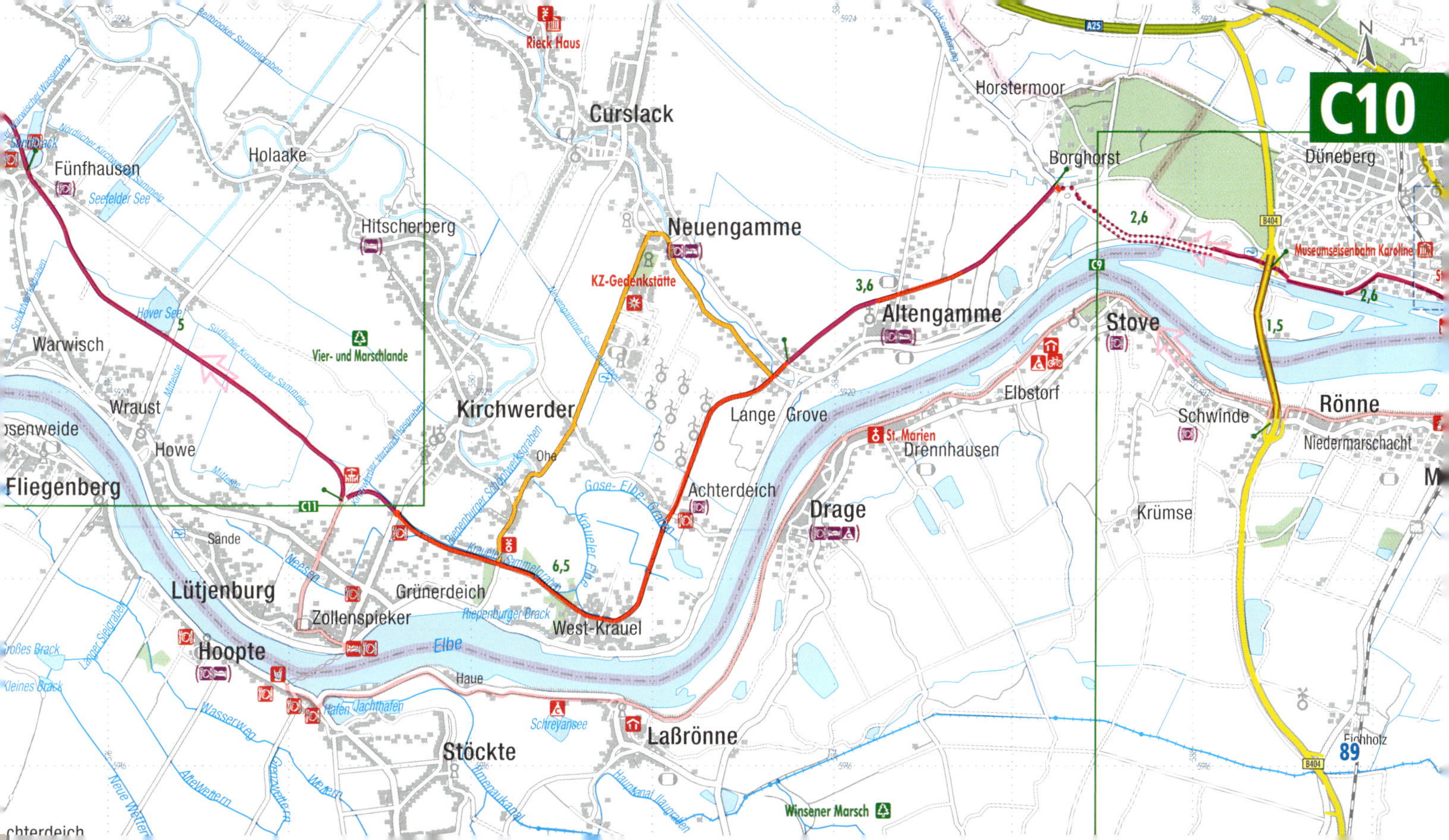
C10
Rieck Haus
Curslack
Horstermoor
Borghorst
Düneberg
Holaake
Fünfhausen
Seefelder See
Hitscherberg
Neuengamme
KZ-Gedenkstätte
Museumseisenbahn Karoline
2,6
3,6
Altengamme
C9
Stove
1,5
Hover See
5
Warwisch
Vier- und Marschlande
Wraust
Howe
Kirchwerder
Ohe
Lange Grove
Elbstorf
Rönne
Schwinde
St. Marien
Drennhausen
Niedermarschacht
Fliegenberg
C11
Achterdeich
Drage
Krümse
Sande
6,5
Lütjenburg
Grünerdeich
Zollenspieker
West-Krauel
Elbe
Hoopte
Haue
Hafen
Jachthafen
Schreyansee
Laßrönne
Stöckte
Winsener Marsch
Eichholz
A25
B404

Wichtig für den Hamburger Hafen und die Häfen an der Unterelbe sind die zwischen 1957 und 1960 erbaute Staustufe und die nach dreijähriger Bauzeit 1981 fertiggestellte zweite Schleusenkammer. Sie sorgen für die Regulierung des Fahrwassers der Oberelbe mit den Einfahrten in den Elbe-Lübeck-Kanal und den Elbe-Seitenkanal sowie zwischen Hamburg und Cuxhaven für eine gleichmäßige Tiefe der Elbe von 12 Metern.

Von Geesthacht nach Kirchwerder 16 km

Auf dem straßenbegleitenden Radweg in Elbnähe immer geradeaus am Zentrum von Geesthacht vorbeiradeln. An der Schleuse die B 404 unterqueren → dem Radweg und dann dem Radstreifen bis zum Kreisverkehr folgen → diesen an der 2. Möglichkeit wieder verlassen → gleich links in den **Altengammer Marschbahndamm** einbiegen → die nächsten 2,5 km geht es auf dem Marschbahndamm immer geradeaus nach **Altengamme**.

> **TIPP** Wenn Sie sich einen Kilometer nach Altengamme nach rechts wenden, können Sie die KZ-Gedenkstätte Neuengamme besuchen.

Neuengamme

KZ-Gedenkstätte Neuengamme, Jean-Dolidier-Weg 75, ✆ 040/428131500; ÖZ: Mo-Fr 9.30-16 Uhr, Sa, So 12-19 Uhr, Okt.-März, bis 17 Uhr. Das Museum zeigt die Geschichte des Konzentrationslagers zwischen 1938-45.

Altengamme

8 **St. Nicolai-Kirche**. Die aus Feldsteinen errichtete Kirche ist über 750 Jahre alt.

Auf der Hauptstrecke durch **Achterdeich** und **Kraul** → am **Gasthof Teufelsort** geradeaus über den Kirchenheerweg (auf dem es rechts nach Kirchwerder geht) → nach dem Linksbogen spitzwinklig nach rechts → weiter auf dem Dammweg.

Von Kirchwerder nach Hamburg 22 km

Nach 5 km auf dem asphaltierten Dammweg in **Fünfhausen** geradeaus über die Vorfahrtstraße in den **Lauweg** Richtung Moorfleet radeln → in **Ochsenwerder** wird der Radweg unbefestigt, führt aber weiterhin immer geradeaus → bei einem Elbarm an der T-Kreuzung links einbiegen → dem Straßenverlauf in einem Rechtsbogen über den Fluss hinüber folgen → gleich nach der Brücke links in die Straße **Moorfleeter Hauptdeich** und die nächsten 5 km auf dem Deich bis Rothenburgsort.

Rothenburgsort

Nach dem **Sperrwerk Billwerder Bucht** links in den **Ausschläger Elbdeich** → die nächste links in die **Entenwerder Straße** → dem Straßenverlauf nach rechts über das Haken-Hafenbecken folgen → links auf die Straße **Billwerder Neuer Deich** und gleich wieder rechts ab in den **Billhorner Mühlenweg** → an der Vorfahrtstraße links auf den straßenbegleitenden Radweg der Straße **Billhorner Röhrendamm** → unter der Billhorner Brückenstraße hindurch, hinauf zum linksseitigen Radweg an der Billhorner Brückenstraße (B 75) → nach links in Richtung Norden einbiegen → kurz darauf nach der Bahnunterführung auf den Radweg der **Amsinckstraße**.

Vor dem Mittelkanal nach links in die **Lippeltstraße** → nach der Bahnunterführung rechts in die **Banksstraße** → nach 900 m an der großen Kreuzung beim Deichtorplatz links auf den linksseitigen Radweg der **Ost-West-Straße** → nach 250 m links ab auf den Radweg der Straße **Dovenfleet** → am Zollkanal entlang → rechter Hand liegt die Altstadt von Hamburg →

AndersRum (Karte C 11): Von **Tatenberg** → dem Radweg immer weiter folgen, Sie kommen durch **Ochsenwerder** und **Fünfhausen**.

über die **Hohe Brücke** am Binnenhafen entlang → nach links auf dem straßenbegleitenden Radweg an der **O.-Sill-Brücke** über den Alsterfleet → immer geradeaus auf dem Radweg am **Baumwall**.

Hamburg
PLZ: 20015; Vorwahl: 040

- 🛈 **Hamburg Tourismus GmbH**, ✆ 30051300, www.hamburg-tourism.de
- 🛈 **Tourist Information im Hauptbahnhof**, U/S-Bahn Hauptbahnhof/Hauptausgang Kirchenallee
- 🛈 **Tourist Information am Hafen**, St.-Pauli-Landungsbrücken zwischen Brücke 4 und 5, ✆ 334422-0
- ⛴ **Große Hafenrundfahrt**, St.-Pauli-Landungsbrücken, ✆ 3117070, Fährbetrieb: April-Sept., Mo-So 10.30-16:30 Uhr, alle 1,5 Std., Verstärkung nach Bedarf, Okt-März., Mo-Fr nach Bedarf, Sa, So/Fei 11-15.30 Uhr, Abfahrt nach Anmeldung, Dauer: ca. 1,5 Stunden
- ⛴ **Englische Hafenrundfahrt**, Landungsbrücke 1. Fährbetrieb: März-Nov., Mo-So 12 Uhr, Dauer: 1 Stunde
- ⛴ **Historische Fleet-Fahrt**, Vorsetzen (U3-Station Baumwall), ✆ 30051555, Abfahrten: April-Okt., Mo-

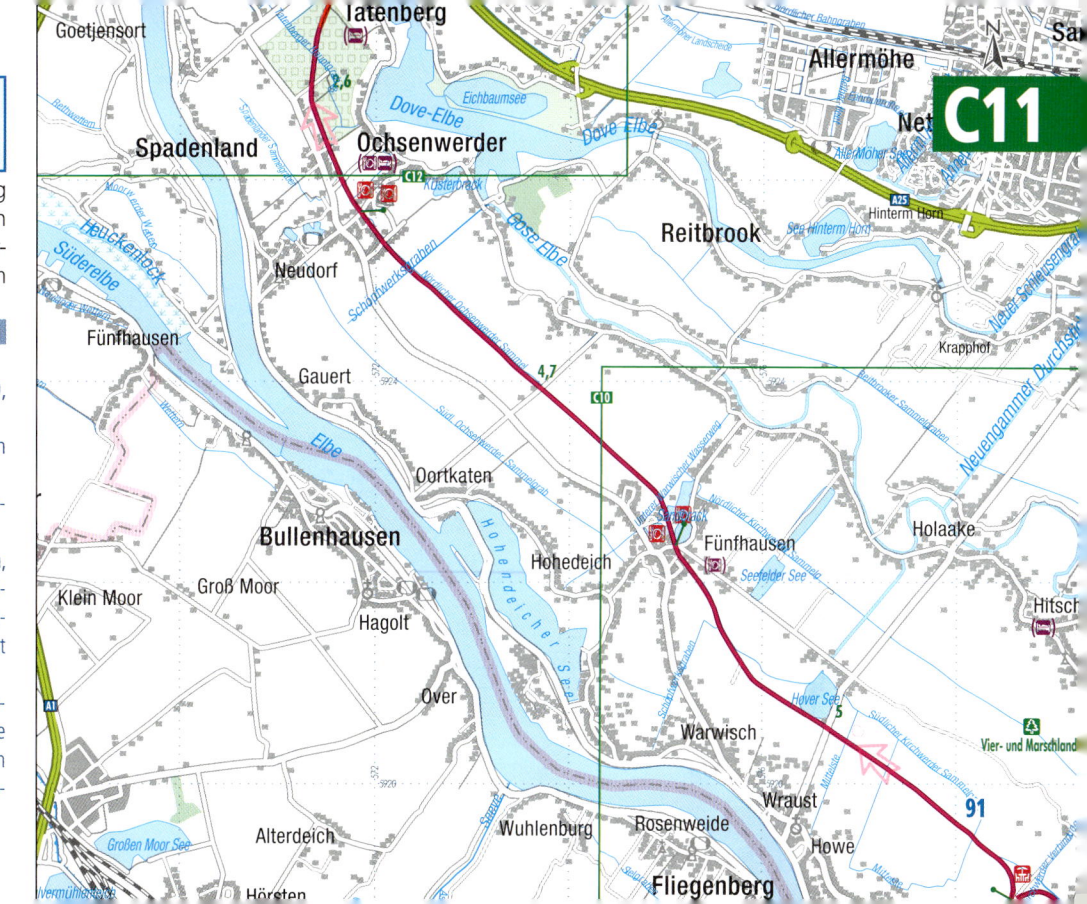

So 10.30, 13:30 und 16.30 Uhr, Nov.-März, Sa-So 10:30 und 13:15 Uhr, Dauer: ca. 2 Stunden

Anleger Jungfernstieg: Alster-Rundfahrten, Fleet-Fahrten, Kanal-Fahrten, Vierlande-Fahrten, Teich-Fahrten, Dämmertörn, Alster-Kreuz-Fahrt, Dampfschiff-Törn, Stimmungsfahrten mit dem Dampfschiff „St. Georg". 2-stündige nostalgische Alsterfahrt mit Musik zu div. Themen. Informationen und Buchungen ✆ 3574240.

Hamburger Kunsthalle, Glockengießerwall, ✆ 428131200, ÖZ: Di-So 10-18 Uhr, Do bis 21 Uhr. Kunst von der Renaissance bis zur Gegenwart.

Museum für Kunst und Gewerbe, Steintorplatz, ✆ 4281342732, ÖZ: Di-So 10-18 Uhr, Mi-Do bis 21 Uhr (außer an und vor Feiertagen). Das MKG ist eines der führenden Museen für angewandte Kunst in Europa. Zu sehen sind Sammlungen von der Antike über Design und Fotografie bis hin zu Musikinstrumenten.

hamburgmuseum, Holstenwall 24, ✆ 428713609, ÖZ: Di-Sa 10-17 Uhr, So 10-18 Uhr. Das Museum beietet einen Überblick zur Geschichte Hamburgs von den Anfängen um 800 n. Chr. bis zur Gegenwart.

Altonaer Museum/Norddeutsches Landesmuseum, Museumstr. 23, ✆ 42813582, ÖZ: Di-So 10-18 Uhr. Gezeigt wird die Kunst- und Kulturgeschichte Norddeutschlands sowie Ausstellungsstücke zu Fischerei und Schifffahrt.

Museum für Völkerkunde Hamburg, Rothenbaumchaussee 64, ✆ 01805/308888, ÖZ: Di-So 10-18 Uhr, Do bis 21 Uhr. Zu sehen sind Schausammlungen aus Afrika, Amerika, Asien, Australien, Europa und der Südsee.

Krameramtsstuben, Krayenkamp 10, ✆ 37501988, ÖZ: April-Nov., Di-So 10-17 Uhr, Dez.-März, Sa-So 10.00-17.00 Uhr. Das malerische Hofensemble beherbergt die historische Witwenwohnung des Krameramtes.

Museum für Bergedorf und die Vierlande, Bergedorfer Schloss, Bergedorfer Schlossstr. 4, ✆ 428912509, ÖZ: April-Okt., Di-Do, Sa, So 10-18 Uhr, Nov.-März, Di-Do, Sa, So 10-17 Uhr. In der ehemaligen Wasserburg (13. Jh.) sind Zeugnisse städtischer und bäuerlicher Kultur untergebracht.

Jenisch-Haus, Baron-Voght-Str. 50, ✆ 828790, ÖZ: Di-So 11-18 Uhr. Das Museum zeigt Beispiele großbürgerlicher Wohnkultur des 16.-19. Jhs.

Helms-Museum, Museumspl. 2, ✆ 428713609, ÖZ: Di-So 10-17 Uhr. Das Museum für Achäologie und Geschichte zeigt die Ur- und Frühgeschichte Hamburgs und der näheren Umgebung.

Freilichtmuseum Rieck-Haus, Curslacker Deich 284, ✆ 7231223, ÖZ: April-Sept., Di-So 10-17 Uhr; Okt.-März, Di-So 10-16 Uhr. Der Besucher erhält im Freilichtmuseum Einblick in die bäuerliche Kultur und Wirtschaftsweise.

Museum der Arbeit, Wiesendamm 3, ✆ 4281330, ÖZ: Mo 13-21 Uhr, Di-Sa 10-17 Uhr, So 10-18 Uhr. Hier werden Sie über die Hamburger Industrialisierungsgeschichte informiert.

Speicherstadtmuseum, St. Annenufer 2 im Block R, ✆ 321191, ÖZ: Di-So 10-17 Uhr. Neben der Arbeit in den Speichern wird im Museum die Geschichte der Speicherstadt aufgezeigt.

Erotic Art Museum, Bernhard-Nocht-Str. 77a, ✆ 3178410, ÖZ: So-Do 12-22 Uhr, Fr, Sa 12-24 Uhr.

AndersRum (Karte C 12): In Hamburg an den **Fischhallen** und dem **Museumshafen** vorbei → rechts auf der **Gr. Elbstraße** durch **St. Pauli** → auf der **Amsinckstraße** rechts unter der Autobahn hindurch → rechts zum Sperrwerk → an der Norderelbe entlang → rechts über die Brücke in Richtung **Tatenberg** → links und gleich wieder rechts auf dem Deich.

Die Sammlung zeigt erotische Kunst aus 6 Jahrhunderten.

- **Museumsschiff – Windjammer Rickmer Rickmers**, St.-Pauli-Landungsbrücken, Brücke 1, ✆ 3195959, ÖZ: Mo-So 10-18 Uhr. Der ehemalige Ostindien-Fahrer gilt heute als das "schwimmende Wahrzeichen Hamburgs".
- **Museumsschiff – Cap San Diego**, Überseebrücke, ✆ 364209, ÖZ: Mo-So 10-18 Uhr. Die Cap San Diego ist der letzte erhaltene klassische Stückgutfrachter seiner Serie und das weltgrößte seetüchtige Museums-Frachtschiff. Der „Weiße Schwan des Südatlantiks" wurde 1962 auf der Deutschen Werft Hamburg erbaut und fuhr im Liniendienst für die Reederei Hamburg-Süd die südamerikanische Ostküste an.
- **Das Feuerschiff**, City Sporthafen Hamburg, Vorsetzen, ✆ 362553, ÖZ: Mo-Sa 11-1 Uhr, So 10-22.30 Uhr. Das nach alter Tradition in Nietenbauwei-

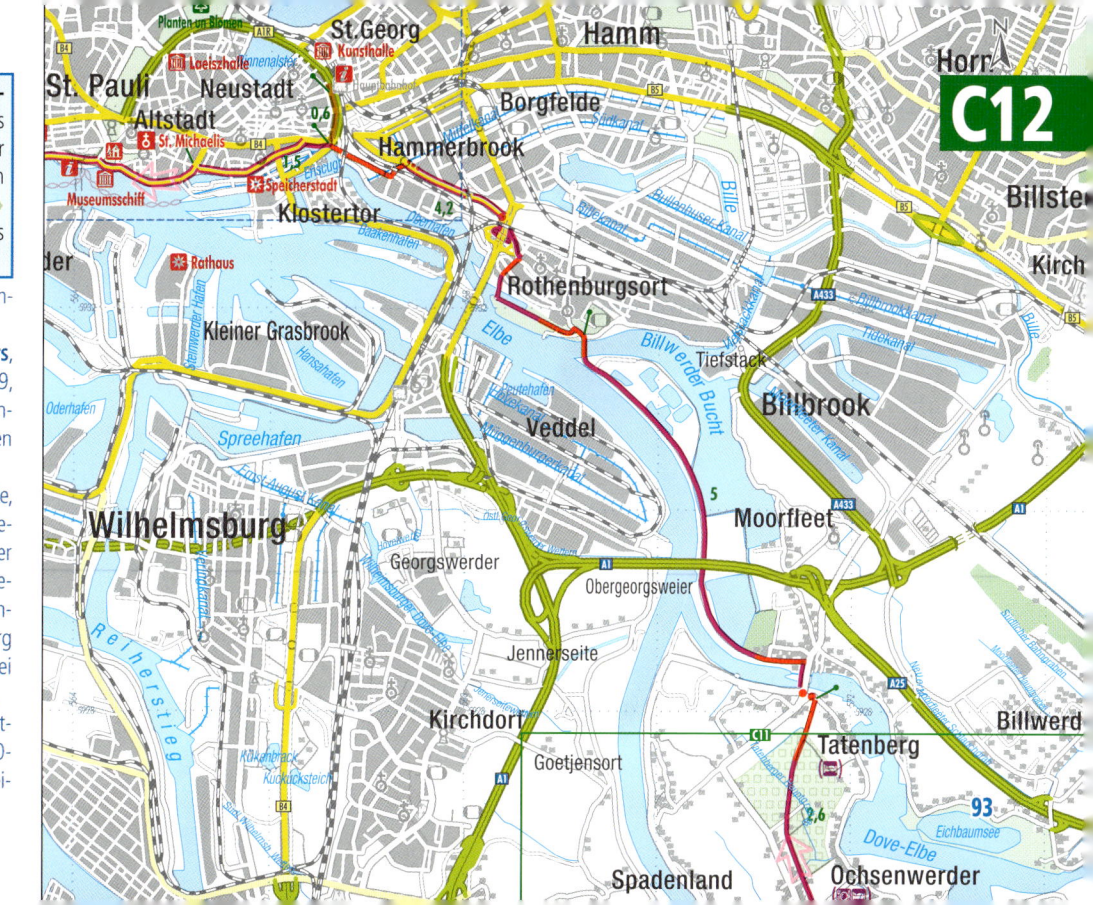

se errichtete Schiff ist reichhaltig mit maritimem Equipment bestückt.

- **Panoptikum**, Spielbudenpl. 3, ✆ 310317, ÖZ: Mo-Fr 11-21 Uhr, Sa 11-24 Uhr, So 10-21 Uhr. Im Wachsfigurenkabinett sind weit über 100 Persönlichkeiten aus Politik, Geschichte und Showgeschäft zu sehen, so zum Beispiel die Beatles, die in Hamburg ihre Karriere begannen.
- **Auswandererwelt Ballin-Stadt**, Veddeler Bogen 2, ✆ 3197916-90, ÖZ: tägl. 10-18 Uhr. In der historischen Auswandererstadt können die Besucher die Geschichten der über fünf Millionen Menschen nacherleben, die zwischen 1850 und 1934 von Hamburg aus in eine neue Heimat aufbrachen.
- **St.-Michaelis-Kirche** (1751-62), Englische Planke 1a, ✆ 376780, ÖZ: Mai-Okt. tägl. 9-19.30 Uhr, Nov.-April tägl. 10-17.30 Uhr. Der "Michel" mit seinem Kirchturm ist das Wahrzeichen der Hansestadt. St. Michaelis ist die bedeutendste Barockkirche Norddeutschlands.

Hamburg – Fischmarkt

- **St.-Katharinen-Kirche** (1350-1420), Katharinenkirchhof 1. Eine Figur der Heiligen Katharina steht auf dem 115 m hohen Turm.
- **St.-Petri-Kirche** (12. Jh.), Mönckebergstraße. Nach dem Großen Brand von 1842 neu errichtet. Sehenswert ist die berühmte Arp-Schnitger-Orgel von St. Jacobi.
- **St.-Nicolai-Kirche**, Abteistr. 38. Hier ist das Altarmosaik nach einem Entwurf des Künstlers Oskar Kokoschka zu bewundern.
- **Ahrensburger Schloss**, Lübecker Str. 1, 22926 Ahrensburg, ✆ 04102/42510, ÖZ: März-Okt., Di-Do, Sa, So 11-17 Uhr, Nov.-Feb., Mi, Sa, So 11-16 Uhr. Das durch Peter Rantzau 1595 errichtete Schloss ist ein Kleinod der Renaissancebaukunst.
- **Reinbeker Schloss** (1576), Schlossstr. 5, 21465 Reinbek, ✆ 7273460, OZ Mi-So 10-17 Uhr. Durch den Herzog Adolf von Gottorf im niederländischen Renaissance-Stil errichtet.
- **Imperial Theater**, Reeperbahn 5, ✆ 313114. Hier werden ausschließlich Kriminalstücke gespielt. Das Imperial Theater ist Deutschlands größte Krimibühne.

- **Neue Flora**, Stresemannstraße/Ecke Alsenplatz, ✆ 30051150. Das Musicaltheater ist eines der größten in Deutschland.
- **Theater im Hamburger Hafen**, Im Hamburger Hafen, gegenüber St. Pauli Landungsbrücken, ✆ 30051150. Das Theater präsentiert größtenteils Musicals.
- **Operettenhaus**, Spielbudenpl. 1, ✆ 30051350. 1986 hatte das Musical CATS von Andrew Lloyd Webber seine deutsche Erstaufführung im Operettenhaus. Seitdem werden hier bekannte Musicals und Shows präsentiert.
- **Deutsches Schauspielhaus**, Kirchenallee 39/41, ✆ 248713. Gezeigt werden hier Klassiker ebenso wie neue Stücke und musikalische Produktionen.

Hamburg – Speicherstadt

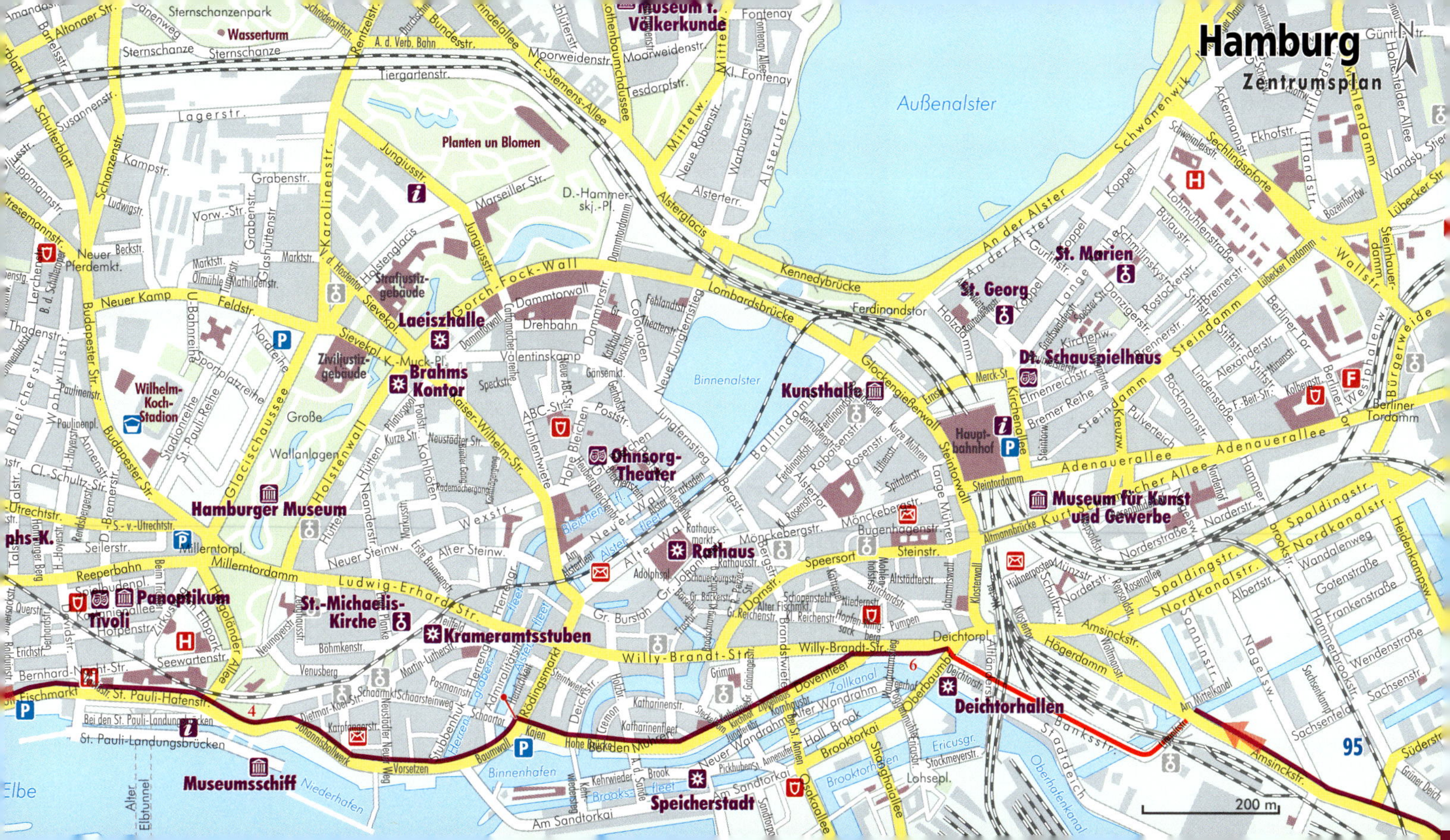

- **Ohnsorg-Theater**, Große Bleichen 23-25, ☎ 35080331. Aufführung von Volksstücken in plattdeutscher Sprache.
- **Schmidts TIVOLI**, Spielbudenpl. 27/28, ☎ 30051400. Musik- Theater- und Varietéproduktionen, Nightclub.
- **Thalia-Theater**, Alstertor 1, ☎ 328140. Neben einem Theaterbesuch bietet das Haus auch die Möglichkeit, an Workshops, Kursen und Theatergruppen teilzunehmen.
- **Museumshafen – Övelgönne**, ☎ 41912761. In dieser Elbidylle säumen alte Häuser mit verträumten Veranden die Uferstraße. Rund 20 Oldtimerschiffe sind am Elbanleger Neumühlen zu besichtigen. Stolz des Hafens ist das ehemalige Feuerschiff Elbe 3.
- **Rathaus** (1886-97), Rathausmarkt, ☎ 428312064, Führungen: Mo-Do 10-15 Uhr, Fr 10-13 Uhr, Sa 10-17 Uhr, So 10-16 Uhr, halbstündlich. Mit 647 Räumen besitzt das im Stil der Neo-Renaissance erbaute Rathaus sechs Zimmer mehr als der Buckingham-Palace. Es ist Sitz des Senats und der Bürgerschaft.
- **Börse**, Adolphplatz, ÖZ: Mo-Fr 9-20 Uhr. Während der Handelszeiten Führungen für Gruppen unter ☎ 367444. Die Börse wurde 1558 gegründet und ist die älteste Deutschlands.
- **Speicherstadt**. Mitten im Freihafen zwischen Deichtorhallen und Baumwall liegt die hundertjährige Speicherstadt. Hinter der Fassade der wilhelminischen Backsteingotik der Gründerzeit lagern edle Güter: Kaffee, Tee, Kakao, Gewürze, Tabak, Computer und das größte Orientteppichlager der Welt.
- Die **Laeiszhalle** gilt als eines der schönsten Konzerthäuser Deutschlands und wurde im neobarocken Stil zwischen 1904-08 erbaut.
- **Stadtrundfahrten**. Top-Tour, Gala Tour Hamburg, Scene Night Tour, mit der Hummelbahn oder im roten Doppeldecker, Große Lichterfahrt mit der Hummelbahn u. a.: Abfahrtszeiten und Preise bitte bei der Tourist-Information erfragen.

Hamburg – Mundsburger Kanal

- **Stadtrundgänge**. Hamburger Stadtrundgänge zu den verschiedensten Themen werden u.a. von der Hamburg Tourismus GmbH, ☎ 30051233 sowie von Stattreisen Hamburg e. V., ☎ 4303481 durchgeführt.
- **Planetarium**, Hindenburgstr. 1b, ☎ 42886520, ÖZ: Mo, Di 9-17 Uhr, Di, Mi 9-21 Uhr, Do, Fr 9-21.30 Uhr, Sa 12-21.30 Uhr, So 10-18 Uhr. Auf der 21 m großen Planetariumskuppel wird der Sternenhimmel naturgetreu projiziert. Vorführungen mit monatlich wechselnden Themen
- **Tierpark Hagenbeck**, Lokstedter Grenzstr. 2, ☎ 5300330, ÖZ: tägl. ab 9 Uhr. In dem einzigen privat geführten Tierpark Deutschlands sind mehr als 200 Tierarten in 54 Freigehegen zu beobachten, das 2007 – im 100-jährigen Jubiläumsjahr – eröffnete **Tropen-Aquarium** gibt einen Einblick in die Unterwasserwelt. Außerdem werden verschiedene spezielle Veranstaltungen angeboten wie z.B. Dschungelnächte oder fernöstliche Sommernächte.
- Der **Alsterpark** bzw. Alstervorland in den westlichen Stadtteilen genannt, liegt um die Außenalster gelegen.
- **Binnen- und Außenalster**, sie entstanden 1235, als ein Damm die Alster staute und die Alsterniederung überflutet wurde.

- **Planten un Blomen**, hier gilt es den Botanischen Garten mit Tropenhaus, den größten Japanischen Garten Europas und die in Europa einmalige Wasserlichtorgel zu besuchen. Mai-Sept. tagsüber Wasserspiele, abends farbige Wasserlichtkonzerte.
- Die Geschichte des **Hirschparks** geht bis ins 18. Jh. zurück. Exotische Pflanzen wie Azaleen und Rhododendren sind hier zu bewundern.

Hamburg – die mehr als 1.000 Jahre alte Hansestadt, pulsierende Metropole für 1,7 Millionen Hanseaten, Attraktion für täglich 150.000 Touristen. Vom Turm des „Michel", der Hauptkirche St. Michaelis bekommt man einen Eindruck von der Elb-Seite. Ein Blick vom „Tele-Michel", dem Fernsehturm, macht klar, dass Hamburg auch an der Alster liegt. Hafenstadt, Industriestandort und Medienmetropole – beim NDR in Lokstedt entsteht täglich die Tagesschau.

Zwischen dem 13. und dem 16. Jahrhundert war Hamburg Mitglied des Hanseatischen Städtebundes und der Reichtum der hanseatischen Kaufleute hat die Stadt groß gemacht. Daran erinnern heute noch das sehenswerte, prunkvolle Rathaus, die Börse, die Speicherstadt, das Deichstraßen-Viertel und viele traditionelle Kontor-Häuser.

Hamburg ist aber trotz aller Traditionen auch eine junge Stadt. Das macht sich vor allem in dem 200Jahre alten Stadtteil St. Pauli bemerkbar, das einerseits zwar als Hochburg der Prostitution abgestempelt wird, andererseits aber in den letzten Jahren deutlich an Attraktivität gewonnen hat. Wenn Sie die vielen Facetten dieses spannenden Hamburger Stadtteiles entdecken wollen, dann empfiehlt sich ein Streifzug mit den GästeführerInnen der Tourismus-Zentrale. Denn tagsüber wirkt die 600 Meter lange Reeperbahn ruhig und gar nicht verrucht. 35.000 Menschen wohnen hier und in den Seitenstraßen des 2,5 Quadratkilometer großen Stadtteils. Das weltberühmte Leben auf der „sündigen Meile" beginnt mit Einbruch der Dunkelheit. Dann erstrahlen die Fassaden im Neonlicht, von neun Uhr abends bis vier Uhr früh stehen im Sperrbezirk die Damen vom Kiez. Das neue St. Pauli, wo sich die jungen Leute in vielen Kneipen die Tür in die Hand geben, liegt am Spielbudenplatz, der anderen Straßenseite der Reeperbahn.

Aber ebenso wie die Reeperbahn, so ist der Hafen für jeden Hamburg-Besucher ein Muss. Und wer ihn richtig erleben will, der muss ihn zu Fuß erobern. Nach einem Bummel durch die historische Deichstraße eröffnet sich der Blick auf die schöne Fassade der alten Kontorhäuser in der Speicherstadt. Mit einer der vielen Hafenbarkassen lässt sich dieser Teil der Stadt aber auch bestens vom Wasser aus erkunden. Nach dem Besuch der Speicherstadt fahren die Barkassen vorbei an den sehenswerten Museumsschiffen „Cap San Diego" und „Rickmer Rickmers" in die großen Hafenbecken. Zum Greifen nahe kommen Sie an die Container-Riesen heran, die im Container-Terminal ent- und beladen werden. Ein Erlebnis im Hafen ist auch der Alte Elbtunnel. Mit einem hölzernen Fahrstuhl geht es in die Tiefe, mit ihm können sogar Autos transportiert werden.

Ein weiteres Muss für jeden Hansestadtbesucher ist unter anderem auch der Fischmarkt. Das bunte Treiben findet hier sonntags zwischen 6 und 9.30 Uhr statt, gefrühstückt wird in der historischen Fischauktionshalle. Zum Schluss geht es dann nach Övelgönne, eines der beliebtesten Ausflugsziele der Hamburger, wo seit 20 Jahren Hamburgs Schiffs-Oldtimer im Museumshafen vor Anker liegen.

Rechtselbisch von Hamburg nach Brunsbüttel 114 km

Der letzte Abschnitt auf Ihrer Radreise ist sehr stark geprägt von der nahen Nordsee. Weit breitet sich die Elbe nun vor Ihren Augen aus, eine frische Brise mit leichtem Salzgeschmack weht Ihnen um die Nase auf Ihrem Weg in die moderne Stadt Elmshorn und weiter in das bezaubernde Städtchen Glückstadt. Bevor die Elbe ganz in der Nordsee aufgeht, entscheiden Sie sich, ob Sie hier ans linke Ufer wechseln oder rechtselbisch über Brokdorf bis in die Hafenstadt Brunsbüttel weiterfahren.

Sie fahren fast ausschließlich auf asphaltierten Wegen neben oder auf dem Deich dahin. Nur auf dem Wegstück über Elmshorn verläuft ein Teil der Strecke abseits des Deiches auf ruhigen Nebenstraßen.

D1
Lurup
Hohe luft Ost
Hoheluft-
Eimsbüttel
Harve
Rissen
Sülldorf
Iserbrook
Bahrenfeld
Osdorf
HAMBURG
Golfplatz
Blankenese
Groß-Flottbek
Altona
Römischer Garten
Bismarckstein
Hirschpark
Niensteden
Klein-Flottbek
St. Pauli
Baurs Park
Internat. Seegerichtshof
Jenisch-Haus
Othmarschen
Altona
Panoptikum
Alts
St. Michaelis
Teufelsbrück
Elbe
Museumshafen
Museumsschiff
Hinterbrack
Airbus-Gelände
Rüschkanal
Steendiekkanal
Werfthafen
Steinwerder
Petroleumhafen
Waltershof
Cranz
Köhlfleet
Waltershofer Hafen
Kuhwerder Hafen
Kaiser-Wilhelm-Hafen
Aussichtswall Neßtor
Finkenwerder
Ellerholzhafen
Este
Oderhafen
Roßhafen
Groß Hove
Liedenkummer im Norden
Rosengarten
Nincoperort
Neuenfelde
Liedenkummer im Süden
Alte Süderelbe
Haken
Neuhöfer Kanal
Wilhe
Nincop
Altenwerder
Vierzigstücken
A432
B431
A7
A5
B4
99

> **AndersRum (Karte D 1):** Auf dem **Elbuferweg** durch **Blankenese** → in Hamburg dem **Hans-Leip-Ufer** folgen, Sie fahren immer in Elbnähe zur Altstadt mit den **Fischhallen** und dem **Museumshafen**.

Von Hamburg nach Wedel   21,5 km

Vom **Baumwall** machen Sie sich auf den weiteren Weg Richtung Cuxhaven und Brunsbüttel → immer auf dem Radweg entlang der elbnahen Straße nach St. Pauli → an den Landungsbrücken und dem alten St. Pauli-Elbtunnel vorbei → sobald die Straße **Fischmarkt** eine Rechtskurve macht, links in die **Große Elbstraße** abbiegen → an den **Fischauktionshallen** vorbei → beim Wendeplatz geradeaus auf den Fuß- und Radweg → vor dem Strand rechts in den **Övelgönner Mühlenweg** und bald darauf wieder links in den Fußweg → immer am Elbufer entlang auf dem Weg **Hans-Leip-Ufer**.

> **VARIANTE** Bei Teufelsbrück haben Sie die Möglichkeit, zum linken Elbufer nach Finkenwerder zu wechseln. Von hier an gibt es bis Brunsbüttel bzw. Cuxhaven durchgehend auf beiden Uferseiten einen Elbe-Radweg. (Fähre Hamburg-Finkenwerder: HVV-Fähre

64: Fährzeiten: Zwischen 6 und 21 Uhr jede halbe Stunde.)

Auf dem **Elbuferweg** nach Blankenese.

Blankenese

🚲 **Fähre Blankenese-Cranz**, Fährzeiten: April-4.Okt., Mo-Sa 6.30-20.30 Uhr, So/Fei 7.30-20.30 Uhr, 5. Okt.-März, Mo-Fr. 6.30-8.30 Uhr und 13.30-17.30 Ulhr; Sa. 9.30-16.00 Uhr.

Ehemaliges Kapitäns-, Lotsen- und Fischerdorf mit dem einzigartigen verschachtelten Treppenviertel. Sehenswert ist auch der nahegelegene Hirschpark mit dem Godeffrroy-Haus aus dem Jahre 1792.

> **VARIANTE** In Blankenese können Sie mit der Fähre nach Cranz nochmals die Uferseite wechseln.

Von Blankenese aus immer so nah wie möglich am Elbeufer halten, anfangs auf dem **Strandweg** und dann auf dem **Falkensteiner Ufer** → es geht leicht bergauf → sobald wie möglich wieder links abbiegen, am Gasthof und den Parkplätzen vorbei zurück zur Elbe → unbefestigt geht es nun bis zur Mineralöl-Raffinerie → beim Parkplatz rechts über ein Treppenstück mit Schiebeanlage.

Am **Tinsdaler Weg** auf den Radweg nach links → an der Vorfahrtsstraße nach links auf den Radweg an der Straße **Galgenberg** einbiegen → dem Verlauf der Vorfahrtstraße durch **Schulau**, einem Ortsteil von Wedel, folgen.

> **VARIANTE** Sie radeln am Schulauer Hafen und der Anlegestelle der Fähre vorbei, mit der Sie zum linken Elbufer nach Grünendeich wechseln können. Dies ist die letzte Möglichkeit vor Glückstadt die Elbe zu queren.

Wedel

PLZ: 22880; Vorwahl: 04103

AndersRum (Karte D 2): Entlang des Deiches nach **Wedel** → an der **Schulauer Straße** rechts → rechts am **Tinsdaler Weg** → nach den Schienen rechts weiter am Elbufer entlang halten.

- 🚢 **Fähre Lühe-Schulau**: Fährstr. 12, 21720 Grünendeich, ☎ 04141/788667, Fährzeiten: April-Mitte Okt., Mo-Fr 6.40-18.40 Uhr, Sa, So/Fei 9.30-18.40 Uhr, Mitte Okt.-März, Mo-Fr 6.40-18.40 Uhr.
- 🏛 **Ernst Barlach Museum**. Mühlenstr. 1, ☎ 918291, ÖZ: Mo-Fr 11-17 Uhr. Die Ausstellung in seinem Geburtshaus erinnert an den „dramatisch dichtenden" Bildhauer Ernst Barlach.
- 🏛 **Stadtmuseum**, Küsterstr. 5, ☎ 13202, ÖZ: Do-Sa 14-17 Uhr, So 11-17 Uhr
- ✴ **Willkomm-Höft**, Schulauer Fährhaus, ☎ 83094. Schiffsbegrüßung: Mo-So 8 Uhr-Sonnenuntergang (im Sommer 8-20 Uhr, Nov.-Feb., Mo Ruhetag). Die jeweilige Nationalflagge wird gedippt und jedes ein- und auslaufende Schiff über 500 BRT wird mit der jeweiligen Nationalhymne und einem Grußwort in der jeweiligen Landessprache begrüßt oder verabschiedet. Im Keller der Schiffsbegrüßungsanlage befindet sich ein **Buddelschiff- und Muschelmuse-**

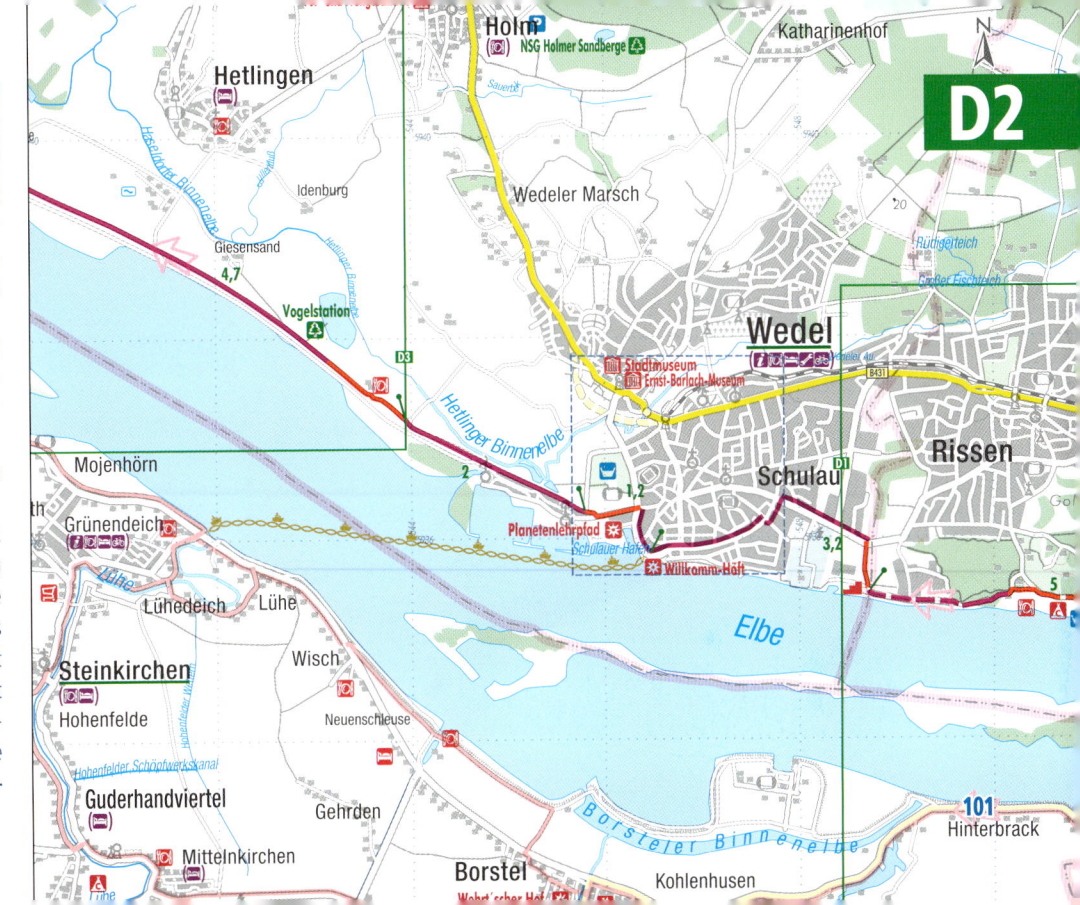

Wedel – Schulauer Fährhaus

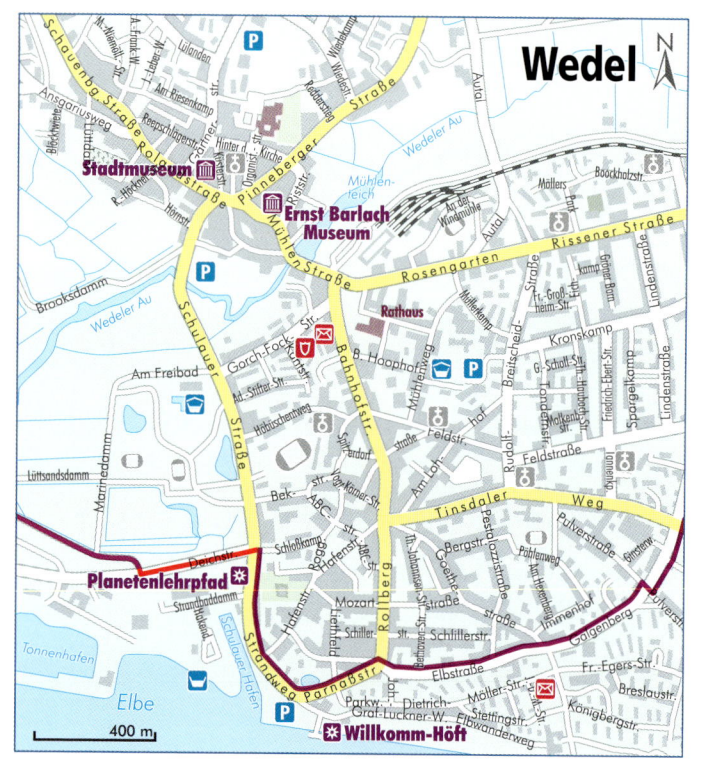

um, ÖZ: im Sommer 10-18 Uhr, ansonsten nur Mi, Sa, So.

- Der **Planetenlehrpfad** veranschaulicht die unvorstellbaren Dimensionen unseres Sonnensystems in einem Maßstab 1:1 Mill. So sind es nur knapp 6 km zum Planeten Pluto.
- Kombibad Badebucht, Am Freibad 1, ☎ 91470

Von Wedel nach Elmshorn 38 km

Nach dem Deich und den Hochwassersperranlagen links Richtung Hamburger Yachthafen in die **Deichstraße** → vor dem Hafen rechts in die Straße **Zum Lütsandsdamm** → durchs Gatter hindurch und von nun an die nächsten 11 km immer am Deich entlang.

Scholenfleth

In Scholenfleth nach rechts vom Deich hinein in den Ort abbiegen → an der Vorfahrtstraße links.

TIPP Wenn Sie sich an der Hauptstraße nach rechts wenden, kommen Sie nach 2 km zum 2006 eingeweihten Elbmarschenhaus. Hier können Sie sich in einer multimedialen Ausstellung und auf diversen Außenanlagen über den Natur- und Kulturraum Unterelbe informieren.

Elbmarschenhaus Haseldorf

- **Touristinformation** im Elbmarschenhaus s.u.
- **Elbmarschenhaus**, Hauptstr. 26, ☎ 04129/955490, ÖZ: tägl. 10-16 Uhr.

Sie folgen dem Verlauf der Vorfahrtstraße → vor dem Ortsende von Hohenhorst nach links zum Elbdeich abzweigen.

Hohenhorst

Nach 1,5 km haben Sie zwei Möglichkeiten zur Weiterfahrt. Der beschilderte Elbe-Radweg führt über eine ruhige Landstraße nach Neuendeich, um dann wieder zurück zum Deich zu kommen. Alternativ gelangen Sie geradeaus über den Deich zum Sperrwerk Pinnau und direkt zur Hauptroute. Grund für dieses Abweichen von der Elbe sind die eingeschränkten Zeiten für eine Überquerung der Sperrwerke an Pinnau und Krückau. (ÖZ: siehe Foto, weitere Infos unter ☎ 04841/6670). Die Strecken

AndersRum (Karte D 3): In **Mühlenwurth** rechts in die **Achtern Dörp** → rechts in die **Hafenstraße** → entlang des Deiches 12 Kilometer nach **Wedel**.

über die Sperrwerke sind als Alternativrouten in der Karte eingezeichnet. Eine durchgängige Überquerung ist nur am Wochenende sowie an Feiertagen möglich. Unter der Woche sind die Brücken nur zu bestimmten Zeiten passierbar. Bitte bedenken Sie, dass die Wärter an den Sperrwerken der Schifffahrt Vorrang zu gewähren haben. Daher kann die Überquerung kurzfristig unterbrochen sein.

Auf der Hauptroute dem scharfen Rechtsknick der Straße folgen → es geht nach **Kreuzdeich** hinein → bei der Straßengabelung nach links auf einem Sträßchen weiter unterhalb des Pinnaudeiches → an der Vorfahrtsstraße in **Klevendeich** links über die Pinnau.

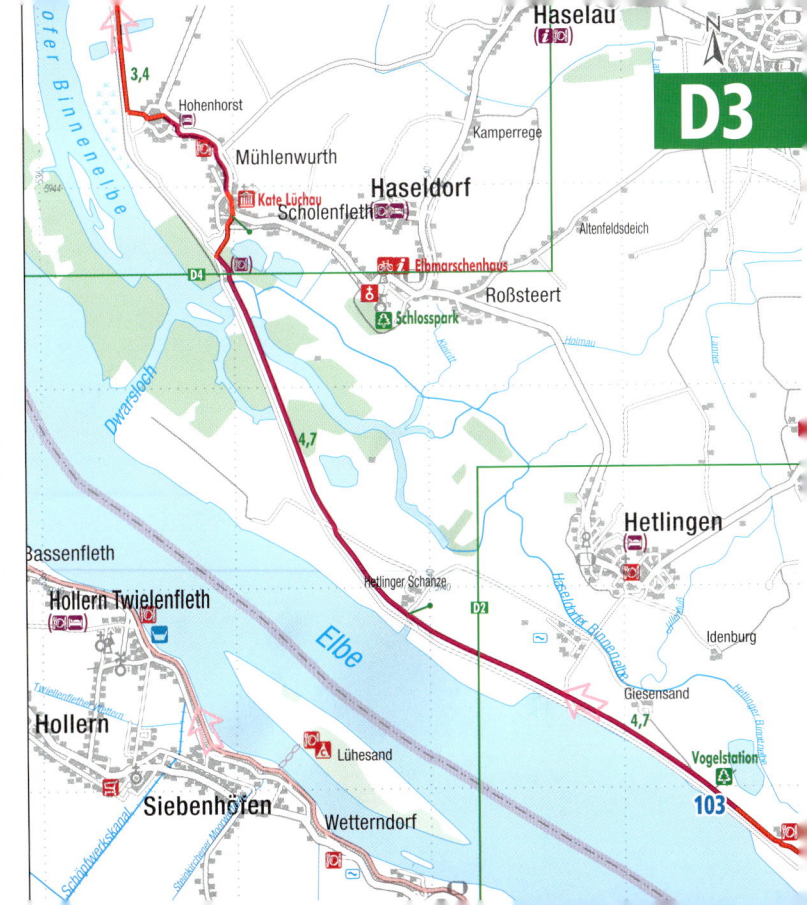

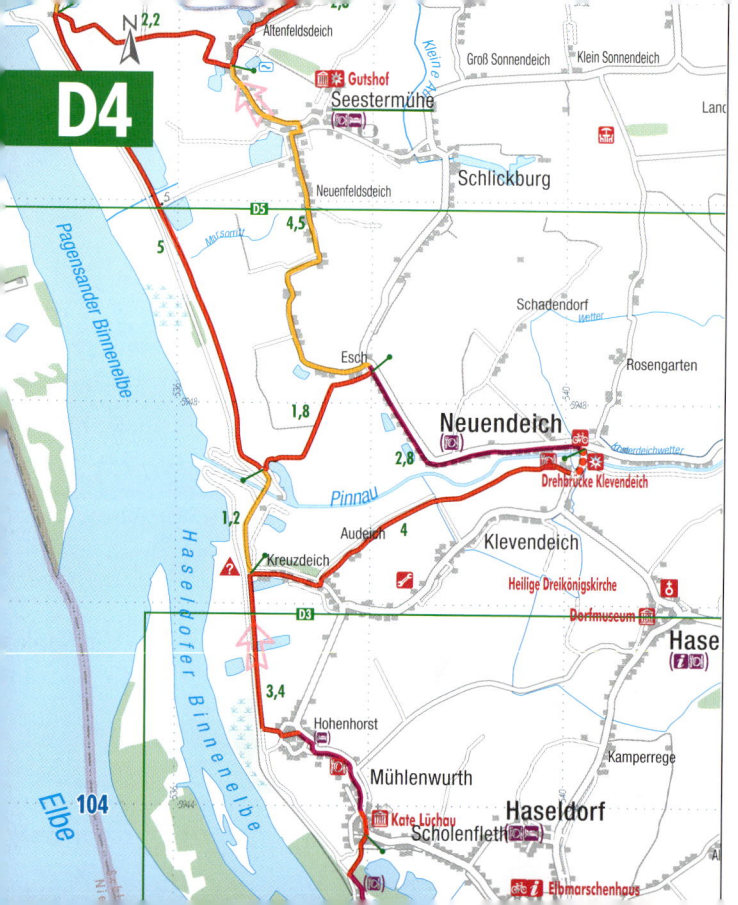

AndersRum (Karte D 4): Hinter Altenfeldsdeich rechts → links auf den Deich bis nach **Esch** → rechts am **Binnendiek** → über die **Pinnau** → rechts immer am Deich entlang halten nach **Mühlenwurth**.

Am Fluss Pinnau wurde 1969 zur Regulierung der Tide im Elbebereich unter anderen dieses 52 Meter breite Sperrwerk errichtet. Nach verheerenden Sturmfluten war dieser Schritt notwendig geworden und führte zu einer Verlegung der Flussmündungen und zum Verschließen des alten Mündungsarmes.

Gleich danach in **Neuendeich** wieder links auf den Radweg → nach gut 2,5 km kommen Sie nach **Esch**.

VARIANTE Hier gibt es widerum zwei Möglichkeiten. Die Hauptroute zweigt kurz vor Esch links in Richtung Deich ab. Die Alternative führt Sie über die Vorfahrtstraße nach Seestermühle., wo Sie kurz vor Altenfeldsdeich wieder auf die Hauptroute trifft.

AndersRum (Karte D 5): Am Deich entlang nach **Kollmar** → hier können Sie den Weg über die Sperrwerke abkürzen, beachten Sie unbedingt die Sperrwerkzeiten → rechts auf die **K 23** → durch **Kuhle** und rechts nach **Fleien** → geradeaus weiter an der Krückau entlang bis zum Hauptkanal → hier links bis zur **B431** → rechts auf den Radweg nach **Elmshorn** → rechts auf den Sandweg → rechts über die **Krückau** auf dem **Wischdamm** nach **Altenfeldsdeich**.

Nach 1,8 km treffen Sie wieder auf den Deichweg → hier halten Sie sich rechts und folgen dem Wegeverlauf bis kurz vor das Sperrwerk Krückau.

VARIANTE Die Alternative führt Sie über das Sperrwerk Krückau. Sie können so die 24 km lange Wegstrecke über Elmshorn abkürzen. Am anderen Ufer der Krückau biegen Sie in Kronsnest zur Weiterfahrt nach Kollmar nach links auf die Vorfahrtstraße ein (Krückau-Fähre Kronsnest, Betriebszeiten: Mai-3. Okt., Sa, So/Fei 9-13 Uhr und 14-18 Uhr).

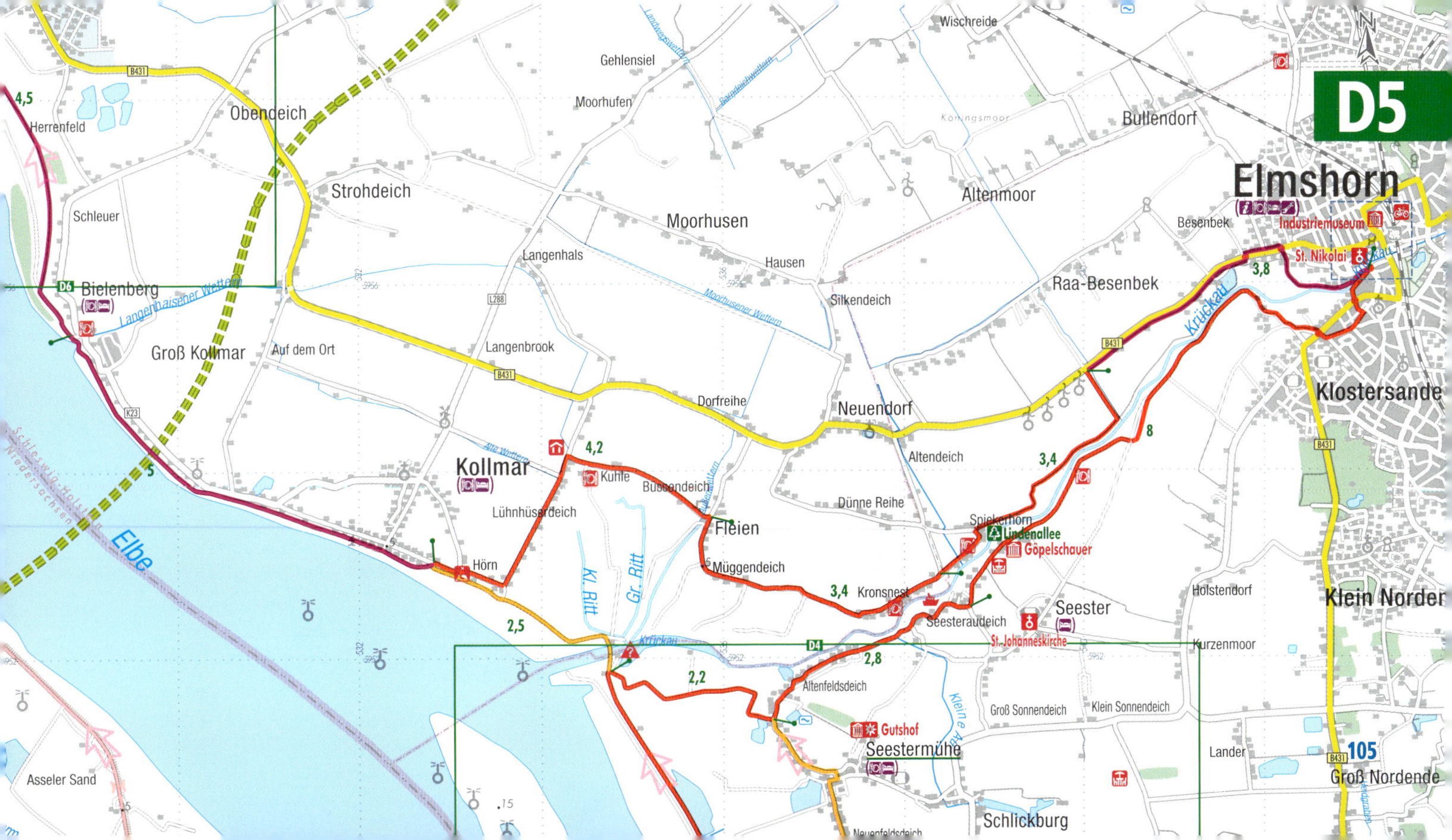

D5
Elmshorn
Industriemuseum
St. Nikolai
Krückau
Bullendorf
Altenmoor
Wischreide
Gehlensiel
Moorhufen
Obendeich
Herrenfeld
Strohdeich
Moorhusen
Schleuer
Langenhals
Hausen
Besenbek
Raa-Besenbek
Silkendeich
Bielenberg
Langenhaiseņer Wettern
Moorhusener Wettern
Groß Kollmar
Auf dem Ort
Langenbrook
Klostersande
Dorfreihe
Neuendorf
Altendeich
Kollmar
Kuhle
Bussendeich
Dünne Reihe
Lühnhüserdeich
Fleien
Spiekerhorn
Lindenallee
Göpelschauer
Hörn
Müggendeich
Kronsnest
Holstendorf
Klein Norder
Seester
Seesteraudeich
St. Johanneskirche
Kurzenmoor
Elbe
Kl. Ritt
Gr. Ritt
Altenfeldsdeich
Groß Sonnendeich
Klein Sonnendeich
Gutshof
Seestermühe
Lander
Groß Nordende
Asseler Sand
Schlickburg
Neuenfeldsdeich
Schleswig-Holstein
Niedersachsen
B431
L288
K23
D6
D4
105
4,5
4,2
3,8
3,4
8
2,5
2,2
2,8

Für die Hauptroute biegen Sie vor dem Sperwerk rechts ab → an der T-Kreuzung halten Sie sich links. Sie befinden sich nun auf der Vorfahrtsstraße entlang der Krückau landeinwärts.

Nach Elmshorn geradeaus auf dem kleinen Sträßchen weiterfahren → immer am Deich entlang → an der T-Kreuzung links → die große Querstraße, die **Westerstraße**, überqueren → geradeaus in die **Blücherstraße** → gleich links in die Straße **Klostersande** → links in die **Hafenstraße** → über die **Reichenstraße** → am Südufer der Krückau bis zum **Wedekamp** für die Weiterfahrt hier nach links wenden, das Zentrum liegt nun vor Ihnen.

Elmshorn
PLZ: 25335; Vorwahl: 04121

- **Stadtmarketing**, Königstr. 17, ✆ 266074 od. Verkehrs- und Bürgerverein, Im Torhaus, ✆ 268632

Öffnungszeiten Pinnausperrwerk

Öffnungszeiten Krückausperrwerk

- **Industriemuseum**, Catharinenstr. 1, ✆ 268870, ÖZ: Di, Fr, Sa 14-17 Uhr, Mi, So 10-12 Uhr und 14-17 Uhr, Do 14-19 Uhr. In diesem aus dem Jahre 1895 stammenden Fabrikgebäude ist die Geschichte von Leben und Arbeit in der Industriezeit dokumentiert.

- **Nikolai-Kirche**, mit Tonnengewölbe und Arp-Schnittger-Orgel
- **Jüdischer Friedhof**, Feldstraße 42
- **Fahrräder und Meer**, Mühlenstr. 39, ✆ 87427

1991 konnte Elmshorn sein 850-jähriges Stadtjubiläum feiern. Trotzdem Karl X. die Stadt im Jahre 1657 niederbrennen ließ, wurde sie wenige Jahre später zunftberechtigter Flecken. Im Zuge der Industrialisierung schaffte es Elmshorn bis 1910 das Wirtschaftszentrum Südwestholsteins zu werden. Nach den Zerstörungen im 2. Weltkrieg und der großen Sturmflut 1962 ist die Stadt heute ein modernes Dienstleistungszentrum und sechstgrößte Stadt in Schleswig-Holstein.

Von Elmshorn nach Glückstadt 25,3 km

Elmshorn entlang der Krückau auf dem Nordufer verlassen → über einen Sandweg zur **B 431**

→ hier links auf den straßenbegleitenden Radweg einbiegen → nach 400 m auf die andere Straßenseite wechseln und dem Radweg entlang der B 431 folgen → am Hauptkanal nach links in Richtung der Krückau abbiegen → rechts abbiegen und durch **Spiekerhörn** und **Kronsnest** → dem Verlauf der Vorfahrtstraße nach Fleien folgen → in **Fleien** links in die Straße **Kuhle** → an der T-Kreuzung nach links in die Straße **Lühnhüserdeich** → vor dem Elbdeich dem Rechtsknick der Straße folgen, Sie kommen nun nach Kollmar.

Kollmar

Beim Rechtsbogen der Straße fahren Sie links weiter auf der Straße **Am Deich** → nach ca. 300 m nach links zum Deich → über den Deich und dann nordwärts direkt an der Elbe entlang → am Hafen von **Bielenberg** vorbei → links unterhalb des Deiches halten → auf einem Radweg die vor dem Elbdeich liegenden Wiesen queren → nach 3,5 km links auf die Asphaltstraße → vor den Hafenanlagen rechts in die Straße **Am Rethövel**.

TIPP Sie können die 1,5 km lange Schleife der Hauptroute durch Glückstadt abkürzen, in dem Sie nach dem Rechtsbogen der Straße Am Rethövel nach links auf der Brücke das Hafenbecken überqueren.

Am Ende des Hafenbeckens nach links in die Stadtstraße → nach 150 m nach links in die Straße **Am Hafen** abbiegen (geradeaus geht es hier ins Zentrum von Glückstadt).

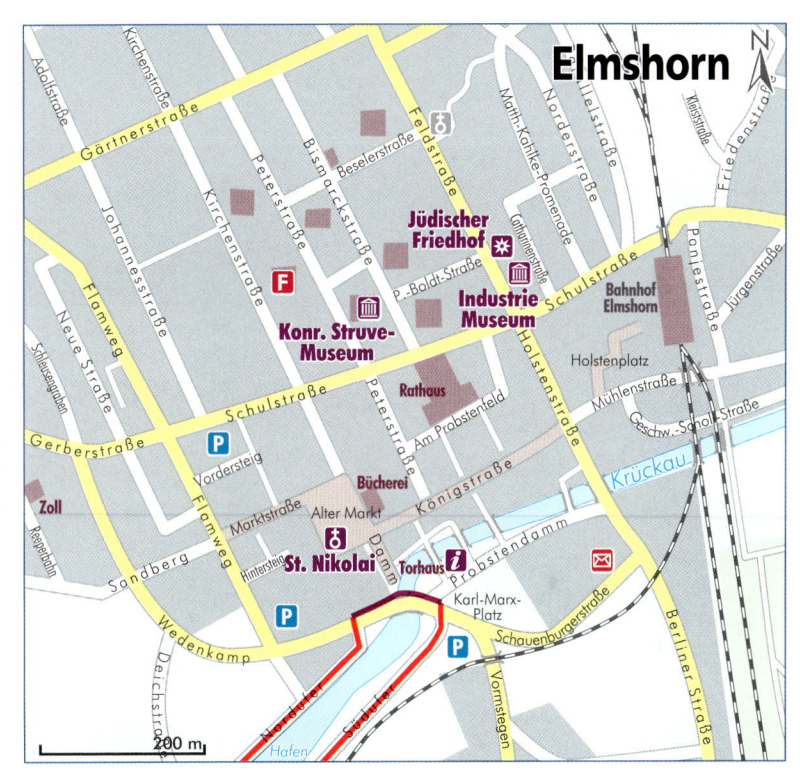

Glückstadt

PLZ: 25348; Vorwahl: 04124

- **Tourist-Information Glückstadt**, Große Nübelstr. 31, ℓ 937585, ÖZ: April-Okt., Mo-So 9-18 Uhr; Nov.-März, Mo-So 10-17 Uhr; Führungen von April-Okt., jeden 1. So im Monat 14 Uhr, Juli-Aug. zusätzlich jeden Sa 15 Uhr. Treff: Stadtkirche am hist. Marktplatz
- **Fähre Glückstadt-Wischhafen**, ℓ 04124/2430, halbstündiger Pendelverkehr; 1. Mai-30. Sept. Mo-Sa 5.15-23.15 Uhr, So/Fei 6.45-23.15 Uhr; März-April u. Okt.-Dez., Mo-Fr 5.15-23.15 Uhr, Sa 6.15-23.15 Uhr, So/Fei 6.45-23.15 Uhr, Jan.-Feb., Mo-Fr 5.15-23.15 Uhr, Sa 6.45-23.15 Uhr, So/Fei 7.30-23.15 Uhr
- **Detlefsen-Museum** im Brockdorff-Palais, Am Fleth 43, ℓ 937630, ÖZ: Mi 14-17 Uhr (Juni-Aug., 14-18 Uhr), Do-Sa 14-18 Uhr, So 14-17 Uhr. Stadt- und Regionalgeschichte Glückstadts und der Elbmarschen. Ausstellungen zu Themen wie Brandschutz, Eisenbahn, Festungsmodell, Heringsfischerei, Landschaftsentstehung, Robbenschlag, Volkskunde, Walfang u. v. a. Mit Plauderecke und Museumsgarten mit einer Remise für Bauwagen und Großgeräte.

Glückstadt

- **Stadtkirche** (1618-1621), an der Ostseite des Marktes gelegen, beeindruckt die Stadtkirche durch ihren schönen Barockturm, eine bemerkenswerte Innenausstattung und durch die Glücksgöttin Fortuna mit der Königskrone als Wetterfahne. Rechts vom Eingang befindet sich die Sturmflutmarke von 1756. Die linke Turmseite ziert der Admiralsanker, den Christian IV. 1630 nach seinem siegreichen Gefecht auf der Elbe vom Hamburger Admiralsschiff erbeutet hatte.
- **Königliches Brückenhaus**. Altes Brückenhaus, Am Hafen 61/62
- **Historischer Marktplatz**, 7 Radialstraßen, 3 Pseudoradialstraßen und 2 den Markt tangential berührende Straßen führen von hier zu den früheren Stadttoren und Bastionen der einstigen Festung. Verbunden werden die Radialstraßen durch eine Ringstraße und einen Rundweg.
- Als Stiftung eines Glückstädter Bürgers wurde der **Kandelaber** 1869 an der Stelle des ehemaligen Marktbrunnen und Brunnenhauses errichtet.
- **Rathaus** (1642), an der Westseite des Marktplatzes gegenüber der Kirche gelegen. Das im Stil der niederländischen Renaissance erbaute Gebäude weist große Ähnlichkeiten mit der Börse in Kopenhagen auf (sog. Baustil Christian IV., der sich durch roten Backstein, Sandsteineinfassungen der Fenster und Ziergiebel auszeichnet).
- **Brockdorff-Palais** (1631/32). Erbaut vom Reichsgrafen Christian von Pentz, wurde das Palais nach der letzten adligen Besitzerfamilie im 19. Jh. benannt. Es ist ein zweigeschossiger Barockbau von 13 Fensterachsen, im Inneren besitzt es reich bemalte Balkendecken, ein barockes Treppenhaus mit Vestibül und beherbergt das Detlefsen-Museum.
- **Ehemaliges Gießhaus**, später Neues Zuchthaus
- **Wasmer-Palais** (17. Jh.), der barocke Kaminsaal wurde 1729 von dem italienischen Stukkateur An-

drea Maini gestaltet. Drei reich stuckierte Decken befinden sich in den unteren Räumen. Ein Deckengemälde stellt beispielsweise eine Szene aus der griechischen Mythologie (Zeus und Semele) dar. Ehemals Sitz des Obergerichts und der Regierungskanzlei. Hier erklärte 1807 Dänemark England den Krieg, nachdem Kopenhagen durch die Engländer beschossen worden war und nur noch die Glückstädter Kanzlei funktionsfähig war. Hier ist heute die Volkshochschule untergebracht und es finden Kammerkonzerte statt.

AndersRum (Karte D 6): Dem Deichweg nach **Glückstadt** folgen → **Am Hafen** entlang → über die Brücke rechts auf **Am Rethövel** → geradeaus nahe der Elbe weiter.

- Das **Provianthaus** ist das letzte Gebäude aus der Anlage des alten Königsschlosses am Hafen. Heute befindet sich hier ein Offenes Atelier mit mehreren Künstlern. ÖZ: April-Okt., Sa, So 14-18 Uhr.
- **Am Hafen**, die gesamte Hafenstraße steht wegen des einmaligen Zusammenspiels der historischen Fassaden und dem grünen Deich unter Denkmalschutz (Ensembleschutz). Sie gilt als die bedeutendste Uferstraße Norddeutschlands. Besonders hervorzuhebende Häuser sind das Haus Am

Glückstadt – Rathaus

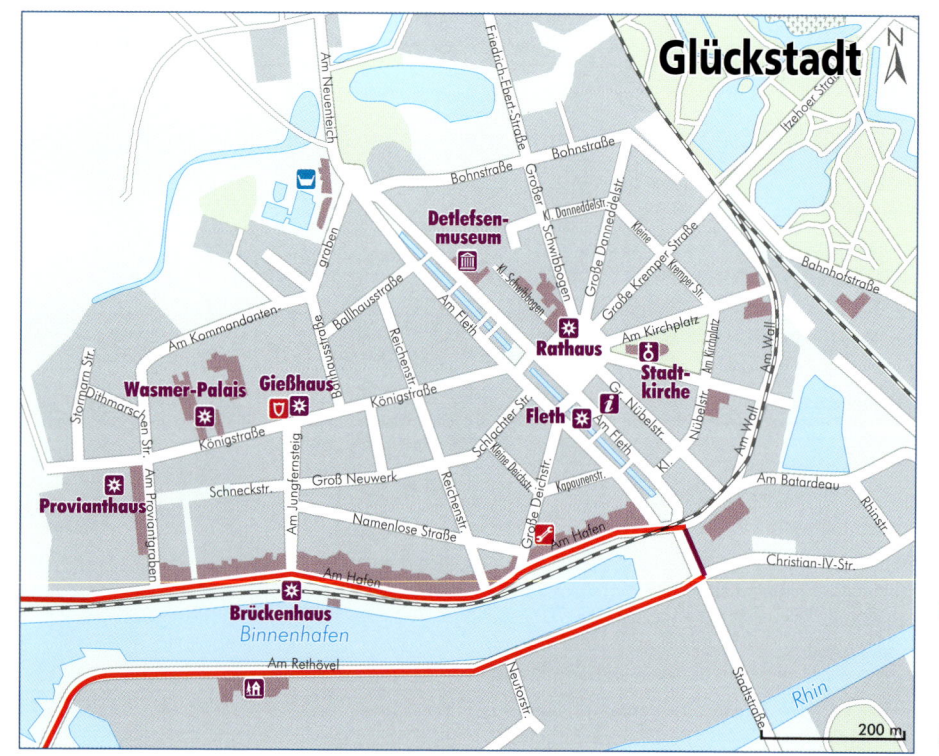

Hafen 46 mit seinem prächtigen Sandsteinportal mit akanthus- und blütenverziertem Aufsatz (heute Kunsthaus und Galerie). Und das Haus Am Hafen 40, der sog. Königshof mit dem achteckigen Wiebeke-Kruse-Turm, der eine doppelt geschweifte Haube besitzt und den eine Wetterfahne mit Krone, Reichsapfel und einem Reiter schmückt. Der Turm ist der einzig erhaltene Teil des ersten Wohnhauses Christian IV., das er 1638 Wiebeke Kruse schenkte.

❋ Das **Fleth** mit den beiden parallel laufenden Straßen war und ist die Hauptverkehrsachse der Stadt. Im Rahmen der Stadtsanierung ist der offene Wasserlauf wieder hergestellt worden.

Radhus Horn, Gr. Deichstr. 15, ℂ 5735

Christian IV., König von Dänemark und Herzog von Schleswig und Holstein, ließ 1617 den Bau einer neuen Stadt an der Elbe beginnen. Strategische Gründe bewogen ihn zu diesem Unternehmen. So sollte die Stadt als Ausgangspunkt seiner machtpolitischen Interessen in Norddeutschland dienen. Gleichzeitig versuchte der König, den florierenden Handel der nahegelegenen Handelsstadt Hamburg in seine neue Stadt zu ziehen. Wegen des großen Wagnisses, in dem unwirtlichen Gelände an der Rhinmündung eine Stadt zu gründen, nannte er die Stadt Glückstadt. Hierbei soll Christian IV. folgende Worte gesprochen haben: „Dat schall glücken und dat mut glücken und denn schall se ok Glückstadt heten" und verordnete seiner Stadt die Glücksgöttin Fortuna als Wappen. Angezogen von Steuerprivilegien und gewährter Religionsfreiheit, kamen vor allem holländische Remonstranten und Mennoniten sowie portugiesische Juden nach Glückstadt, die über ausgedehnte Handelsbeziehungen und eine starke Wirtschaftskraft verfügten. Die Stadt entwickelte sich unter diesen guten Voraussetzungen in kürzester Zeit zu einem florierenden Standort. Dennoch blieb die wirtschaftliche Entwicklung Glückstadts weit hinter den Erwartungen und Wünschen des Dänenkönigs zurück. Das Stadtbild ist geprägt von dem Grundriss der dem Ideal der italienischen Renaissance nachempfundenen polygonalen Radialstadt und ist einmalig in Norddeutschland. Nach der umfassenden Stadtsanierung in den 70er und 80er Jahren des vorigen Jahrhunderts gilt Glückstadt als Stadtdenkmal.

> **AndersRum (Karte D 7):** In **Brokdorf** auf die Straße **K 41** → nach gut 4 Kilometer wieder nach rechts auf den Deich → diesem nach **Glückstadt** folgen.

Von Glückstadt nach Brunsbüttel 29,5 km

Bis ans Ende der Straße **Am Hafen** radeln und dann nach rechts hoch auf den Radweg auf dem Elbdeich fahren → die B 495 ist nach ca. 2 km erreicht.

TIPP: Hier sollten Sie sich entscheiden, ob ihre Tour am rechten Elbufer in Brunsbüttel (kein Bahnanschluss) oder am linken Elbufer in Cuxhaven enden soll. Die Fähre zum anderen Elbufer verkehrt ab Glückstadt mehrmals täglich. Die Fähre zwischen Brunsbüttel und Cuxhaven dagegen verkehrt nur dienstags und donnerstags!

Nach Brunsbüttel rechts auf die B 495 einbiegen → nach 20 m gleich wieder links in den asphaltierten Radweg unterhalb des Elbdeichs abzweigen → der Weg führt auf die Deichaußenseite → vor dem Stör-Sperrwerk auf den Deich hinauffahren und dann links auf einem Radweg über die **Stör** → am anderen Ufer gleich wieder links durch das Gatter hindurch und weiter innen am Deich.

Auf der Hauptroute an der Weggabelung links fahren → links auf die **K 41** einbiegen → links am Kernkraftwerk Brokdorf vorbei und weiter nach Brokdorf.

Brokdorf
PLZ: 25576; Vorwahl: 04829

- **Wilstermarsch Service GmbH**, Mühlenstr. 13, 25554 Wilster, ✆ 04823/9215950, www.wilstermarsch-service.de
- **Kernkraftwerk Brokdorf**, Informationszentrum, ✆ 752560, ÖZ: Mo-Do 7.30-16.20 Uhr, Fr. n. V.
- **Fahrradverleih Hotel Sell Elbblick**, Dorfstr. 65, ✆ 9000

Im Rechtsbogen der K 41 in Brokdorf nach links abzweigen und über den Deich fahren → auf dem asphaltierten Deichweg außen am Deich geht es nach St. Margarethen, das rechts hinterm Deich versteckt liegt.

St. Margarethen
PLZ: 25572; Vorwahl: 04858

- **Marschenrundfahrt** mit dem „Aukieker", Kontakt über Wilstermarsch Service GmbH, Mühlenstr. 13, 25554 Wilster, ✆ 04823/9215950, für Gruppen ab 10 Personen jederzeit n. V.

Der Weg wird auf der Höhe von St. Margarethen kurz unbefestigt → genau unterhalb der Stromleitungen den Deich überqueren → an der Deich-Innenseite nach links weiterfahren → nach 800 m links auf den linksseitig straßenbegleitenden Radweg der Kreistraße.

VARIANTE: Hier können Sie vor der Kreisstraße auch links am Elbdeich weiterfahren. Dieser Weg mündet vor Brunsbüttel wieder in die Hauptroute.

Auf der Kreisstraße wechselt der Radweg auf die rechte Straßenseite → weiter zur Fähre über den **Nord-Ostsee-Kanal** nach Brunsbüttel → am anderen Ufer ist Brunsbüttel erreicht.

An der ersten Kreuzung nach links am Geländer vorbei auf die **Schleusenstraße** fahren → dann links in die **Kreystraße**, am Yachthafen vorbei auf die Schleusenanlage zu → dann ein kurzes Stück gegen die Einbahnstraße, um gleich darauf links in die **Schillerstraße** abzubiegen → nach 20 m zweigt der Radweg vor den Schrebergärten

---

> **AndersRum (Karte D 8):** In **Brunsbüttel** mit der Fähre übersetzen → geradeaus auf dem Radweg halten → rechts auf den Deich → auf diesem 8 Kilometer lang nach **Brokdorf** fahren.

D8

Brunsbüttel — Brokdorf

Landscheide · Nortorf · Ostermoor · Vogelstange · Brunsbüttelkoog · Büttel · Stuven · Pobfeld · Kulturviertel · Kernkraftwerk Brunsbüttel · St. Margarethen · Osterbünge · Scheelenkuhlen · Kleinarentsee · Großarentsee · Siethwende · Brokdorf

Nord-Ostsee-Kanal

Elbe

Schleswig-Holstein / Niedersachsen

NSG Außendeich Nordkehdingen

Nördlicher Sielgraben

0,8 · 0,5 · 0,6 · 3 · 3,8 · 4,7 · 2,8 · 6,5 · 113

4,5

nach links ab und führt direkt am Ufer entlang → vor dem kleinen **Leuchtturm** dann rechts hinauf → durch das Gatter hindurch und geradeaus weiter → wenn die Straße einen Rechtsbogen macht, wieder auf dem Deich weiterfahren → durch ein Gatter nach links auf die kleine asphaltierte Straße **Auf dem Deiche** → an der Vorfahrtstraße nach rechts auf den Radweg an der **Brunsbütteler Straße**.

Die Hauptroute führt durch die Stadt weiter → von der Brunsbüttler Straße nach links in die **Röntgenstraße** abbiegen.

ANSCHLUSS: Geradeaus führt hier der Nordseeküsten-Radweg, der bis nach Dänemark verläuft.

Über den **Von-Humboldtplatz** kommen Sie zum Kulturzentrum und zur Touristinformation.

TIPP: In Brunsbüttel besteht die Möglichkeit, nach Cuxhaven zu gelangen. Die Fähre verkehrt nur dienstags und donnerstags um 8 und um 16 Uhr, ✆ 04823/92610.

Brunsbüttel
PLZ: 25541; Vorwahl: 04852

Brunsbüttel

- **Tourist-Info**, Gustav-Meyer-Pl. 2, ✆ 836624, www.brunsbuettel.de
- **Fähre Brunsbüttel-Cuxhaven**, für Fußgänger und Radfahrer, ✆ 04721/3508284, Fährzeiten: Mai-Okt., Di, Do 8 und 16 Uhr
- **Nord-Ostsee-Kanal**, ✆ 8850, Fährzeiten: alle 10 Minuten, 23.00-5.30 Uhr alle 20 Minuten
- **Personen-Schifffahrt Brunsbüttel**, ✆ 04823/92610, Ausflugsfahrten auf den Nord-Ostsee Kanal
- **Heimatmuseum**, Am Markt 4, ✆ 7212, ÖZ: Di-So 14-17 Uhr, Mi 10-12 Uhr und 14-17 Uhr. Verschiedene Gebrauchsgegenstände, aber auch Kunstobjekte und Karten vermitteln einen Eindruck über das Leben der Brunsbütteler Einwohner.
- **Schleusenmuseum**, Gustav-Meyer-Platz, ✆ 8850, ÖZ: 15. März-15. Nov., tägl. 10.30-17 Uhr. Zahlreiche Schautafeln, Modelle, Filme und Exponate bringen dem Besucher die meistbefahrene künstliche Seewasserstraße der Welt, den Nord-Ostsee-Kanal, näher.
- **Jakobuskirche**, 17. Jh.
- **Kulturzentrum Elbeforum**, Von-Humboldt-Platz 5, ✆ 54000. In dem Kulturzentrum finden einerseits die verschiedensten Veranstaltungen wie Theater, Konzerte u.a. statt, andererseits sind aber auch unterschiedliche Institutionen wie z. B. die Stadtgalerie, die in wechselnden Ausstellungen Kunst von der klassischen Moderne bis zur zeitgenössischen Avantgarde präsentiert, oder die Volkshochschule in diesem Haus ansässig.
- **Schleusenanlagen**, Gustav-Meyer-Platz, ✆ 885213, ÖZ: März-Okt., Mo-Fr 10.30-17.00 Uhr
- **Freibad** am Ulitzhörn, ÖZ: Mai-Okt., Mo-So 9-19 Uhr
- **Freizeithallenbad**, Am Freizeitbad, ✆ 6474
- **Radverleih Köster**, Koogstr. 93, ✆ 92280

Brunsbüttel liegt an der Mündung, des über hundert Jahre alten Nord-Ostsee-Kanals in die Elbe. Der Kanal wird jährlich von tausenden

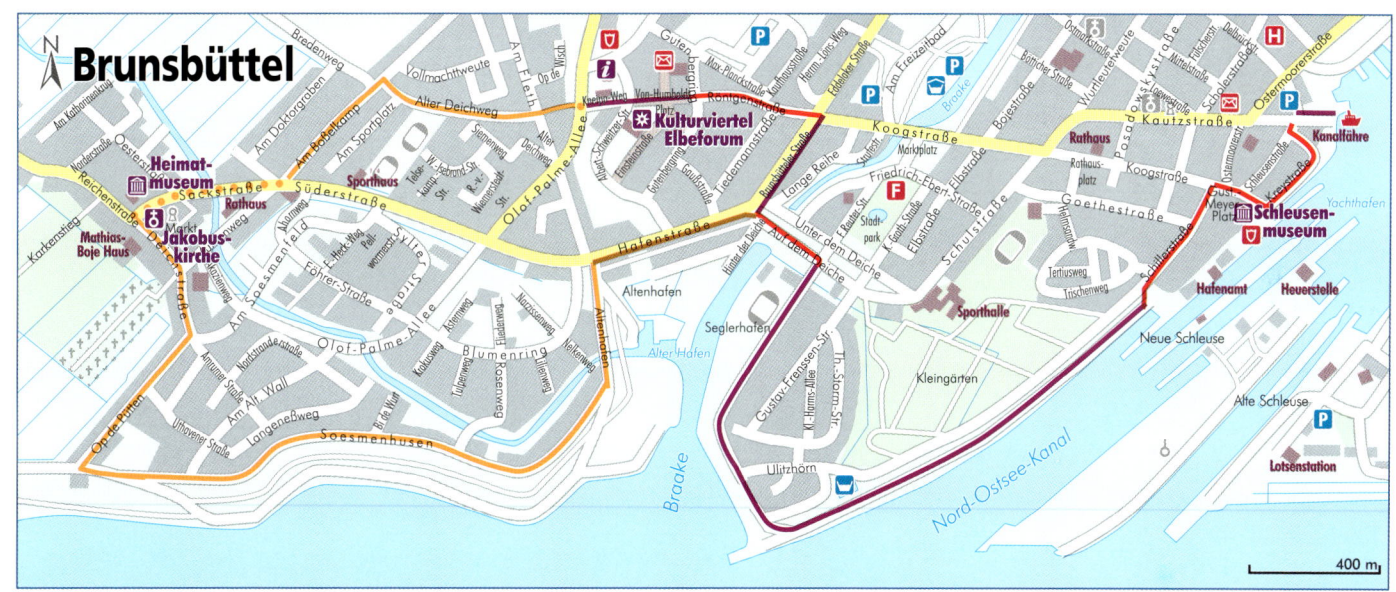

Schiffen befahren und ist damit die meistgenutzte künstliche Wasserstraße der Welt. Dieser Umstand und der Bau mehrerer Häfen brachte Brunsbüttel den wirtschaftlichen Aufschwung. Nach und nach siedelten sich namhafte Unternehmen an, die Zuliefererfirmen und Dienstleistungsunternehmen mit sich brachten. Heute ist Brunsbüttel ein wichtiger Industriestandort, in dem aber auch kulturelle, sportliche und geschichtliche Belange ihren Platz finden. Mit 14.000 Einwohnern ist Brunsbüttel die zweitgrößte Stadt des Kreise Dithmarschen.

Linkselbisch von Hamburg nach Cuxhaven   *155 km*

Der Charakter der linkselbischen Route ist ähnlich wie der der rechtselbischen Seite. Hier radeln Sie durch die Obstbaumreihen des Alten Landes, Höhepunkt ist das schmucke Städtchen Stade. Danach breitet sich die immer weiter vor Ihren Augen aus und eine frische Nordseebrise weht Ihnen um die Nase. Hinter oder vor dem Deich geht es an adretten, reetgedeckten Häuschen vorbei und durch grüne Polder. Am Ende der Tour erreichen Sie dann die Kur- und Nordseestadt Cuxhaven.

Sie fahren fast ausschließlich auf asphaltierten Wegen neben oder auf dem Deich dahin, am linken Ufer verläuft ein Teil der Strecke abseits des Deiches auf ruhigen Nebenstraßen oder auf Radwegen neben den Hauptstraßen.

Von Hamburg nach Jork 27 km

Vom rechten Ufer von Teufelsbrück mit der HVV-Fähre 64 nach Finkenwerder ans linke Elbufer übersetzen.

TIPP Fähre Hamburg-Finkenwerder: HVV-Fähre 64. Alternativ ab Landungsbrücken/ Altona/ Dockland/ Neumühlen mit der HVV-Fähre 62 nach Finkenwerder. Aktuelle Fährzeiten unter www.hadag.de oder ✆ 040/3117070.

Von der Fähre nach links auf die **Benittstraße** einbiegen → an der **Ostfrieslandstraße** scharf nach links auf den **Köhlfleet-Hauptdeich** abbiegen.

Finkenwerder

✳ **Werksbesichtigungen bei EADS** (Airbus) werden durch Globetrotter Tours Mo-Fr 9.30-16.30 Uhr (Dauer ca. 2,5 Stunden) angeboten. Mehr Infos unter www.airbus-werksbesichtigung.de oder 09005/247287 (0,49 Cent/Min.).

Nach 300 m links in die Straße **Aue-Insel** → dem Rechtsbogen der Straße folgen → links in die Straße **Auedeich** → an der Vorfahrtstraße links auf den Radweg an der Straße **Aue-Hauptdeich** → vor der Brücke über die Aue nach rechts auf den **Osterfelddeich** abzweigen → an der

Lühedeich

T-Kreuzung links in den **Süderkirchenweg**, der nach dem Rechtsbogen in den **Finkenwerder Süderdeich** übergeht → nach dem Rechtsbogen der Straße auf dem **Finkenwerder Westdeich** weiter → links in die Kleingartensiedlung → an der Hauptstraße nach links auf den Radweg → weiter auf dem straßenbegleitenden Radweg unterhalb des Elbdeichs.

Links vom Elbdeich erstreckt sich nun vor Ihnen das Alte Land bis Stade.

Das Alte Land

Das Alte Land, das sich von Hamburg bis nach Stade erstreckt, ist mit 170 Quadratkilometern das größte geschlossene Obstanbaugebiet Nordeuropas. Jedes Jahr im Frühjahr zaubern 10 Millionen Obstbäume ein weiß-zartrosafarbenes Blütenmeer in die Landschaft südlich der Elbe. Die wichtigste Obstsorte in diesem Anbaugebiet ist der Apfel, der den Großteil der Obsternte ausmacht. Außer Äpfeln werden hier Kirschen, Zwetschgen und Birnen angebaut. Zu verdanken ist dieser fruchtbare Flecken Erde nicht allein dem günstigen Klima, das hier herrscht, sondern vielmehr den erfahrenen holländischen Entwässerungs- und Deichbauern, die im 12. Jahrhundert vom Bremer Bischof mit der Kultivierung der Marschlandschaft beauftragt wurden. Hinter Deichbauten vor landschaftszerstörenden Sturmfluten geschützt, wurde durch die Entwässerung der unwirtlichen Sumpflandschaft fruchtbarer Boden gewonnen. Dieser noch junge kultivierte Boden wurde „Olland" genannt. Von dieser Bezeichnung leitet sich der Name des Alten Landes ab. Als Neues Land bezeichnete man dagegen das noch brachliegende Gebiet. Die Einteilung des Alten Landes in drei Meilen stammt noch aus dem 15. Jahrhundert. Die I. Meile liegt zwischen den Flüssen Schwinge und Lühe, die II. Meile zwischen Lühe und Este und die III. Meile zwischen Este und alter Süderelbe.

Windmühlen, Brücken und die langgezogenen Reihendörfer zeugen noch von dem Einfluss der Holländer auf die Kulturlandschaft des Alten Landes.

Charakteristisch sind auch die Altländer Fachwerkhäuser mit ihrem roten Ziegelfachwerk und den reetgedeckten Dächern. Die vielen malerischen Details, die die reich verzierten Höfe schmücken, zeugen nicht nur allein vom früheren Reichtum der Obstbauern, sondern gestatten auch einen Einblick in das Brauchtum der Altländer. So dienten die gekreuzten Schwäne gleichzeitig als Schmuck der Giebel und als Schutz vor bösen Mächten und verheerenden Stürmen. Sehenswert sind auch die prunkvollen Brauttüren einiger Höfe. Benutzt wurde die Brauttüre, die sich nur vom Hausinneren öffnen ließ, am Hochzeittage, wenn der Bräutigam seine Braut über die Türschwelle in ihr neues Heim trug. Aber auch zu Beerdigungen und als Notausgang bei Feuer wurde die Brauttüre benutzt. Neben diesen charakteristischen Häusern sind zehn Kirchen zu bewundern, die durch ihre unterschiedliche Gestaltung einmalig sind. Teilweise sind in einigen dieser Kirchen Orgeln des Baumeisters Arp Schnitger erhalten, der in Neuenfelde wohnte.

Gräfenhof Jork

Nun die Este überqueren.

TIPP Nach 700 m am Ortsanfang von Cranz haben Sie die Möglichkeit, wieder ans rechte Elbufer zu wechseln. Hierfür zweigen Sie nach links zur Fähre nach Blankenese ab.

Cranz

- **Fähre Blankenese-Cranz**, ✆ 040/3117070. Fährzeiten: Mo-Sa 6.30-20.30 Uhr; So/Fei 7.30-20.30 Uhr, alle 60 min

Auf dem Radweg geht es durch Cranz → an der Landesgrenze kurz auf die Straße → am Ortsende auf den linksseitigen Radweg wechseln → nach 6 km in **Borstel** nach links in die Ortschaft Jork abzweigen.

AndersRum (Karte E 1): Dem Radweg der **K 39** folgen → im Linksbogen rechts in den gekiesten Radweg → rechts dem **Finkenwerder Süderdeich** folgen → rechts auf den **Osterfelddeich** → an der Kreuzung links auf den Radweg → rechts über **Aue Deich** und **Aue Insel** im Bogen wieder zur Hauptstraße → scharf rechts in die **Benittstraße** zur Fähre.

VARIANTE Wenn Sie nicht nach Jork hineinfahren und näher an der Elbe bleiben wollen, dann können Sie ab Borstel der Beschilderung der Obstroute Richtung Grünendeich folgen. In Höhen über die Lühebrücke fahren und der Elbe-Radweg-Beschilderung nach Stade/ Grünendeich folgen. Diese Abkürzung ist 5 km kürzer als die Hauptroute über Jork.

Jork

PLZ: 21635; Vorwahl: 04162

- **Tourismusverein Altes Land e.V.**, Osterjork 10, ✆ 914755
- **Museum Altes Land**, Westerjork 49, ✆ 5715, ÖZ: April-Okt., Di-So 11-17 Uhr; Nov.-März, Mi, Sa, So 13-16 Uhr. Dokumentation zur technischen Entwicklung des Alten Landes unter besonderer Berücksichtigung des Obstanbaus, des Handwerks, des Deichbaus und der Schifffahrt.

Rissen
Sülldorf
Iserbrook
Osdorf
Bahrenfeld
Eimsbüttel
E1
Golfplatz
Blankenese
Bismarkstein
Groß-Flottbek
HAMBURG
Altona
Hirschpark
Nienstedten
Klein-Flottbek
Internat. Seegerichtshof
Jenisch-Haus
Othmarschen
St. Pauli
Panoptikum
Altona
Elbe
Teufelsbrück
4,2
3,8
Museumshafen
Museumsschiff
Hinterbrack
Airbus-Gelände
Rüschkanal
Steendiekkanal
Werfthafen
Steinwerder
Petroleumhafen
Waltershof
Waltershofe Hafen
Köhlfleet
Cranz
Leeswig
Este
Aussichtswall Neßtor
Finkenwerder
Groß Hove
Liedenkummer im Norden
Rosengarten
Nincoperort
igreich
Liedenkummer im Süden
Neuenfelde
Alte Süderelbe
Nincop
Vierzigstücken
Francop
Altenwerder
Wilh
Estebrügge
Rethe
119
Reihe
Ellerholzhafen
Oderhafen
Roßhafen
Neuhöfer Kanal
Kaiser-Wilhelm-Hafen
Kuhwerder Hafen
Hohenwischer Schleusenfleet

Jork

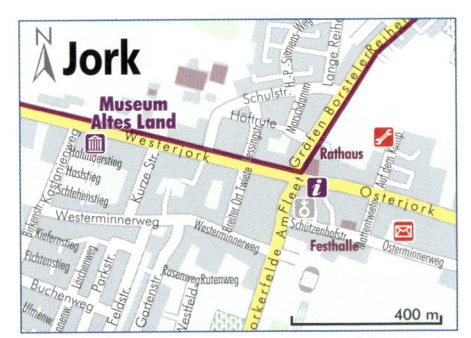

- **Gräfenhof – Das Jorker Rathaus** (1649-51), Am Gräfengericht 2, Jork, ✆ 91470. Der ehemalige Adelssitz wurde vom Graf Mattäus von Haren erbaut. Es folgten mehrere Umbauten.
- **Wehrt'scher Hof**, Große Seite 8, Jork-Borstel. Besichtigung nur in Verbindung mit der Altländer Gästeführung möglich.
- **Windmühle Aurora**, Am Elbdeich 1, Jork-Borstel, ✆ 6395, Besichtigungen der Mühle, die derzeit ein Restaurant beherbergt, sind nur sehr begrenzt im Rahmen der Altländer Gästeführung möglich.
- **Obstbau-, Versuchs- u. Beratungszentrum Jork**, Moorende 53, ✆ 60160
- **Altländer Gästeführungen**, Westerjork 49, ✆ 1333, April-Okt., interessante Führungen zu festen Terminen und n. V.
- **Der Herzapfelhof**, Familie Lühs, Osterjork 102, ✆ 8954, Apfelhof mit vielen Highlights wie Hofführungen, Hofladen, Äpfel mit persönlichen Motiven, neueste Technik.
- **Boßeln**, Fährhaus Kirschenland, Wisch 9, ✆ 7487 und Obsthof Lefers, Osterjork 140, ✆ 357. Bei dieser urtümlichen Sportart geht es darum eine Holzkugel so weit wie möglich zu werfen.
- **M. Brosch**, Auf dem Kamp 7, ✆ 6645

Von Jork nach Stade 23,8 km

Im Zentrum von Jork am Rathaus nach rechts auf den Radweg an der Straße **Westerjork** einbiegen → weiter nach **Mittelnkirchen** → dem Straßenverlauf in einem Rechtsbogen folgen → links über die **Lühebrücke** und rechts weiter am Deich entlang der Lühe.
Auf der Hauptroute auf dem Deich durch **Steinkirchen** → danach dem Deichweg der Lühe nach rechts folgen → geradeaus über die stark befahrene K 39 hinunter zur Elbe.

> **TIPP** Hier an der Lühemündung liegt die Fähranlegestelle der Fähre nach Schulau zum rechten Elbufer.

Grünendeich
PLZ: 21720; Vorwahl: 04142

AndersRum (Karte E 2): In **Grünendeich** rechts → geradeaus können Sie über das Sperrwerk abkürzen, beachten Sie unbedingt die Sperrzeiten → an der **Lühe** entlang → an der Vorfahrtstraße links über die Brücke → dem Radweg nach **Jork** folgen → links in die **Borsteler Reihe** → rechts auf die **K 39**.

- **Tourismusverband Landkreis Stade/Elbe e. V.**, Kirchenstieg 30, ✆ 813838
- **Maritime Landschaft Unterelbe**, Kirchenstieg 30, ✆ 812076
- **Fähre Lühe-Schulau**: ✆ 04141/788667, Fährzeiten: April-Mitte Okt., Mo-Fr 6.10-18.10 Uhr, Sa, So/Fei 9-18 Uhr, im Winter nur Mo-Fr
- **Stussnat**, Fährstr. 1, ✆ 04141/6591068 oder 0171/7057654

Altes Land

E2

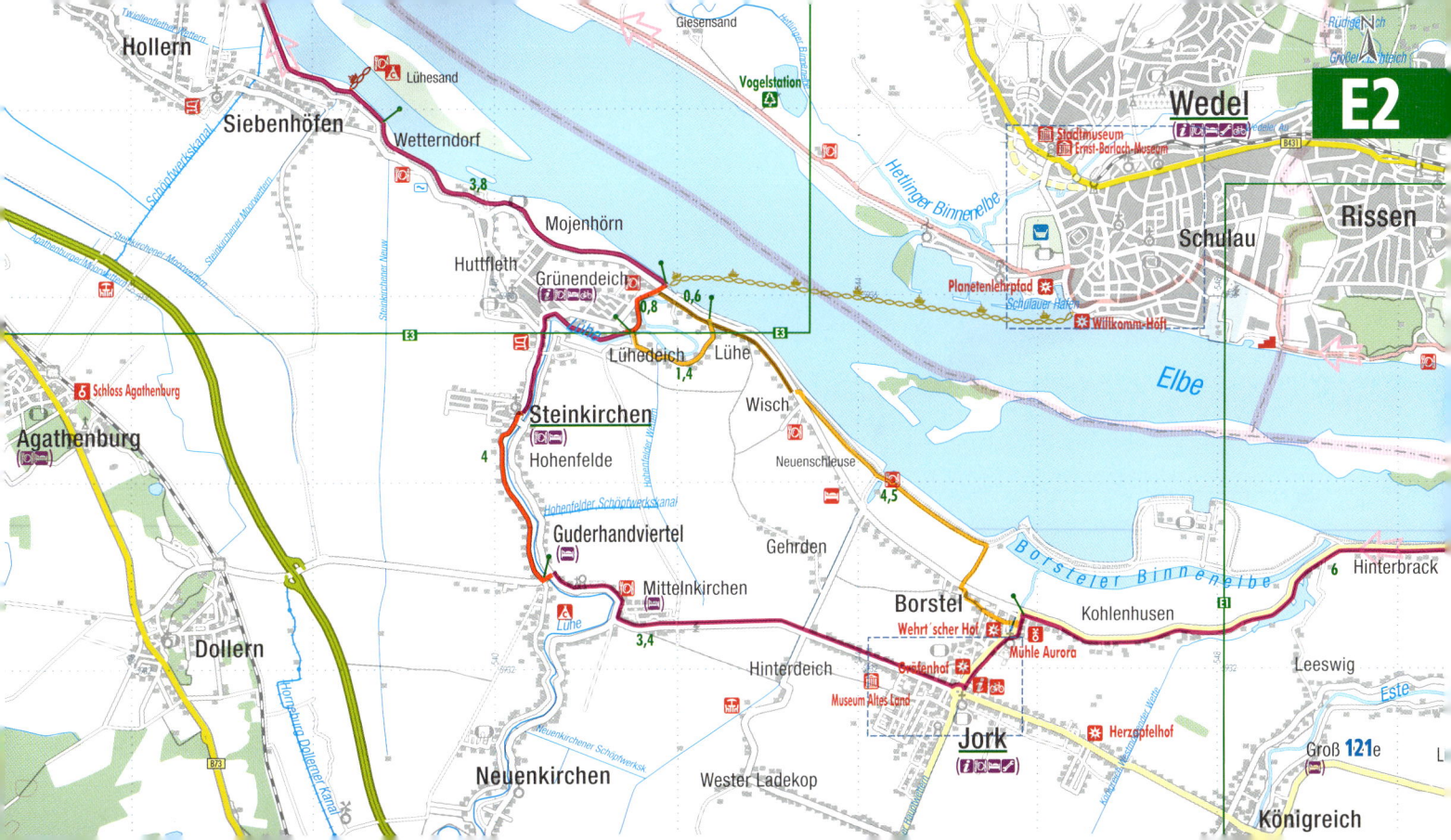

Auf dem Deich bei Stade

An der Lühemündung nach links auf dem Radweg unterhalb des Elbdeichs → nach insgesamt 7,5 km am Elbufer nach links über den Deich → nach rechts auf den Radweg an der Straße → rechter Hand liegt das ehemalige **Kernkraftwerk Stade** → nach einem Kilometer an der Kreuzung in **Melau** nach links abbiegen → nach 150 m rechts → an der Vorfahrtstraße nach links → unter der Umgehungsstraße L 111 hindurch.

VARIANTE: Wenn Sie Stade keinen Besuch abstatten wollen, dann können Sie hier nach links auf den straßenbegleitenden Radweg der L 111 abbiegen und so die um 5 km längere Schleife des Elbe-Radweges abkürzen.

Auf der Straße **Am Schwingedeich** geht es nach Stade → der Beschilderung folgend rechts abbiegen → nach ca. 150 m bis zur **Schwinge** fahren → links halten und auf der Promenade entlang der Stader Hafencity → am Ende der Promenade rechts in die Straße beim Salztor abbiegen → nach 100 m rechts in die **Hansestraße** → geradeaus geht es in die Innenstadt von Stade.

TIPP: An der Tourist-Information haben Sie die Möglichkeit, Räder und Gepäck in Fahrradboxen zu verstauen, um dann per pedes die Altstadt zu erkunden.

Stade
PLZ: 21682; Vorwahl: 04141

- **STADE Tourismus-GmbH**, Tourist-Information am Hafen, Hansestr. 16, ✆ 409170. Stadtführungen u.a. auf einem Fleetkahn entlang der Wallanlagen und durch die idyllische Naturlandschaft, Touren mit dem Tidenkieker, einem Flachbodenschiff; Führungen durch das Alte Land, ✆ 409174, Zimmervermittlung: ✆ 409173
- **Schwedenspeicher-Museum** (1692-1705), Wasser West, ✆ 3222, ÖZ: Di-Fr 10-17 Uhr, Sa, So 10-18 Uhr. Kulturgeschichtliches Regionalmuseum, Vor- und Frühgeschichte, Historische Abteilung (Stadtgeschichte), Museumspädagogische Abteilung und Dauerausstellung zur Hansegeschichte der Stadt.
- **Freilichtmuseum** auf der Insel, ✆ 3222, ÖZ: Mai-Sept., Di-Fr 10-13 Uhr und 14-17 Uhr, Sa, So 10-13 Uhr und 14-18 Uhr

AndersRum (Karte E 3): An der **L 111** entlang → rechts dem Radwegeverlauf nach **Stade** folgen → in den **Stader Schneeweg** einbiegen → ein kurzes Stück auf der **Freiburger Straße** entlang → weiter auf der **Hansestr.** → beim Salztor links → nach der Überquerung der Brücke links der Promenade folgen → wieder links **Am Schwingedeich** nach **Melau** → am Deich entlang in 7 Kilometern nach **Grünendeich**.

Stade

E3

Stade

Stade

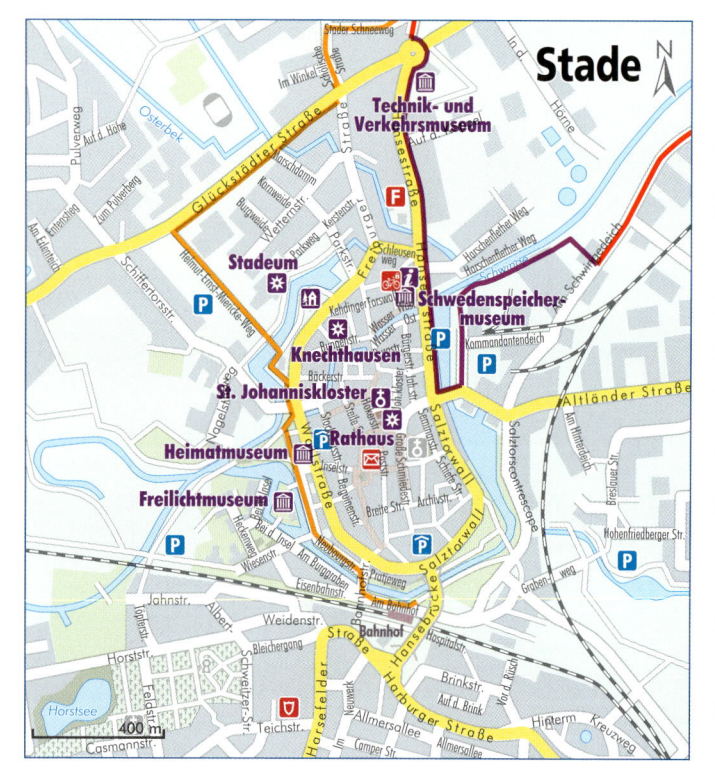

- **Heimatmuseum**, Inselstr. 12, ✆ 3222, ÖZ: auf Anfrage
- **Kunsthaus Stade**, Wasser West 7, ✆ 44824, ÖZ: s. Schwedenspeicher-Museum, wechselnde Ausstellungen
- **Technik- und Verkehrsmuseum**, Freiburger Str. 60, ✆ 2888, ÖZ: tägl. 10-16 Uhr
- **Kirche St. Cosmae** (13./17. Jh.) mit sehenswerter Barockorgel (1668-75)
- **Kirche St. Wilhadi** (14./18. Jh.) mit Altar, Kanzel und Kronleuchtern aus dem 16. und 17. Jh.
- **Johanniskloster** (1673), ehem. Franziskanerkloster
- **Rathaus** (1667/68). Die Kellergewölbe stammen aus der Zeit vor 1279.
- **Knechthausen** (15. Jh.), Bungenstr. 20/22. Das ehemalige Gildehaus der Brauerknechte besteht aus zwei Giebelfachwerkhäusern.
- **historische Altstadt** mit sehenswerten Fachwerkbauten
- **Freibad** Solemio Erlebnisbad, Am Exerzierplatz, ✆ 404181
- **Fahrradhandel Brandt**, Freiburger Str. 45, ✆ 922669

Die Stadt Stade hat eine vielfältige und weit in die Vergangenheit zurückreichende Geschichte, deren bauliche Zeugnisse noch überall in der Altstadt zu finden sind.

Auf dem in der Nähe der Elbe gelegenen Geesthügel, wo sich die Stadt im Mittelalter entwickelt hat, haben Menschen wohl schon seit

AndersRum (Karte E 4): Auf dem Radweg durch den **Asseler Sand** → links über **Barnkrug** immer am Deich entlang nach **Bützfleth** → links auf die **Alte Chaussee** zur **L 111**.

über 2.000 Jahren gelebt. Ende des 8. Jahrhunderts haben dann die Franken hier einen befestigten Königshof angelegt. In dessen Schutz entwickelte sich langsam eine Hafen- und Marktsiedlung. 994 wurde Stade von den Wikingern geplündert. Die Nachricht hierüber ist die erste schriftliche Erwähnung der Stadt. Stader Kaufleute waren seit dem 13. Jahrhundert am Fernhandel in den Niederlanden beteiligt, und daher gehörte die Stadt fast von Beginn an zur Hanse. Bereits im 11. und

Kleiner Elbhafen

12. Jahrhundert war Stade der bedeutendste Hafenplatz an der Unterelbe, wichtiger und größer als Hamburg. Das hat sich im Laufe der Zeit geändert, da der Stader Hafen für die großen Hanseschiffe zu klein wurde. Stade blieb aber bis ins 17. Jahrhundert ein bedeutender Markt- und Umschlagplatz für den niedersächsischen Raum. Diese kaufmännische Tradition hat sich auch in den vier Stader Bruderschaften aus dem 14. bis 16. Jahrhundert lebendig erhalten.

Die meisten der vielen alten Fachwerkhäuser in Stades Altstadt sind in der zweiten Hälfte des 17. Jahrhunderts und den ersten Jahren des 18. Jahrhunderts, der sog. Schwedenzeit Stades, gebaut. Die schwedischen Truppen besetzten Stade 1645 am Ende des Dreißigjährigen Krieges. Sie machten die Stadt zum Zentrum ihrer Herrschaft über das Gebiet zwischen Weser und Elbe. Stade wurde zu einer bedeutenden europäischen Festung ausgebaut und erhielt eine starke Garnison. An diese Zeit erinnern noch die erhaltenen Wallanlagen und die militärischen Gebäude des Provianthauses (Schwedenspeicher) und des Zeughauses. Auch heute noch ist die historische Altstadt mit ihren verwinkelten Gassen, vielfältigen Einkaufsmöglichkeiten und zahlreichen Cafés komplett vom Wasser umgeben.

Von Stade
nach Wischhafen (Sperrwerk)　　　35,3 km

Der **Hansestraße** bis zum Kreisel folgen → durch den Kreisel fahren und in den gegenüberliegenden Radweg einbiegen, der zum **Stader Schneeweg** führt → nach 2 Kilometer links auf den Radweg an der stark befahreneren **L 111** → dem Schneedeich folgen → nach 500 m die Straße queren und geradeaus dem Weg am Deich entlang folgen → geradeaus in die Alte Chaussee nach Bützfleth.

Krautsand

AndersRum (Karte E 5): In **Wischhafen** rechts auf die **Moorchaussee** → links Richtung **Wolfsbruchermoor** → links in Richtung **Dornbusch** → in **Krautsand** rechts und 9 Kilometer am Deich entlang durch den **Asseler Sand**.

Bützfleth
PLZ: 21683; Vorwahl: 04146
- Festung **Grauerrot**, ✆ 5940
- **Freibad**, ✆ 5771

Rechts in den Obstmarschenweg → rechts in die Hafenstraße → links abbiegen in die Schifferstraße und rechts in den Radweg → rechts abzweigen in die Deichstraße → die nächsten 15 km nun immer unterhalb des Elbdeichs entlang bis nach **Krautsand** → linker Hand liegen die Ortschaften **Abbenfleth**, **Wethe** und Assel.

Assel
PLZ: 21706; Vorwahl: 04148
- **Tourist-Info Kehdingen**, Stader Str. 139, 21737 Wischhafen, ✆ 04770/831129
- **Heimatstube Assel**, Asseler Str. 42a, Drochtersen-Assel, ✆ 5088 od. 1635. Historische Gegenstände aus dem Land Kehdingen, so aus dem Handwerk, Handel, Landwirtschaft und Schifffahrt.

E5

St. Martin (14. Jh.), reichverzierter Holzaltar und Taufbecken

Auf der Höhe von Drochtersen überqueren Sie den Ruthenstrom.

Drochtersen
PLZ: 21706; Vorwahl: 04143

- **Tourist-Info Kehdingen**, Stader Str. 139, 21737 Wischhafen, ✆ 04770/831129
- **Tourist-Info Drochtersen**, Drochterser Str. 39, ✆ 912140, ÖZ: Di, Sa 9.30-12 Uhr, Do, Fr 17-19 Uhr
- **Altes Rauchhaus**, ältestes Niedersachsenhaus des Ortes mit gut erhaltenem Giebel aus dem Jahre 1691.
- Der **Bleiturm** in Barnkrug diente früher der Bleischmelze.
- **Heimathof Hüll**, Niederhüll 23, Drochtersen-Hüll, ✆ 665 od. ✆ 5474. An besonderen Veranstaltungstagen wird altes Handwerk demonstriert: z. B. Dreschen mit dem Flegel, Torfstechen und handgerechte Herstellung von Seilen und Holzschuhen.
- **Moorkieker Bahn - Naturerlebnisfahrten**. Fahrten ab Aschhornermoor, Buchungen unter ✆ 04141/12561.
- **Hallenbad**, Am Sportpl. 8, ✆ 472

Krautsand
PLZ: 21706; Vorwahl: 04143

- **Tourist-Info Kehdingen**, Stader Str. 139, 21737 Wischhafen, ✆ 04770/831129
- **Tidenkieker Elbefahrten**, ✆ 04770/831129, Thema: Inselwelten – stille Buchten und historische Häfen, Dauer 2-3 Stunden.
- **Notkirche**, ✆ 298. Backsteinbau im spätklassizistischen Stil.
- **Windbaum**, Freiplastik am Krautsander Deich zur Erinnerung an die Sturmfluten.
- **Deichgraf**, Bronzefigur auf dem Krautsander Deich

VARIANTE Von Krautsand bieten sich zwei Möglichkeiten zur Weiterfahrt an. An Wochenenden von Mai-September können Sie von 10-12 Uhr und 17-19 Uhr am Deich weiterfahren und in 5 km über das ansonsten geschlossene Sperrwerk über die Wischhafener Süderelbe radeln. Während der übrigen Zeit nehmen Sie bitte den 9 km langen Umweg über Wischhafen. Wenn das Sperrwerk geschlossen ist, schon bei den ersten Häusern von Krautsand nach links abbiegen → nach 150 m an der T-Kreuzung nach rechts auf den linksseitigen Radweg der Vorfahrtstraße einbiegen → dem Linksbogen der Vorfahrtstraße folgen → nach 2,5 km die Wischhafener Süderelbe queren → in **Dornbusch** geht es an eine T-Kreuzung.

VARIANTE Hier können Sie nach rechts vor zur L 111 fahren und dann auf dem Radweg entlang der stark befahrenen L 111 und B 495 in 4,5 km direkt nach Wischhafen radeln, oder Sie fahren durch das flache Hinterland auf ruhigeren Wegen in 6,5 km nach Wischhafen.

Für die beschilderte Hauptroute über das Hinterland an der T-Kreuzung nach links abbiegen → nach 200 m rechts → geradeaus auf den Radweg → nach 1,7 km an der T-Kreuzung nach rechts → ⚠ nach 3 km die verkehrsreiche Straße kreuzen → auf dem Radweg nach gut 2 km rechts nach Wischhafen abzweigen → dem Verlauf der Vorfahrtstraße nach Wischhafen hinein folgen.

Wischhafen
PLZ: 21737; Vorwahl: 04770

- **Tourist-Info Kehdingen**, Stader Str. 139, ✆ 831129
- **Fähre Glückstadt-Wischhafen**. ✆ 04124/2430, Fährzeiten: halbstündiger Pendelverkehr; 1.Mai-30. Sept., Mo-Sa 4.30-22.30 Uhr, So/Fei 6.00-22.30 Uhr; März-April u. Okt.-Dez., Mo-Fr 4.30-22.30 Uhr, Sa, So/Fei 6.00-22.30 Uhr, Jan.-Feb., Mo-Fr 4.30-22.30 Uhr, Sa 6-22.30 Uhr, So/Fei 7.30-22.30 Uhr
- **Tidenkieker Elbefahrten**, ✆ 04770/831129, Thema: Waterkant - Robben, Watt und Küstenschiffe, Dauer 2-3 Std.
- **Kehdinger Küstenschifffahrts-Museum**, Unterm Deich 7, Wischhafen, ✆ 04770/7179, ÖZ: Ostern-

AndersRum (Karte E 6): In Freiburg **Am Deich** links → in einer Rechts-Links-Kombination weiter dem Deich nach **Wischhafen** folgen → geradeaus können Sie über das Sperrwerk abkürzen → rechts entlang der **B 495**.

Mitte Nov., Sa, So/Fei 10-12 Uhr und 13-18 Uhr, Juli-Sept., Di-So.

- **St. Dionysius**, Hammelwörden. Romanische Kirche mit gotischen Elementen, sehenswerte Kanzel.
- **H. Pohle,** Stader Str. 318, OT Hamelwörden ✆ 7166

Nach links auf den Radweg der **B 495** einbiegen → auf diesem Radweg an der B 495 vor zur Elbe radeln bis auf die Höhe des Sperrwerks der Wischhafener Süderelbe.

TIPP Geradeaus geht es zur Fähre nach Glückstadt zum rechten Elbufer. Für die Weiterfahrt auf dem linken Elbufer biegen Sie nach links ab auf den Radweg unterhalb des Deichs.

Von Wischhafen (Sperrwerk) nach Freiburg   **5,5 km**

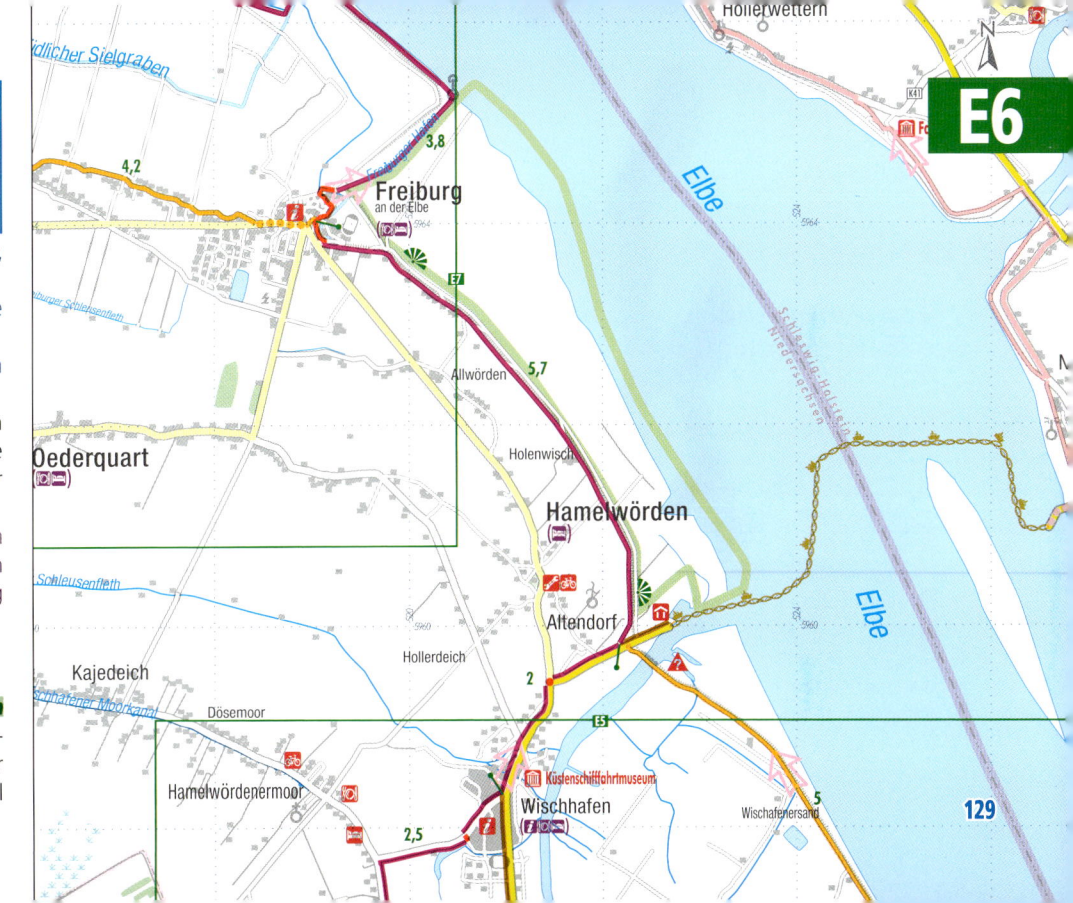

Fahren Sie auf dem Radweg unterhalb des Elbdeiches 6 km in Richtung Freiburg → kurz vor dem Ortseingang queren Sie im spitzen Winkel den Deich → auf der anderen Seite des Deiches nach links und dann nach rechts dem Deich folgen → nach der Brücke rechts am Hafenbecken weiterfahren.

Freiburg
PLZ: 21729; Vorwahl: 04779

- **Tourist-Info Kehdingen**, Stader Str. 139, 21737 Wischhafen, ✆ 04770/831129
- **Samtgemeinde Nordkehdingen**, Hauptstr. 31, ✆ 9231-38
- **St. Wulphardi**, Freiburg. Funktionstüchtige historische Orgel (erstmalig erwähnt im Jahre 1581).
- **Natur- und Landschaftsschutzgebiete** ehemaliges Außendeichsgelände und ehemaliges Hochmoor. Führungen: Institut für angewandte Biologie, Freiburg, ✆ 8851.
- **Vogelkieker-Bus – Naturerlebnisfahrten**. Fahrten ab Freiburg/Post. Buchungen unter ✆ 04141/12561

VARIANTE Wenn Sie eine Abwechslung zum Deich mit seinen Schafstoren benötigen, nehmen Sie die verkehrsarme Ortsverbindungsstraße von Freiburg nach Außendeich. Sie kommen durch Orte mit ortstypischen Häusern. Den konkreten Wegeverlauf entnehmen Sie der Karte E7.

Von Freiburg nach Belum 30 km
Das Zentrum von Freiburg liegt zur Linken → auf Höhe der Kirche nach rechts abbiegen → am Ortsende einen kleinen Kanal überqueren und danach vor dem Deich nach rechts auf den Radweg abzweigen → außen am Deich entlang vor zur Elbe → an der Elbe weiter außen am Deich entlang → nach knapp 2 km nach links auf den Deich abzweigen → den Weg kreuzen, der innen am Deich entlangführt → nach 300 m macht der asphaltierte Feldweg einen Rechtsknick und führt genau Richtung Westen → nach ca. 14 km von diesem Feldweg nach links abzweigen → den **Südlichen Sielgraben** überqueren, den Deich durchqueren und weiter an eine Vorfahrtstraße.

Hörne
- **Gut Hörne**, ✆ 04753/362, historischer Garten, mittelalterliches Dorf

VARIANTE Hier stehen Ihnen zwei Möglichkeiten zur Weiterfahrt offen. Die kürzere und verkehrsärmere Route führt über das Oste-Sperrwerk. Außerhalb der Überquerungszeiten fahren Sie auf dem Radweg der befahrenen L 111 außen herum durch Neuhaus über eine Brücke über die Oste.

> **AndersRum (Karte E 7):** In **Außendeich** nach links in Richung Elbe → gute 15 Kilometer dem Radweg nach **Freiburg** folgen.

Über Neuhaus 7 km
Nach links auf den straßenbegleitenden Radweg der Vorfahrtstraße einbiegen → in **Hörne** rechts auf die **L 111** → auf einer Brücke über die Oste → an **Geversdorf** vorbei → kurz vor der Einmündung der L 111 auf die B 73 nach rechts abzweigen → dem Verlauf dieser Straße durch **Neuhaus** folgen → beim Hafen die Aue überqueren und danach rechts nach Belum abzweigen.

Auf der Hauptroute nach rechts auf die Vorfahrtstraße einbiegen.

TIPP Die Überquerungszeiten des Oste-Sperrwerks: April-Sept., Di-Do 10-17 Uhr, Sa, So 10-18 Uhr, Okt.-März, Di-Do, Sa, So 10-17 Uhr.

Nach dem Sperrwerk geht es rechts zum Naturkundemuseum Natureum Niederelbe.

Natureum Niederelbe
- **Natureum Niederelbe**, 21730 Balje, Infos unter ✆ 04753/842131, ÖZ: Di-So 10-18 Uhr (Juli, Aug. auch Mo), Dez.-Feb. bis 17 Uhr. Ausstellung zur Erdgeschichte, Bernsteinausstellung, Beobachtungs-

E7

NSG Außendeich Nordkehdingen

Nördlicher Sielgraben

8,5   6

2,4

Südlicher Sielgraben

4,2   6,5   Krummendeich   4,2   3,8

Faulenhofe   Balje   Freiburg an der Elbe

Baljerdorf   Wechtern

Hörne   Rosenkranz

ßendeich   Eggerkamp   Freiburger Schleusenfleth

Süderdeich

2

Wetterdeich   Klinten   Oederquart

Itzwörden   131

station für Wildvögel, Aussichtsturm, Biotoppark, Spielpark, Café und Schifffahrten mit der Mocambo auf der Oste.

Dem Straßenverlauf Richtung Neuhaus folgen → nach dem Deich im spitzen Winkel nach rechts in Richtung Belum abbiegen.

Belum

🛈 Die mittelalterliche **Kirche** wurde vor wenigen Jahren aufwändig saniert.

Von Belum nach Otterndorf   8,5 km

Auf der Ortsdurchfahrtsstraße durch **Belum** bis zur **B 73** → hier nach links auf den Radweg einbiegen → in die nächste Straße rechts nach Westerndorf → dem Verlauf der Vorfahrtstraße folgen → in **Westerndorf** dann rechts zur Bundesstraße → ! vorsichtig die B 73 queren → links auf den rechtsseitigen Radweg → vor dem Hadelner Kanal rechts → nun immer parallel zum Kanal weiterfahren.

INS ZENTRUM Sie können hier auch direkt ins Zentrum von Otterndorf fahren. Dafür fahren Sie wie folgt:

Links über die Brücke → an der Weggabelung rechts → links in den Radweg → geradeaus weiter auf dem **Liebesweg** bis ins Zentrum von Otterndorf.

Cuxhaven

Otterndorf
PLZ: 21762; Vorwahl: 04751

🛈 **Städtisches Verkehrsamt Otterndorf**, Im Rathaus, ☏ 919135

🛈 **St.-Severi-Kirche**, Himmelreich 2, ☏ 3935, ÖZ: Mitte Mai-Mitte Sept., Mo-Do 10-11.30 Uhr und 15-17 Uhr, Fr 10-11.30 Uhr

🛠 **Fa. Benecke**, Marktstr. 18, ☏ 3427

Von Otterndorf nach Cuxhaven   25 km

Am Kreisverkehr rechts in die **Schillerstraße**, links geht es zum Zentrum → weiter dem Straßenverlauf folgen. Ab hier befinden Sie sich wieder auf der Hauptroute.

> **AndersRum (Karte E 8):** Bei Otterndorf bleiben Sie am Deich → an der **B 73** links bis nach **Belum** → in **Belum** links → gleich rechts auf die **Deichstraße** → dem Deichweg bis zum Natureum folgen → über das Sperrwerk → gleich dahinter links weiter auf dem Deich in Richtung Freiburg.

ACHTUNG Auf diesem Abschnitt sind in regelmäßigen Abständen Gattertüren zu überwinden, was mit viel Gepäck etwas mühsam sein kann.

Den Kanal sowie den Fluss Medem überqueren → an der Elbe entlang → am **Altenbrucher Hafen** → links nach Altenbruch → am **Sandweg** rechts bis **Mühlentrift** → links abbiegen und Straßenverlauf folgen bis zur **B 73** → Radweg entlang der **B 73** bis Kreuzung **Alte Marsch** → links und die **B 73** queren → unter der Autobahn durch bis Groden → rechts abbiegen → rechts halten in die **Papenstraße** → links in die **Freiherr-vom-Stein-Straße** → geradeaus bis **Im Mittelteil** → rechts abbiegen → die **B 73** queren und die Eisenbahnschinen → rechts in die **Neufelder Straße** → dann links in die **Baudirektor-Hahn-Straße** → links über die Brücke in Richtung Fischereimuseum → links an den Fischerhallen entlangfahren → am Ende

E8

NSG Hadelner u. Belumer Außendeich

3,6
1,8
3
2,4
4,5
2,4
2,4
2,4
2,4
2
2,5
2
1,6

Otterndorfer Schleuse
Beufleth
Zutrift
Alte Medem
Mahrdorf
Nackenbüttel
Westerndorf
Bahrdorf
Belum
Belumer Deich
Natureum
Neuhäuserdeich
Außendeich
Hörne
Kranich-Haus
St.-Severi
Otterndorf
Neuhaus
Dingwörden
Itzwörden
Geversdorf
Kehdingbruch
Auestade
Osterbruch
ngworth
Südsee

133

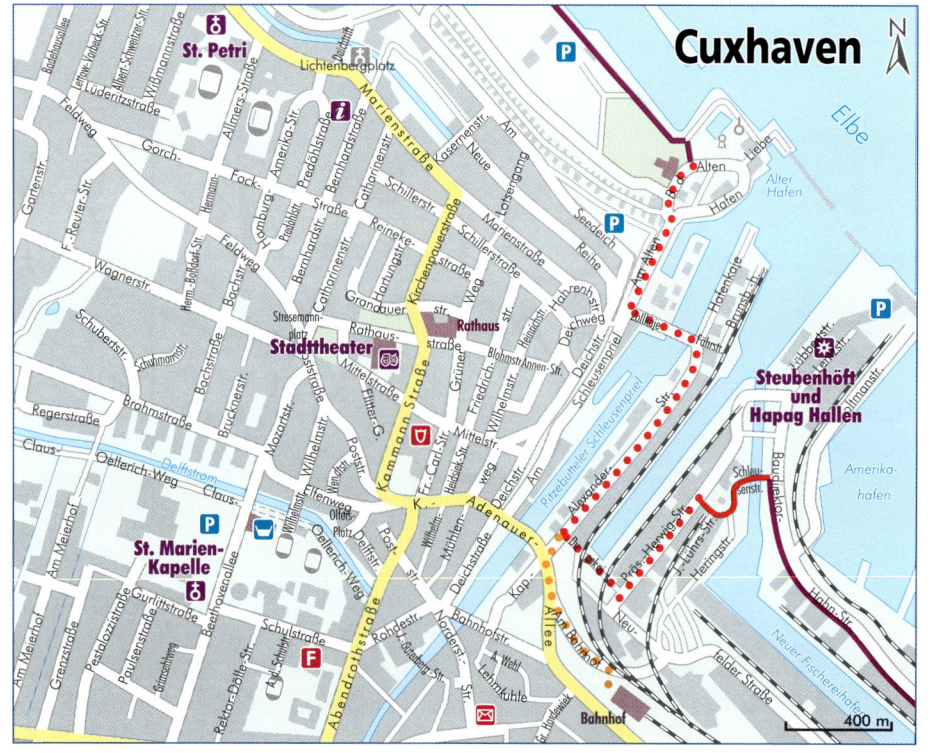

AndersRum (Karte E 9): In **Cuxhaven** vom Fort Kugelbake am Wasser entlang zum Fährhafen → das Hafenbecken umrunden → an den Fischhallen vorbei → rechts in die **Baudirektor-Hahn-Straße** → links über die Bahnschienen → bis **Groden** → entlang der B 73 über **Altenbruch** → zum **Altenbrucher Hafen** → am Deich entlang halten → nach der Schleuse bei **Otterndorf** weiter entlang des Kanals.

nach rechts → wieder rechts in die **Kapitän Alexander Straße**.

TIPP: Wenn Sie sich hier nach links wenden und in der Konrad-Adenauer-Allee wiederum links abbiegen, kommen Sie zum Bahnhof.

Links in die Zollkaje → **Am Alten Hafen** nach rechts zur „Alten Liebe" → ab hier fahren Sie weiter am Hafenbecken entlang → am Fährhafen kurz vor dem Leuchtturm nach rechts in die Einbahnstraße → nach links auf den Weg der am Wasser entlangführt → nach 3,5 km ist die Landspitze von Cuxhaven am Fort Kugelbake erreicht.

Hier bietet sich als krönender Abschluss Ihrer Fahrradtour eine herrliche Aussicht auf die Nordsee und die Elbmündung.

Cuxhaven
PLZ: 27476; Vorwahl: 04721

E9

Nationalpark Schleswig-Holsteinisches Wattenmeer

Kugelbake

Döse

ckenbüttel

Seehundbank

Elbe

Medemrinne

Alte Liebe

1,8

1:50 h

Westerwisch

Süderwisch

Cuxhaven

3,2

Schloss Ritzebüttel

Ringelnatz-Museum

2,6

Groden

Baumrönne

Dicke Berta

5,7

E8

Altenwalde

2,8

Altenbruch-Westerende

0,5

Wehldorf

Müggendorf

3,6

135

Altenbruch

Otterndorf

Cuxhaven

- **Nordseeheilbad Cuxhaven GmbH**, Cuxhavener Str. 92, ✆ 404142
- Schiff Cuxhaven-Helgoland und Cuxhaven-Neuwerk
- **Informationszentrum Nationalpark Wattenmeer**, Hans-Claußen-Str. 19, ✆ 28681, ÖZ: Jan.-April u. Nov.-Dez., Mo-Do 10-16 Uhr, Fr 10-13 Uhr, So 14-17 Uhr; Juli-Aug., Sa 14-18 Uhr; Mai-Okt., Mo-Fr 10-18 Uhr, So/Fei 14-18 Uhr
- **Museumsschiff Elbe 1**, Alte Liebe, ✆ 21192, ÖZ: Ende März-Okt., Di-So 11-16 Uhr. Einblicke in das Leben auf dem Feuerschiff.
- **Ringelnatz Museum**, Südersteinstr. 44, ✆ 394411, ÖZ: Di-So 10-13 Uhr u. 14-17 Uhr. Ausstellung zum Leben und Werk des Dichters und Malers.
- **Schiffsmuseum Duhnen**, Wehrbergsweg 7, OT Duhnen, ✆ 48158, ÖZ: März-Okt., 10-18 Uhr. Schiffsmodelle, nautische Instrumente, Marinemalerei, Buddelschiffe.
- **Fort Kugelbake**, im Kurteil Döse, ✆ 408188, ÖZ: n. V. Historische Marinefestung.
- **Wrackmuseum**, Dorfstr. 80, OT Stickenbüttel, ✆ 23341, ÖZ: Ende März-Anfang Nov., Di-Fr 10-18 Uhr, Sa, So/Fei 10-17 Uhr
- **Schneidemühler Heimatstuben**, Abendrothstr. 16, ✆ 24957, ÖZ: April-Dez., jeden Mi 11-17 Uhr. Archivmaterial der Stadt Schneidemühl/Hinterpommern.
- **Fischereimuseum Cuxhaven**, Fischhalle VII, ✆ 665262, ÖZ: ganzjährig 10-17 Uhr
- **Schloss Ritzebüttel** mit seinem Schlosspark war schon vor mehr als 700 Jahren Mittelpunkt des gesellschaftlichen Lebens auf dem Gebiet des heutigen Cuxhaven.
- Der **Steubenhöft** und die **Hapag-Hallen**, Albert-Ballin-Platz 1, ✆ 500181, sind die weltweit einzigen Auswanderungsanlagen, die noch in Betrieb sind. Um 1900 machten sich hier am "Bahnhof der Tränen" hunderttausende Menschen auf den Weg nach Amerika. Eine Ausstellung mit wechselnden Themenschwerpunkten erinnert an diese Zeit. Der Treffpunkt für Führungen ist der Eingang des Kuppelsaals in der Lenzstraße.
- **Hafenbollwerk „Alte Liebe"**, mit Leuchtturm und Semaphor.
- **Kugelbake**, Seefahrtszeichen an der Landspitze Cuxhavens und Wappenfigur im Cuxhavener Wappen.
- **Wattwanderungen** und **Wagenfahrten** zur Insel Neuwerk.

Bis in die 1940er Jahre gehörte Cuxhaven politisch noch zu Hamburg. Hamburg behielt sich aber bis 1993 auch noch einige Rechte an den Häfen Cuxhavens vor. So waren der England- und Amerikahafen hamburgisches Eigentum, obgleich sie zum Cuxhavener Stadtgebiet gehörten. Die Ursprünge des Fremdenverkehrs gehen auf das Jahr 1816 zurück, in dem in Cuxhaven ein Seebad errichtet wurde. Staatliche Anerkennung als Nordseeheilbad bekam Cuxhaven für einige Orts- und Kurteile 1964, aber nicht erst seit dieser Zeit liegt die Stadt Cuxhaven mit dem Flair der Nordsee an der Spitze der Gunst der Urlauber. Einen Besuch lohnen die maritim geprägten Museen und die innerstädtischen Hafenanlagen. Vom Hafenbollwerk „Alte Liebe" aus lässt sich der rege Schiffsverkehr beobachten. Dort zeigt auch der Windsemaphor die jeweiligen Windrichtungen und -stärken auf den Inseln Borkum und Helgoland an, jeden Tag gestellt nach dem aktuellen Wetterbericht. Von hier aus empfiehlt sich auch ein Besuch des Nationalparks Wattenmeer oder eine Weiterfahrt auf dem Nordseeküstenradweg.

Übernachtungsverzeichnis

Dieses Verzeichnis beinhaltet folgende Übernachtungskategorien:

H	Hotel
Hg	Hotel garni
Gh	Gasthof, Gasthaus
P	Pension, Gästehaus
Pz	Privatzimmer
BB	Bed and Breakfast
Fw	Ferienwohnung (Auswahl)
Bh	Bauernhof
Hh	Heuhotel
🛏	Jugendherberge, -gästehaus
▲	Campingplatz
▲	Zeltplatz (Naturlagerplatz)

Die Auflistung erhebt keinen Anspruch auf Vollständigkeit und stellt keine Empfehlung der einzelnen Betriebe dar.

Die römische Zahl (I-VII) nach der Telefonnummer gibt die Preisgruppe des betreffenden Betriebes an. Wir möchten Sie jedoch darauf hinweisen, dass die angegebenen Preiskategorien dem Stand des Erhebungs- bzw. Überarbeitungszeitraumes entsprechen und sich von den tatsächlichen Preisen unterscheiden können.

Besonders während Messezeiten, aufgrund von unterschiedlichen Zimmertypen und nicht zuletzt saisonal bedingt sind preisliche Schwankungen möglich.

Folgende Unterteilung liegt der Zuordnung zugrunde:

I	unter € 15,–
II	€ 15,– bis € 23,–
III	€ 23,– bis € 30,–
IV	€ 30,– bis € 35,–
V	€ 35,– bis € 50,–
VI	€ 50,– bis € 70,–
VII	über € 70,–

Die Preisgruppen beziehen sich auf den Preis pro Person in einem Doppelzimmer mit Dusche oder Bad inkl. Frühstück. Übernachtungsbetriebe mit Zimmern ohne Bad oder Dusche, aber mit Etagenbad, sind durch das Symbol nach der Preisgruppe gekennzeichnet.

Da wir das Verzeichnis stets aktuell halten möchten, sind wir für Mitteilungen bezüglich Änderungen jeder Art dankbar. Der einfache Eintrag erfolgt für die Betriebe natürlich kostenfrei.

„Radfreundliche Unterkünfte an der Elbe" erkennen Sie an -e-.

Der Zusatz R oder L im Ortsbalken zeigt das (in Fließrichtung) rechte oder linke Ufer an.

Magdeburg (MD) (L)

PLZ: 39110-39130; Vorwahl: 0391

i Tourist-Information, Ernst-Reuter-Allee 12, ✆ 19433

H sleep & go, Rogätzer Str. 5a, ✆ 537791, III -e-

H Best Western „Geheimer Rat", Goethestr. 38, ✆ 73803, V-VI -e-

H Elbrivera Alt Prester, Alt Prester 102, ✆ 81930, V -e-

H Am Sudenburger Hof, Wolfenbütteler Str. 67, ✆ 6119999, III-IV

H Café Seestrasse, Seestraße 24, ✆ 5045234, V -e-

H City Hotel, Maybachstr. 25, ✆ 7448888, IV III-IV

H Classik Hotel, Leipziger Chaussee 141, ✆ 62900, V IV-V

H Historisches Herrenkrug Parkhotel, Herrenkrug 3, ✆ 85080, VI-VII

H Elbresidenz Magdeburg, Seilerweg 19, ✆ 5969201, V -e-

H In der Grünen Zitadelle, Breiter Weg 9, ✆ 620780 -e-

H InterCityHotel, Bahnhofstr. 69, ✆ 59620, V -e-

H Karkut, Waschauer Str. 21, ✆ 4020666, III III

H Löwenhof, Halberstädter Chaussee 19, ✆ 6313576, III-IV

H Maritim, Otto-von-Guericke-Str. 87, ✆ 59490, VII

H Plaza, Halberstädter Str. 146-150, ✆ 60510, V V

H Ramada Hotel, Hansapark 2, ✆ 63630, V

H Ratswaage, Ratswaagepl. 1-4, ✆ 59260,

VI ⓔ
H SKL Hotel Am Salbker See, Unterhorstweg 18a, ✆ 4069330, III ⓔ
H Stadtfeld, Maxim-Gorki-Str. 31-37, ✆ 506660, V
Hg Residenz Joop, Jean-Burger-Str. 16, ✆ 62620, V-VI ⓔ
Gh Ranclli-Haus, Max-Josef-Metzger-Str. 12/13, ✆ 5961400, V
P Alte Wache, Brandeburger Str. 2, ✆ 5639166, IV ⓔ
P Am Birkenweiler, Süplinger Weg 52, ✆ 2522579, III
P Am Krug, Krugstr. 8, ✆ 500850, III ⓔ
P Bördebahn, Oschersleber Str. 13, ✆ 4046164, II-III
P City-Carré, Ernst-Reuter-Allee 40, ✆ 532230, II-III
P Gardenia, Friedrich-Aue-Str. 49, ✆ 7270579, II-V
P Haus Klingenberg, Klusdamm 100, ✆ 8343218, III
P Haus Stadtblick, Am Spionskopf 28a, ✆ 4010534, III
P Kelly, Breite Str. 11, ✆ 8117185, II ⓔ
P Maihack, Pfeifferstr. 35, ✆ 8115504, II-III
P Rackebrandt, Birkenweiler 9, Gartenweg 11, ✆ 2511447I
P Schulze, Pechauer Str. 16, ✆ 857592 od. 8117405, II

P Umlauft, Birkenallee 28, ✆ 7240404, IV
Pz Fleischmann, Scheidebuschstr. 27, ✆ 5051777, I-II
Fw Am Petriförder Wallonerberg 5, ✆ 5313315
Fw Familie Heller Nordhäuserstr. 16, ✆ 6200722
🅷 Jugendherberge „Magdeburger Hof", Leiterstr. 10, ✆ 5321010, III ⓔ

Barleben (L)
PLZ: 39179; Vorwahl: 039203
H Sachsen-Anhalt, An der Backhausbreite 1, ✆ 990 ⓔ
🅐 Barleber See, ✆ 0391/503244

Biederitz (R)
PLZ: 39175; Vorwahl: 039292
H Zur alten Oberförsterei, Harnackstr. 24, ✆ 66987 ⓔ

Lostau (R)
PLZ: 39291; Vorwahl: 039222
Gh Zur Erholung, Möserstr. 27, ✆ 9010, IV ⓔ
P Hoffmanns Zimmervermietung, Kl. Dorf 13, ✆ 3625, III ⓔ
Pz Elbblick, Altes Dorf 5, ✆ 0171/9911604 ⓔ
Pz Rühmlandhaus, Altes Dorf 6, ✆ 959750 ⓔ
Pz Viebig, Altes Dorf 17, ✆ 2616 ⓔ

Hohenwarthe (R)
PLZ: 39291; Vorwahl: 039222
ℹ Gemeindeverwaltung Hohenwarthe, ✆ 2662
H Waldschänke, An der Waldschänke 1a, ✆ 95990, V ⓔ
P Unser Paradies am Wasserstraßenkreuz (auch 🅐), An der Waldschänke 4, ✆ 0170/3176247, II-III ⓔ

Niegripp (R)
PLZ: 39291; Vorwahl: 03921
ℹ Gemeindeverwaltung, ✆ 994320
P Zum Deich, Zum Deich 14, ✆ 994260, I-II (auch 🅐) ⓔ
🅐 Campingplatz Niegripper See, Gossel 24, ✆ 5277

Schartau (R)
PLZ: 39288; Vorwahl: 03921
ℹ Gemeindeverwaltung, Bergstr. 8, ✆ 5275
P Gensecke, Friedensstr. 6, ✆ 5563, II ⓔ

Burg (R)
PLZ: 39288; Vorwahl: 03921
ℹ Burg-Information, Markt 1, ✆ 484490
H Villa Wittstock, Blumthaler Landstr. 7, ✆ 988987, III
H Carl von Clausewitz, In der Alten Kaserne 2, ✆ 9080, VI
H Wittekind, In den Krähenbergen 2, ✆ 92390, VI

H Zum Hagen, Unterm Hagen 68, ✆ 988327
P Kraatz, Koloniestr. 68, ✆ 45126
P Jöst, Marientränke 12a, ✆ 2783, II
Pz Vahldiek, Feuerbachstr. 21, ✆ 4958, II

Blumenthal (R)
PLZ: 39288 Vorwahl: 039366
Fh NABU Blumenthal „Alte Ziegelei", Blumenthal 22-25, ✆ 03921/985216, II (Frühst. möglich) ⓔ

Parchau (R)
PLZ: 39288 Vorwahl: 039366
🅐 Parchauer See, Parchauer See, ✆ 03921/994633 ⓔ

Rogätz (L)
PLZ: 39326; Vorwahl: 039208
H Schmidts Restaurant u. Hotel, Brinkstr. 56, ✆ 2590, II
P Elbflorenz, Brinkstr. 51, ✆ 2590, III
P Molkenthin, Magdeburger Str. 4, ✆ 27345, II-III ⓔ
Pz Braune, Steinortstr. 58, ✆ 8404, II ⓔ
Pz Schlüter, Hoschestr. 17, ✆ 8414 ⓔ

Bertingen (L)
PLZ: 39517; Vorwahl: 039366
ℹ Verwaltungsgemeinschaft Tangerhütte Land, Birkholter Chaussee 7, 39517 Tangerhütte ✆ 93170
P Feriendorf Bertingen, Im Wald 3, ✆ 979000, III -IV ⓔ

🅰 Bertingen u. Indianer-Tipi-Dorf, Zu den Kurzen Enden 1, ✆ 51037, -e-

Kehnert (L)
PLZ: 39317; Vorwahl: 039349
P Pension am Schloss, Schlosstr. 1, ✆ 97125, III

Parey (R)
PLZ: 39317; Vorwahl: 039349
🅸 Verwaltungsgemeinschaft Parey, E.-Thälmann-Str. 15, ✆ 9330
P Alte Gemeinde und schwimmendes Seehotel, Genthiner Str. 1, ✆ 989823, III-IV -e-
P Fischer, Parchener Str. 34, ✆ 51647, II
Fw Täger, Mühlenstr. 9, ✆ 986310 -e-
Fw Riedel, Hauptstr. 121, ✆ 849, I-II

Ferchland (R)
PLZ: 39317; Vorwahl: 039349
Fw Touristenstation Haus Kieferblick, Genthiner Str. 37, ✆ 9410, II -e-
Fw Werner, Hauptstr. 20, ✆ 50284, III -e-

Grieben (L)
PLZ: 39517; Vorwahl: 039362
Pz Pasiciel, Chausseestr. 10, ✆ 81393, II -e-
Fw Thiemer, Chausseestr. 29, ✆ 96261, II
Fh Griebener Hof, Breite Str. 28, ✆ 96090, II

Schelldorf (L)
PLZ: 39317; Vorwahl: 039362
P Reiterhof Schelldorf, Dorfstr. 9, ✆ 89977, III -e-

Jerichow (R)
PLZ: 39319; Vorwahl: 039343
🅸 Kloster Jerichow, Karl-Liebknecht-Str. 10, ✆ 285
H Poeges Hotel, Johannes-Lange-Str. 1, ✆ 444
Gh Zum Schulterblatt, Karl-Liebknecht-Str. 60, ✆ 257, II
P Landhäußer, Rosa-Luxemburg-Str. 21, ✆ 330, III -e-
Pz Hof Liebsch Grüne Wiese, Steinitz 6, ✆ 52554 -e-

Bittkau (L)
PLZ: 39517; Vorwahl: 039362
P Haus Elbblick, Elbstr. 20, ✆ 81602, III
🅰 und Fh Family Camp, Kellerwiehl 1, An der Elbe, ✆ 81610, I

Tangermünde-Buch (L)
PLZ: 39590; Vorwahl: 039362
Hh und Fw NABU-Elbezentrum, Bucher Querstr. 22, ✆ 81673, II -e-
P Güldenpfennig, Kirchstr. 15, ✆ 81380, II -e-
Pz Albrecht, Breite Str. 33, ✆ 81536 od. 0171-6265073, I-II

Pz Beckmann, Breite Str. 31, ✆ 82052, I-IV
Pz Zedler, Kirchstr. 13, ✆ 81600, II -e-

Fischbeck (R)
PLZ: 39524; Vorwahl: 039323
Pz Smolnick, Hauptstr. 34, ✆ 38618, II-IV
Fw Lüdtke, Kabelitzer Str. 5, ✆ 38675

Hohengöhren (R)
PLZ: 39524; Vorwahl: 039323
Gh Stadt Braunschweig, Große Str. 17, ✆ 75659, II -e-

Schönhausen (R)
PLZ: 39524; Vorwahl: 039323
P Bismarck, Bismarckstr. 56, ✆ 38324
Fw Franz Böttcher, Bismarckstr. 44, ✆ 38430
Fw Irene Böttcher, Heinestr. 9, ✆ 38253

Tangermünde (L)
PLZ: 39590; Vorwahl: 039322
🅸 Tangermünder Tourismusbüro, Markt 2, ✆ 22393
H Schloss Tangermünde, Auf der Burg, Amt 1, ✆ 7373, VI -e-
H Alte Brauerei, Lange Str. 34, ✆ 44145, IV-V -e-
H Schwarzer Adler, Lange Str. 52, ✆ 960, VI -e-
H Am Rathaus, Lange Str. 70, ✆ 7360, V-VI
Hg Stars Inn, Lange Str. 47/Töpferpassage, ✆ 9870, IV-V -e-
P Am Schrotturm, Lindenstr. 5, ✆ 97650, II-III
P Im Hünerdorf, Hünerdorfer Str. 99, ✆ 22113 -e-
P Luisenhof, Luisenstr. 38, ✆ 72644, V -e-
P Zum Schmuckgiebel, Markt 2, ✆ 22393, III -e-
P Zur Altstadt, Lange Str. 40, ✆ 2518 od. 98500, III-IV -e-
P Zum Wohlfühlen, Lindenstr. 82, ✆ 73499, III -e-
Pz Brack, C.-v.-Ossietzky-Str. 22, ✆ 41243, II
Pz Eue, Arneburger Str. 45, ✆ 43614 od. 0171-7728662, I-III
Pz Görges, Stendaler Str. 16, ✆ 43168, II-III
Pz Gronowski, R.-Wagner-Str. 16, ✆ 45387, II -e-
Pz Töpferhäuschen, Töpferstr. 4, ✆ 43299
Pz Wittstruk, Robert-Koch-Str. 1, ✆ 3708 -e-
Pz Wüstenberg, Magdeburger Str. 56, ✆ 41460, II-III -e-
Fw Am Eulenturm, Schäferstr. 1, ✆ 43226, I-II -e-

Schönhausen (R)
PLZ: 39524; Vorwahl: 039323
Gh Elbaue, Bahnhofstr. 14, ✆ 38725
P Bismarck, Bismarckstr. 56, ✆ 38324
Fw Fr. Böttcher, Bismarckstr. 44, ✆ 38430

Hohengöhren
P Statd Braunschweig, Große Str. 17, ✆ 75659

Hämerten (L)
PLZ: 39590; Vorwahl: 039322
Pz Voß, Kleine Str. 2, ✆ 3625, II-III

Storkau (L)
PLZ: 39590; Vorwahl: 039321
H Schloss Storkau, Im Park 3, ✆ 5210, VI-VII

Klietz(R)
PLZ: 39524; Vorwahl: 039327
Schullandheim, Dammstr. 31, ✆ 41006

Neuermark-Lübars
P Reiterhof Kuhn, Dorfstr. 101, ✆ 41395, I-II
Gh Seeblick, Genthiner Str. 9, ✆ 93800, III

Kamern (R)
PLZ: 39524; Vorwahl: 039382
und Fw Waldcafé am See, Mühlenholz 2, ✆ 41168, I-II

Schönfeld
Pz Andersch, Chausseestr. 6, ✆ 290
Pz Bünger, Dorfstr. 40, ✆ 31203
Pz Kleinod, Dorfstr. 35, ✆ 41838
Pz Strasiewsky, Domstr. 10, ✆ 31152
Am Schönefelder See, (auch Bungalows) ✆ 237

Wulkau
Bh Reiterhof Lemme, Dorfstr. 9, ✆ 231

Arneburg (L)
PLZ: 39596; Vorwahl: 039321
Tourist-Information Verwaltungsgemeinschaft Arneburg-Goldbeck, Breite Str. 14a, ✆ 51817
H Goldener Anker, Elbstr. 17, ✆ 27136, III-IV
Pz Geisler, Tangermünder Str. 38, ✆ 2433, I-II
Pz Reiterhof Wagner, Bürser Str. 13, ✆ 2132, I-II
Fw Sommer, Tangermünder Str. 25, ✆ 53374
und Pz Campingplatz Wischer, Arnimer Straße, ✆ 2249

Hohenberg-Krusemark (L)
PLZ: 39596; Vorwahl: 039394
P Gutshaus Krusemark, Ellinger Str. 16, ✆ 91680, III
Pz Doogs, Eichstr. 2, ✆ 81446, II-IV
Pz Reiterhof Trumpf, Friedensstr. 7, ✆ 81454, II-III
Pz Gadau, Gartenstr. 6, ✆ 81276, II
Pz Nestler, Pappelstr. 4, ✆ 81573, II

Schwarzholz (L)
PLZ: 39596; Vorwahl: 039394
Pz Blume, Dorfstr. 10, ✆ 81603
Pz Rehberg, Schweinslust 3, ✆ 81169, II

Sandau (R)
PLZ: 39524; Vorwahl: 039383
Touristinformation, Marktstr. 2, ✆ 60915
Pz Schock, Kirchstr. 2; ✆ 360, I
Pz Gästezimmer Familie Hellwig, Wulkauer Weg 30, ✆ 370, II-III
Gh Schützenhaus Sandau, Havelberger Str. 32a, ✆ 377, II
P Garten der Vielfalt, Wulkauer Weg 25, ✆ 349
P Little Boom Ranch, Vor dem Schleusentore 1, ✆ 0172/3410318, II-III
Pz Frank, Gartenstr. 11, ✆ 287, II
Pz Hintze, Jederitzer Str. 3, ✆ 275, II
Fw Am Elbstrand, Osterburger Str. 9, ✆ 383, II

Büttnershof (L)
PLZ: 39606; Vorwahl: 039390

Sandauerholz
H Gutshaus Büttnershof, Dorfstr. 38, ✆ 81046, IV-V

Kannenberg (L)
PLZ: 39606; Vorwahl: 039390
P und Fw Meiser, „Alte Försterei am Blauen See", Dorfstr. 81, ✆ 81703, II-III

Werben (L)
PLZ: 39615; Vorwahl: 039393
Tourismusbüro Werben, Marktplatz 1, ✆ 92755
H Deutsches Haus, Seehäuser Str. 10, ✆ 92939, IV
P Gästehaus Jose, Marktpl. 11, ✆ 265 o. 0162-4109380, III
P Roter Adler, Marktplatz 13, ✆ 91044, III
P Eiscafe Restauration, Schadewachten 34, ✆ 5640
P Johannis & Kanuverleih, Fabianstr. 12, ✆ 92746
Fw Blaue Residenz, Behrendorfer Str. 5, ✆ 91881, II
Fw Ritter, Promenade 7, ✆ 479, II
Campingplatz am Schwimmbad, Seehäuser Straße, ✆ 225 od. 0172-3146179

Räbel
Gh Flusshof, Dorfstr. 27, ✆ 0700/35877463, IV
P Café Töpferei, Dorfstr. 18, ✆ 5148, II
Fw Westermann, Dorfstr. 3, ✆ 92832, II

Berge
Pz Schulze, Kastanienallee 6, ✆ 5765, II

Neu Goldbeck
P Dombrowski, ✆ 0172/3827786

Seehausen (L)
PLZ: 39615; Vorwahl: 039386
Touristinformation, Schulstraße 6, ✆ 54783
H Alanda, Große Brüderstr. 7-8, ✆ 7977-0
H Zur Kaiserstube, Bahnstr. 8, ✆ 75456
Gh Henkel, Große Brüderstr. 12, ✆ 52279

Havelberg (R)
PLZ: 39539; Vorwahl: 039387

🛈 Tourist-Information Havelberg, Uferstr. 1, ✆ 79091 od.✆ 19433
H Hotel am Hafen, Bahnhofstr. 39a/b, ✆ 72870, III-IV
Gh Mühlenholz, Elbstr. 7, ✆ 59454
P Biergarten, Lange Str. 20a, ✆ 59694, III ⚡
P Schröder, Vor dem Steintor 20, ✆ 88272, II ⚡
P Agniezka, Genthiner Str. 7, ✆ 17304, II-III
P Am Markt, Markt 24/25, ✆ 8190, II-III
P An der Havel, Havelstr. 51, ✆ 80990, II
P Dürkop, Pritzwalker Str. 14, ✆ 88825, II
P und Fw Elb-Havel, Genthiner Str. 5, ✆ 89379, III-IV ⚡
P Held, Willhelm-Pieck-Ring 15, ✆ 0171/6510142 od. 8581, III ⚡
P Havelblick, Weinbergstr. 74, ✆ 88402, II ⚡
P und Fw Zum Biber, Vor dem Steintor 22, ✆ 20655, III-IV ⚡
Pz Kruse, Calvarienweg 3a, ✆ 21346, II-III
Pz Rekowsky, Bischofsberg 28, ✆ 80345
Pz W. Bartels, An der Freiheit 1, ✆ 88209
Fh Erlebnispädagogisches Centrum Havelberg, Schulstr. 1/2, ✆ 79325, III ⚡

Fh Weinberg, Weinberg 6, ✆ 8329, II ⚡
🏠 Jugendzentrum Elb-Havel-Winkel, Uferstr. 2, ✆ 88220, I
⛺ Camping-Insel, Spülinsel 6, ✆ 20655 ⚡

Nitzow
Fw Havelhof Nitzow, Dorfstr. 26, ✆ 89760, II-III

Quitzöbel (R)
PLZ: 19336; Vorwahl: 038791
P Haveleck, Havelberger Str. 1, ✆ 2548, II
P Cafe am Brink, Am Brink 1, ✆ 7028, II
Fw Knüppel, Roddaner Str. 10, ✆ 80427, II ⚡
Fw Blumenthal, Am Brink 3, ✆ 6990, II

Ledge
H Wellness u. Kurhotel Legde, Wittenbergerstr. 1, ✆ 79271, V

Roddan
Fw Muxfeldts FeWo, Dorfstr. 5, ✆ 6485, II

Abbendorf (R)
PLZ: 19322; Vorwahl: 038791
Gh und ⛺ „Dörpkrog an Diek", Am Deich 7, ✆ 7233, III ⚡

Rühstädt (R)
PLZ: 19322; Vorwahl: 038791
H Schlosshotel, Schloss, ✆ 80850, V ⚡
Gh Storchenkrug, Am Schloss 1, ✆ 9970, III
P Zum Storchenhof, Dorfstr. 11, ✆ 6642, III ⚡

Pz Genrich, Wittenberger Str. 14, ✆ 6634, II-III ⚡
Fh Zum Storchennest, Dorfstr. 8, ✆ 801919, III ⚡

Bälow (R)
PLZ: 19322; Vorwahl: 038791
Gh Ploigt, Dorfstr. 19, ✆ 2661, II ⚡
Fw Ferienhof Zander, Dorfstr. 11, ✆ 6752, II-III ⚡

Groß Lüben (R)
PLZ: 19336; Vorwahl: 038791
Gh Erbkrug, Dorfstr. 36, ✆ 2732, II
Pz Reiterhof Grothe, Abbau Lanken 1, ✆ 0173/7211226, I

Klein Lüben (R)
PLZ: 19322; Vorwahl: 038791
Pz Nickel, An der Kirche 8, ✆ 79432, II

Hinzdorf (R)
PLZ: 19322; Vorwahl: 03877
Gh Zum Pfannkuchenhaus, Dorfstr. 14, ✆ 902029, III-IV ⚡
P Blumenparadies, Dorfstr. 16, ✆ 904429, II ⚡
Pz Elbblick, Dorfstr. 17, ✆ 904120, II ⚡

Beuster (L)
PLZ: 39615; Vorwahl: 039397
Fw Birgit und Dietmar Lucas, Bergstr. 4, ✆ 41224
Pz Haus Elisabeth, Breite Str. 4, ✆ 41263, II
P Neuland-Schäferei Schustr, ✆ 365

Losenrade (L)
PLZ: 39615; Vorwahl: 039397
P Diehl, Dorfstr. 4, ✆ 41103
Pz Haus am Deich, Dorfstr. 1, ✆ 41166, II-III ⚡

Wittenberge (R)
PLZ: 19322; Vorwahl: 03877
🛈 Tourist-Information, Paul-Lincke-Pl., ✆ 929181
H Zur Elbaue, Bahnstr. 107, ✆ 904118, III ⚡
H Prignitz, Bismarckplatz 2, ✆ 92870, V
H Germania, Bahnstr. 53a, ✆ 95590, V ⚡
H Alte Ölmühle, Bad Wilsnacker Str., ✆ 79195, IV-V ⚡
P Am Bahnhof, Schillerplatz 1, ✆ 566715, III ⚡
P Casablance, Horning 7a, ✆ 71861, III
P Zum Goldenen Anker, Elbstr. 11, ✆ 403855, IV ⚡
P Haus am Festspielplatz, Müllerstr. 5, ✆ 69660, II ⚡
Fw Am Festspielhaus, Friedrich-Ebert-Str. 9, ✆ 79195, III ⚡
P Schwesig, Lenzener Chaussee 19a, ✆ 66445, III ⚡
P Tollhaus, Perleberger Str. 155, ✆ 71491, III ⚡
Pz Zum Tivoli, Tivolistr. 36, ✆ 75768, II
Pz Kuhn, Elbstr. 9, ✆ 69603, II ⚡

141

Pz Kösterke, Bentwischer Weg 68, ✆ 73681, II
Pz König, Tivolistr. 26, ✆ 69200, III -e-
Pz Rumsch, Feldstr. 33, ✆ 403201, III -e-
Pz Uhle, Wiglowstr. 10, ✆ 403153, III
Fw Nadelöhr, Gartenstr. 17, ✆ 0152/09945508 -e-
Fw Elbblick, Elbstr. 13, ✆ 69635, III -e-
Pz Kösterke, Bentwischer Weg 68, ✆ 73681, II
Fw Zum Schlafwandler, Bürgerstr. 31, ✆ 66369 -e-
⛺ Jugendgästehaus, Perleberger Str. 64, ✆ 79195, II
⛺ Am Friedensteich, auch Blockhütten, ✆ 79195, I

Wahrenberg (L)
PLZ: 39615; Vorwahl: 039397
ℹ️ Fremdenverkehrsverein Wahrenberg e. V., Kirchweg 75, ✆ 367
P Audorf, Dorfstr. 52, ✆ 228
Pz Osterloh, Stutweider Weg 36a, ✆ 41210
Pz Schuster, Hauptstr. 71, ✆ 41153
Pz Andre Brünicke, Hauptstr. 100, ✆ 97367, III-IV

Aulosen (L)
PLZ: 39615; Vorwahl: 039395
Gh Zur Eiche, Friedensstr. 10, ✆ 91646 -e-
Fw Baum&Blume Wilke, Deutscher Dorfstr. 20, ✆ 81554 -e-

Cumlosen (R)
PLZ: 19322; Vorwahl: 038794
Gh Schmidt, Lenzener Str. 25, ✆ 30214, II -e-
Pz Grüning, Seeviertel 20, ✆ 30442, II -e-
Pz Bertelt, Seeviertel 22, ✆ 30242, II -e-

Schnackenburg (L)
PLZ: 29493; Vorwahl: 05840
ℹ️ Tourist-Information Gartow, Nienwalder Weg 1, 29471 Gartow, ✆ 05846/333
Gh Hafencafé, Alandstr. 9, ✆ 1259, II-III (⛺ möglich) -e-
P Deichgraf, Elbstr. 7, ✆ 989367, II-III (⛺ möglich) -e-
P Deutschlandpolitisches Bildungszentrum, Kirchstr. 5, ✆ 405 -e-

Gartow (L)
PLZ: 29471; Vorwahl: 05846
ℹ️ Tourist-Information Gartow, Nienwalder Weg 1, ✆ 333
Hg Seeblick, Hauptstr. 36, ✆ 9600, V-VI -e-
P Ferienhof Kunzog, Am Ortfeld 8, ✆ 356, bis IV -e-
Pz Ackermann, Hauptstr. 32, ✆ 329, III
Pz Meyer, Elsebusch 89, ✆ 2466, III
Pz Ziegenhorn, Am Umschwang 16, ✆ 1255, I-II
Fw Gartower Familienferiendorf, Hahnberger Str. 76, ✆ 1613, I-II
⛺ Campingpark Gartow, Am Helk 3, ✆ 979060 -e-

Laasche
⛺ Campingplatz Laascher See, ✆ 342

Lenzen (R)
PLZ: 19309; Vorwahl: 038792
ℹ️ Lenzen-Information, Berliner Str. 7, ✆ 7302
H Burghotel Lenzen, Burgstr. 3, ✆ 5078300, IV -e-
H Schützenhaus, Am Volksplatz 2, ✆ 9200, III-IV -e-
H Alte Wassermühle, Mühlenweg 33, ✆ 50770 -e-
P Haus Lenzen e.V., Leuengarten 2, ✆ 9870, II
P Hof Janisch am See, Leuengarten 1, ✆ 7488, I
P Haus Kinderland Elbtalaue, Birkenweg 5, ✆ 7340, III
P Hof Rademacher, Ausbau 1, ✆ 1400 -e-
Gh Stadt , Fr.-Ludwig-Jahn-Str. 1, ✆ 50880 -e-
Pz Salwiczeck, Kleine Str. 6, ✆ 1582, II -e-
⛺ Campingplatz am Rudower See, Leuengarten 9, ✆ 80075 -e-

Breetz
P Breetzer Herrenhaus, Kastanienallee 12, ✆ 50832 -e-

Lütkenwisch
P Jaap, Elbstr. 5, ✆ 038780/70693, III -e-

Bernheide
Gh unter den Linden, Dorfpl. 6, ✆ 038780/7301, II -e-

Höhbeck (L)
PLZ: 29478; Vorwahl: 05846
ℹ️ Tourist-Information Gartow, Nienwalder Weg 1, 29471 Gartow, ✆ 333

Brünkendorf
Pz Holm, Ringstr. 8, ✆ 1659, I
Pz Weber, Ringstr. 12, ✆ 379, II

Pevestorf
Gh Zum Lindenkrug, Fährstr. 30, ✆ 1505, II
P Lindenhof, Fährstr. 30, ✆ 625

Vietze
Hg Hüttenhotel, Am Elbufer 9, ✆ 1707, II-III -e-
P Kastanienhof, Bergstr. 36, ✆ 538, II-III -e-

Mödlich (R)
PLZ: 19309; Vorwahl: 038792
H Alte Fischerkate, Lenzer Str. 35, ✆ 1212, IV -e-
P Elbtaumel, Lenzer Str. 9, ✆ 50471, III -e-
P Am Elbdeich, Lenzer Str. 13, ✆ 7790, II-III -e-

Kietz (R)
PLZ: 19309; Vorwahl: 038792

P Burrack, Sandstr. 10, ✆ 1880, II

Gorleben (L)
PLZ: 29475; Vorwahl: 05882
H Das Deichhaus, Burgstr. 5, ✆ 987484, II-III -e-
P Kaminstube, Hauptstr. 11, ✆ 987560, II-III -e-

Unbesandten (R)
PLZ: 19309; Vorwahl: 038758
H Alter Hof am Elbdeich, Am Elbdeich 25, ✆ 35780, IV-V -e-
H Lenzener Elbtalaue, Am Elbdeich 20, ✆ 364911, III -e-
Fw Pauli, Am Elbdeich 4, ✆ 20194

Grippel (L)
PLZ: 29484; Vorwahl: 05882
P Lechner, Dannenberger Str. 8, ✆ 630, II -e-
Pz Elbhof Zipoll, Dannenberger Str. 15, ✆ 439, III -e-

Langendorf (L)
PLZ: 29484; Vorwahl: 05865
Fw Bauernhof Schulz, Elbuferstr. 81, ✆ 287, II

Quickborn (L)
PLZ: 29476; Vorwahl: 05865
H Quickborner Jägerhof, Hauptstr. 9, ✆ 247, II-IV -e-

Dömitz (R)
PLZ: 19303; Vorwahl: 038758

i Tourist-Information, Rathauspl. 1, ✆ 22112
P Hoffmanns Scheunencafe und Märchen Pension, Elbstr. 26, ✆ 22032 -e-
H Dömitzer Hafen Hotel, Hafenplatz 3, ✆ 364290, V
H Vielanker Brauhaus, Lindenpl. 1, ✆ 33588, V
P Fuhrmann, Marienstr. 1, ✆ 24161 -e-
P Großmann, Schwarzer Weg 1, ✆ 22296, II
P Haus Elbblick, Am Wall 11, ✆ 36593 -e-
P Int. Begegnungsstätte, Ludwigsluster Str. 22/23, ✆ 35909, II-IV -e-
P Zur Festung, Goethestr. 15, ✆ 24484, II-III -e-
P Herberge Alte Brauerei, Fritz-Reuter-Str. 20, ✆ 0174/4806232
Pz Fuhrmann, Wallstr. 21, ✆ 22553, II -e-
Pz Schult, Mühlenstr. 4, ✆ 22427 -e-

Heidhof
PZ Haus Seutter, Dömitzer Chaussee 7, ✆ 351495 -e-

Heiddorf
H Eichenhof Heiddorf, Wilhelm-Pieck-Str. 14, ✆ 3150

Rüterberg (R)
PLZ: 19303; Vorwahl: 038758
H Elbklause, Ringstr. 3, ✆ 35450 -e-

Wehningen (R)
PLZ: 19273; Vorwahl: 038845
Pz Sommerhaus Alte Tischlerei, Hauptstr. 33, ✆ 44544 o. 0152/09413377, II -e-
Fw Ferienhaus, ✆ 40939, II
Fw Drei Eichen, Feldstr. 6, ✆ 40071, II -e-

Bohnenburg (R)
PLZ: 19273; Vorwahl: 038845
Pz Landpension Bohnenburg, Elbstr. 6, ✆ 40465, III

Damnatz (L)
PLZ: 29472; Vorwahl: 05865
H Steinhagen, Am Elbdeich 6, ✆ 554, III-IV -e-
Hg Sonnenhof, Achter Höfe 5, ✆ 1575, III
P Ferienappartments Drave, Achter Höfe 32, ✆ 897, II-III -e-

Dannenberg (L)
PLZ: 29451; Vorwahl: 05861
i Gäste-Information, Rathaus, ✆ 808545
H Alter Markt, Am Markt 9, ✆ 7880, IV-V
H Birkenhof, Marschtorstr. 27, ✆ 2441 od. 2245, IV
H Marschtor, Marschtorstr. 43, ✆ 4378, IV -e-
H Schützenhaus Dannenberg, Lüchowerstr. 67, ✆ 8528, III
H Alte Post, Marschtorstr. 6, ✆ 986355, II-III

Pz Quitschau, Memeler Str. 10, ✆ 7183, II
▲ Campingplatz Dannenberg, Bäckergrund 35, ✆ 4183

Seedorf
Pz Abraham, Seedorf 8, ✆ 323 od. 0160/98029599, II

Laake (R)
PLZ: 19273; Vorwahl: 038845
Fw Kobin, Elbstraße 15, ✆ 40409

Raffatz (R)
PLZ: 19273; Vorwahl: 038845
Pz Ferienhof Alteneichen, Elbstraße 16, ✆ 41413
Fw Zum Storchennest, Elbstraße 17, ✆ 41838 -e-

Hitzacker/Elbe (L)
PLZ: 29456; Vorwahl: 05862
i Tourist-Information Hitzacker, Am Markt 7, ✆ 96970
H Zur Linde, Drawehnertorstr. 22-24, ✆ 347, III-IV -e-
H Café Dierks, Kranplatz 2, ✆ 98780, V -e-
H Parkhotel Hitzacker, Am Kurpark 3, ✆ 977-0, V-VI
H Hotel-Restaurant Scholz, Prof.-Borchling-Str. 2, ✆ 959100, III-V
H Waldfrieden, Weinbergsweg 25-26, ✆ 96720, V-VI -e-
H Lüneer Hof, Lüneburger Str. 6, ✆ 1601, III
Gh Bürgerstube, Marschtorstr. 5, ✆ 6439,

III-V
Gh Schiller´s, Drahwehnertorstr. 14, ☎ 987777, III-V
P Panorama, Prof.-Borchling-Str. 4, ☎ 210, II-III
P Reiterhof Pussade Pussader Str. 16 ☎ 987349 -e-
P Maison de la Marionette, Thießauer Str. 32, ☎ 985119 -e-
Pz Braunschweig, Harlinger Str. 51, ☎ 7555, II-III -e-
Pz Radke, Von-Oeynhausen-Str. 4, ☎ 7350, II -e-
Pz Stauch, Kaaßer Weg 2, ☎ 1484, II -e-
Pz Thiemann, Harlinger Str. 59, ☎ 288, II-III -e-
⌂ Jugendherberge Hitzacker/Elbe, Wolfsschlucht 2, ☎ 244, II-III -e-

Tießau
⌂ Campingplatz Waldbächlein, ☎ 7838

Bitter (R)
Fw Lau, Elbstr. 5, ☎ 038855/51405 od. 0170/2469160, III

Wietzetze (L)
PLZ: 29456; Vorwahl: 05858
H Zum Pferdeschulzen, Landesstr. 8, ☎ 786, IV

Stixe (R)
PLZ: 19273; Vorwahl: 038845
Bh Ferienhof Mayer, Landweg 3, ☎ 41549, III-IV -e-

Stapel (R)
PLZ: 19273; Vorwahl: 038841
P Landhaus Sapel, Wallberg 8, ☎ 61344, III

Drethem (L)
PLZ: 29490; Vorwahl: 05858
Gh Stadt , An der Elbe, ☎ 243, I-IV
Pz und Fw Schulz-Sandhof, An d. Elbe 4-6, ☎ 332, II-III

Glienitz
P Atelier Elbengarten, Elbuferstr. 333, ☎ 978988, II-III -e-

Neu-Darchau (L)
PLZ: 29490; Vorwahl: 05853
Pz Jünemann, Neu Darchau, ☎ 695, II
Pz Moormann, Elbuferstr. 28, ☎ 228, II

Katemin
Pz Elvers, Nedderstweg 6, ☎ 422, II

Klein Kühren
⌂ Elbufer, Elbuferstr. 141, ☎ 256

Neuhaus (Elbe) (R)
PLZ: 19273; Vorwahl: 038841
H Hannover, Parkstr. 1, ☎ 20778, IV
H Zur Börse, Kirchpl. 1, ☎ 20514, II
P Alte Deichvogtei, Rosengartenweg 1, ☎ 61758, III

Darchau (L)
PLZ: 19273; Vorwahl: 038841
Pz Café zur Elbe, Hauptstr. 8, ☎ 20781 -e-
Pz Graichen, Grenzstr. 9b, ☎ 20657 od. 0163/4828888, II

Konau (R)
PLZ: 19273; Vorwahl: 038841
P Elbufer, Elbstr. 3, ☎ 6140, V-VI# & -e-
Pz Café Koopmannshof, Elbstr. 11, ☎ 61606 -e-
Pz Anemone, Elbstr. 7, ☎ 0176/51558348

Walmsburg (L)
PLZ: 21354; Vorwahl: 05853
⌂ Campingplatz Mutter Grün, Bruchdorferstr. 30, ☎ 310

Barskamp (L)
PLZ: 21354; Vorwahl: 05854
Gh Haus unter den Eichen, Köstorfer Str. 13, ☎ 967190, III -e-
Bh, P und Hh Meyer, Alt Garger Str. 1, ☎ 237 -e-

Alt Garge (L)
PLZ: 21354; Vorwahl: 05854
Fw Haus an der Elbe, Hauptstr. 37, ☎ 243000, III -e-
⌂ Hostel Plan1, Hauptstr. 38, ☎ 9673991, III
⌂ ADAC-Campingplatz, Am Waldbad 23, ☎ 311 -e-

Göddingen
P Jugendherberge und Pension Elbtalaue, Landstr. 12, ☎ 1681, I

Neu Garge (R)
PLZ: 19273; Vorwahl: 038841
Gh Dat Goepelhus, Elbstr. 12, ☎ 21828, II-III -e-

Stiepelse (R)
PLZ: 19273; Vorwahl: 038844
Pz Haus Lichtblick, Elbstr. 10, ☎ 21401 -e-

Krusendorf
P Landhaus Elbwiesen, Sumter Straße 17, ☎ 0160/7848 691 -e-

Neu-Bleckede (R)
PLZ: 19273; Vorwahl: 038844
Fw Altes Deichvogthaus, Am Elbdeich 10, ☎ 21841, II-III -e-

Bleckede (L)
PLZ: 21354; Vorwahl: 05852
ℹ Tourismusleitstelle Nord Elberadweg, Im ElbSchloss Bleckede, Schlossstr. 10, ☎ 951495.
P Elbhof Harnisch, Wendischthuner Str. 15, ☎ 2945 -e-
H Zum Löwen, Lauenburger Str. 1, ☎ 940-0, V-VI -e-
H Waldfrieden, Dahlenburger Str. 30, ☎ 97990
P Landhaus An der Elbe, Elbstr. 5, ☎ 1230, III-VI -e-
P Privates Schullandheim und Pension, Landstr. 12, ☎ 05854/1681, II

P Haus Elbtalaue, Von-Estorffs-Weg 25, ☎ 1221, II-III -e-
P Soetbeer, Lauenburger Str. 3, ☎ 2870 od. 9519080, II-III -e-
Pz Strathusen, Sannemannweg 1, ☎ 3322
Pz Bleckeder Moor, Bleckeder Moor 26, ☎ 2590, II-III
Pz Ökohaus Bleckede, Fritz-von-dem-Berge-Str. 27, ☎ 390202
Fw Auf der Kleinburg, Lauenburger Str. 23, ☎ 0152/05957798
Fw Schmidt, Heinrich-Oberg-Str. 9, ☎ 390928

Garlstorf (L)
PLZ: 21376; Vorwahl: 04172
P Mosebach, Mühlenweg 11, ☎ 0175/6067847, II

Neu Wendischthun (R)
PLZ: 19273; Vorwahl: 038844
Gh Radlerherberge und ▲ Alte Schule, Neu Bleckeder Str. 6, ☎ 21840, II-III -e-

Garze (L)
PLZ: 21354; Vorwahl: 05852
P Hof Steinberg, Große Str. 5, ☎ 1488, II-III
P und Fw Hof Kruse, Große Str. 68, ☎ 703 III-IV -e-

Karze (L)
PLZ: 21354; Vorwahl: 05852
Gh Karze, Am Rotdorn 7, ☎ 2612, V-VI

Neetze (R)
PLZ: 21398; Vorwahl: 05850
Hh Groothoff, Jürgenstorfer Weg 26, ☎ 971333

Radegast (L)
PLZ: 21354; Vorwahl: 05857
▲ Elbeling, Am Deich 9, ☎ 555 -e-

Brackede
Fw Radler Ruh, Zu den Weiden 5, ☎ 313, II-III

Wendewisch
Gh Wendewisch, Hittberger Str. 42, ☎ 366, II
▲ Block´s Camp, Mühlenweg, ☎ 287
▲ Grünendeich, Grünen Deich 2, ☎ 248

Boizenburg (R)
PLZ: 19258; Vorwahl: 038847
H Boizenburger Hof, Weidestr. 2, ☎ 50093, III-IV -e-
H Rucksackhotel Boizenburg, Schützenpl. 1, ☎ 33439, II-III
H Steinort, Weidestr. 2, ☎ 50093, III
P Stadt Boizenburg, Vor dem Mühlentor 14, ☎ 52302, II
P Herberge Froschkasten, Altendorf 11, ☎ 52655, I-II -e-
P Am Hafen, Hamburger Str. 13, ☎ 53091

Hohnstorf (L)
PLZ: 21522; Vorwahl: 04139
Pz Vörn Diek, Fischerzug 6, ☎ 799906

Pz Lindemann, Elbdeich 16b, ☎ 6268, I
Pz und ▲ Worthmann, Elbdeich 16, ☎ 6516, I
▲ Elbestrand, Bundesstr. 19c, ☎ 6640

Bullendorf
▲ Bullerby, Elbuferstr. 35, ☎ 6037

Lauenburg/Elbe (R)
PLZ: 21481; Vorwahl: 04153
🛈 Tourist-Information, Amtsplatz 4, ☎ 51251
H Bellevue, Blumenstr. 29, ☎ 2318, III-IV -e-
H Lauenburger Mühle, Bergstr. 17, ☎ 5890, V-VI -e-
H Zum Alten Schifferhaus, Elbstr. 114, ☎ 58650, III-IV -e-
H Zum Halbmond, Halbmond 30, ☎ 2297, V -e-
Pz Haus Gisela, Büchener Weg 67a, ☎ 3967, II
⌂ Jugendherberge Lauenburg, Am Sportpl. 7, ☎ 2598 -e-
⌂ Jugendherberge Lauenburg Zündholzfabrik, Elbstr. 2, ☎ 598880 -e-

Artlenburg (L)
PLZ: 21380; Vorwahl: 04139
H Schützenhof, Große Str. 22, ☎ 7030, III-IV
Gh Nienau, Große Str. 24, ☎ 7029, I-II
▲ Artlenburg, Schulstr. 3, ☎ 7040

Tespe (L)
PLZ: 21395; Vorwahl: 04176
H Fährhaus Tespe, Elbuferstr. 200, ☎ 91350, V
▲ Freizeit- und Campingpark Tespe, Niedersachsenring 33, ☎ 7737

Niedermarschacht (L)
PLZ: 21436; Vorwahl: 04176
H Marschachter Hof, Elbuferstr. 113, ☎ 91320, III-IV -e-
Gh Ahrens, Elbuferstr. 76, ☎ 293, III-VI

Geesthacht (R)
PLZ: 21502; Vorwahl: 04152
🛈 Tourist-Information Stadt Geesthacht, Krügersches Haus, Bergedorfer Str. 28, ☎ 836258
H Holsteiner Hof, Hechtholz 36, ☎ 8888862, V-VI -e-
H Fährhaus Ziehl, Fährstieg 20, ☎ 3041, III-V -e-
H Krümmler Hof, Elbuferstr. 72, ☎ 74128, IV-V
H Landhaus Tesperhude, Elbuferstr. 100, ☎ 72244, IV-V
H Lindenhof, Johannes-Ritter-Str. 38, ☎ 846784, IV-V
Hg Zur Post, Elbstr. 7, ☎ 2265, III -e-
Pz Koch, Tesperhuder Str. 70, ☎ 77117, II
⌂ Jugendherberge, Berliner Str. 117, ☎ 2356 -e-

Tesperhude
A Hohes Elbufer, Strandweg 35, ☎ 4639

Drage (L)
PLZ: 21423; Vorwahl: 04176
H Zur Rennbahn, Stover Strand 4, ☎ 913120 VI -e-
A Stover Strand-International Stover Strand 10, ☎ 04177/430 -e-

Laßrönne (L)
PLZ: 21423; Vorwahl: 04179
A Laßrönne, Elbuferstr. 68, ☎ 392

Hoopte (L)
PLZ: 21423; Vorwahl: 04171
P Sievers, Hoopter Elbdeich 11, ☎ 2598, III

Hamburg-Altengamme (R)
PLZ: 21039; Vorwahl: 040
Pz Achtern Elvdieck, Altengammer Elbdeich 102, ☎ 7235187, V

Hamburg-Kirchwerder (R)
PLZ: 21037; Vorwahl: 040
H Zollenspiecker Fährhaus, Zollenspiecker Hauptdeich 143, ☎ 7931330
P Zur alten Vierländer Bäcke, Kirchwerder Elbdeich 122, ☎ 79319444, III-IV
Fw Am Elbdeich, Kirchwerder Elbdeich 3, ☎ 7239655

Curslack-Neuengamme (R)
PLZ: 21039; Vorwahl: 040
P Zum alten Bahnhof, Odemanns Heck 5, ☎ 72370570, III
Fw Ferienhaus Anke Rohloff, Curslacker Heerweg 63, ☎ 7206822

Hamburg (R)
PLZ: 20001-22799; Vorwahl: 040
Für Unterkünfte in Hamburg wenden Sie sich bitte an die angegebenen Telefonnummern der Touristeninformationsstellen.
Buchungsservice:
i Hamburg Tourismus GmbH, ☎ 30051-351
i Tourist Information im Hauptbahnhof, Hauptausgang Kirchenallee, ☎ 30051-200
i Tourist Information am Hafen, St.-Pauli-Landungsbrücken, zwischen Brücke 4 und 5, ☎ 334422-0
H Das Gästehaus der Elb Lounge, Manteuffelstr. 39, ☎ 88941660, VI
H Ökotel, Holsteiner Chaussee 347, ☎ 5597300, V-VI
H Schanzenstern, Bartelsstr. 12, ☎ 4398441, IV
H Zum Zeppelin, Frohmestr. 123, ☎ 559060, V-VI
Ho Krantz, Detlev-Bremer-Str. 44, ☎ 315112, III
Pz Privatzimmer Hormann, Maike-Harder-Weg 54a, ☎ 6026513, III

Jh Jugendherberge Auf Dem Stintfang, Alfred-Wegener-Weg 5, ☎ 313488, II-III -e-
Jh Jugendgästehaus Hamburg, Horner Rennbahn, Rennbahnstr. 100, ☎ 6511671, II-III -e-
A Campingplatz Schnelsen-Nord, Wunderbrunnen 2, ☎ 5594225

Blankenese
H Blankenese, Schenefelder Landstr. 164, ☎ 874742, V -e-

Tatenberg
P Fährhaus Tatenberg, Tatenberger Deich 162, ☎ 7372227, III -e-

Ochsenwerder
P Deichnest, Eichholzfelder Deich 14, ☎ 7374428, III
P Gästehaus am Deich, Norderdeich 121, ☎ 7372654, II -e-

Wedel (R)
PLZ: 22880; Vorwahl: 04103
H Diamant, Schulstr. 2-4, ☎ 702600, V-VI
H Senator Marina, Hafenstr. 28, ☎ 80770, VI
H Freihof am Roland, Am Marktplatz 6-8, ☎ 1280, VI-VII
H Kreuzer, Rissener Str. 195, ☎ 1270, VII
H Pension Wedel, Pinneberger Str. 69, ☎ 91360, V-VI

Hetlingen
Pz Lütten Ort, Holmer Str. 13, ☎ 18490, I-II
Pz Matthießen, Bandrieterstroot 4a, ☎ 82365, I-II

Heist (R)
PLZ: 25492; Vorwahl: 04122
H Lindenhof Heist, Gr. Ring 7, ☎ 81361, IV

Jork/Alte Land (L)
PLZ: 21635; Vorwahl: 04162
i Tourismusverein Altes Land e.V., Osterjork 10, ☎ 9147-55
H Altes Land, Schützenhofstr. 16, ☎ 9146-0, V -e-
H Alte Schmiede, Osterjork 24, ☎ 911365, III-IV
Gh Am Alten Hafen, Jachthafenstr. 1, ☎ 5377, IV
P Elbblick, Lühe 40, ☎ 04142/8180-0, IV-V
Pz Ellerbrock, Westerladekop 128b, ☎ 8911, III
Pz Lühders, Westerladekop 140c, ☎ 7711, II
Pz Obsthof Arno Hauschildt, Wisch 27, ☎ 393, II-III
Pz Privat Pension Kiek in, Westeladekop 28, ☎ 94400, III
Pz Obsthof J.H. Schröder, Hinterbrack 6, ☎ 040/ 745 94 20, II
Pz Stubbes Gasthaus, Lühe 46, ☎ 04142/2535, III

Steinkirchen (L)
PLZ: 21720; Vorwahl: 04142
H Windmüller, Kirchweg 3, ✆ 81980, V-VI
-e-

Guderhandviertel
🅰 Nesshof, Nessstr. 32, ✆ 2350

Grünendeich (L)
PLZ: 21720; Vorwahl: 04142
P Hessbögel, Lühedeich 1, ✆ 898845, V-VI
🅰 Elbinsel Lühesand, (Das Boot nimmt keine Fahrräder mit) ✆ 04141/2775

Agathenburg (L)
PLZ: 21640; Vorwahl: 04163
ℹ Samtgemeinde Horneburg, Lange Str. 47-49, ✆ 80790
Gh Zur Tenne, Hauptstr. 49, ✆ 04141/609408, II

Haseldorf (R)
PLZ: 25489; Vorwahl: 04129
ℹ Elbmarschenhaus, Hauptstr. 26, ✆ 955490
H Am Alten Elbdeich, Scholenfleth 1, ✆ 255, III

Hohenhorst
P Hof Mühlenwurth, Hohenhorster Chaussee 58, ✆ 745, I-II -e-

Haselau (R)
PLZ: 25489; Vorwahl: 04122
H Haselauer Landhaus, Dorfstr. 10, ✆ 98710, V

Hollern-Twielenfleth (L)
PLZ: 21723; Vorwahl: 04141
Hg obstArt-Hotel, Hollernstr. 82, ✆ 796560, V
Pz/Fw Altländer Obsthof, Hollernstr. 97, ✆ 7220, III-IV -e-

Stade (L)
PLZ: 21682; Vorwahl: 04141
ℹ STADE Tourismus-GmbH, Tourist-Info am Hafen Hansestr. 16, Zimmervermittlung: ✆ 409173.
H Am Holzhafen, Salztorcontrescarpe 8, ✆ 529088, IV
H RAMADA Hotel Herzog Widukind, Große Schmiedestr. 14, ✆ 99980, V-VI
H RAMADA Hotel Stade, Kommandantenteich 1-3, ✆ 99970, V-VI
H Parkhotel Stader Hof, Schifferstorsstr. 8, ✆ 4990, V-VI -e-
H Vier Linden Kiek In Hotel, Schölischer Str. 63, ✆ 927-02, V-VI# & -e-
H Akzent Hotel Zur Einkehr, Freiburger Str. 82, ✆ 2325, IV-V -e-
H Zur Hanse, Am Burggraben 4, ✆ 95240, V
Hg Am Obsthof, Freiburger Str. 86a, ✆ 40040 -e-
Gh Op de Deel, Loger Weide 1, ✆ 81777, III-IV
Gh Wiebusch, Kornstr. 10, ✆ 51960, IV-V

Pz Gästezimmer Stach, Kehdingertorswall 6, ✆ 410753, III
🛏 Jugendherberge, Kehdinger Mühren 11, ✆ 46368 -e-

Bützfleth (L)
PLZ: 21683; Vorwahl: 04146
Gh Von Stemm, Kirchstr. 11, ✆ 908651, III
Pz Gätjens, Schwanenweg 7, ✆ 5738, II

Assel (L)
PLZ: 21706; Vorwahl: 04148
Pz Moje, Ritscherstr. 7, ✆ 1608
Pz Suhr, Barnkruger Str. 36, ✆ 5218, II
Pz Zander, Deichstr. 15, ✆ 5214, II

Drochtersen (L)
PLZ: 21706; Vorwahl: 04143
ℹ Tourist-Information Drochtersen, Drochterser Str. 39, ✆ 912140
H Müller's, Kirchenstr. 4, ✆ 432, III
H Am Rathaus, Sietwender Str. 16, ✆ 911830, IV -e-
Pz Stüben, Am Brackufer 23, ✆ 200666, II
Pz Krähnke, Heimstr. 4, ✆ 6266, II

Krautsand
🅰 Campingverein Krautsand e.V., Krautsand 24, ✆ 1494 -e-
🅰 Campingplatz, Leuchtturmweg 5a, Platzwart: H.-F. Harms, ✆ 5522

Seestermühe (R)
PLZ: 25371; Vorwahl: 04125
Pz Haus am Burggraben, Schulstr. 12, ✆ 957950,I

Seester (R)
PLZ: 25370; Vorwahl: 04125
Pz Tiedemann, Seesteraudeich 130, ✆ 358, II-III

Elmshorn (R)
PLZ: 25335; Vorwahl: 04121
H Im Winkel, Langenmoor 41, ✆ 84328, V -e-
H Sportlifehotel Elmshorn, Hamburger Str. 205, ✆ 4070, V
P Vigliarolo, Carl-Hinrich-Dieck-Str. 6, ✆ 461136, -e-

Kollmar (R)
PLZ: 25377; Vorwahl: 04128
H Kollmar, Am Deich 1, ✆ 941910
BB Haus Sommerlust, Steindeich 4, ✆ 507, III
🅰 Elbdeich, Kleine Kirchreihe 22, ✆ 1379 -e-

Bielenberg
Pz Ewald, Bielenberg 9, ✆ 04124/932820
Fw Thoke, Bielenberg 65, ✆ 1242

Wischhafen (L)
PLZ: 21737; Vorwahl:04770
ℹ Tourist-Info Kehdingen, Stader Str. 139, 21737 Wischhafen, ✆ 831129
Gh Fährhaus Wischhafen, Fährstr. 16, ✆ 7172, IV -e-
Pz Langenbrunner, Stader Str. 104,

✆ 808195
Fw Witting, Meisterweg 5,
✆ 0173/9037907

Neuland
Gh Kurbjuweit, Stader Str. 26, ✆ 7102, III -e-

Neulandmoor
Gh Charly Drewes, Birkenstr. 65, ✆ 7162, III-IV

Wolfsbruchermoor
Gh Sieb, Ostener Str. 3, ✆ 7108, IV -e-
Pz Hasselbusch, Fasanenweg 7, ✆ 7298, II

Glückstadt (R)
PLZ: 25348; Vorwahl: 04124
🛈 Tourist-Information Glückstadt, Große Nübelstr. 31, ✆ 937585
H Raumann, Am Markt 5/6, ✆ 91690, V
Pz Blaues Haus, Drosselstr. 15, ✆ 1746, II -e-
P Am Hafen, Am Hafen 19, ✆ 4906, IV-V -e-
P Am Museum, Am Fleth 32, ✆ 608325 -e-
P Am Neuendeich, Am Neuendeich 15, ✆ 890897, III-IV
P Haus am Elbdeich, Herrenfeld 34, ✆ 5671; V
Pz Decker, An der Chaussee 75, ✆ 980940, II
Pz Dittmer, Bgm.-Schinkel-Str. 22, ✆ 1429,

III
Pz Kuhlmanns Alter Speicher, Am Hafen 1, ✆ 3037, II
Pz Paul, Königstr. 48, ✆ 2828, II
Pz Schmidt, Am Neuendeich 14, ✆ 81461, II
Pz Blaues Haus, Drosselstr. 15, ✆ 1746, III
BB Peschel, Herzhorner Str. 7, ✆ 932888, III
BB Sell`s, Gr. Deichstr. 28, ✆ 890501, IV
🛏 Jugendherberge, Am Rethövel 14-15, ✆ 604455 -e-

St. Margarethen (R)
PLZ: 25572; Vorwahl: 04858
H Elbmühle, Hauptstr. 26, ✆ 188804, IV -e-
H Margarethenhof, Dorfstr. 23, ✆ 18806, II

Brunsbüttel (R)
PLZ: 25541; Vorwahl: 04852
🛈 Tourist-Info, Gustav-Meyer-Platz 2, ✆ 836524
H Zur Traube, Markt 9, ✆ 54610, V-VI
H Kleiner Yachthafen, Hafenstr. 16, ✆ 9400933, V
P Frädrich, Elbstr. 12, ✆ 4728, III -e-
P Gosch, Auf dem Deiche 9, ✆ 6440, III -e-
P Hüttendorf am Freizeitbad, Am Freizeitbad, ✆ 940450 -e-
Pz Alte Schule, Schulstr. 1, ✆ 969712, III

-e-
Fw Exclusiv Haus, Brunsbütteler Str. 21, ✆ 51400, II
Bh Hof Siemen, Bauernweg 40, ✆ 730, III

Nordhusen
Pz Haus am Elbedeich, Nordhuser Str. 43, ✆ 04851/964351, III

Freiburg (L)
PLZ: 21729; Vorwahl: 04779
H Gut Schöneworth, Landesbrücker Str. 42, ✆ 92350, V-VI -e-
H Kehdinger Hof, Hauptstr. 59, ✆ 316, III -e-
Pz Blohm, Landesbrück 40, ✆ 211
Pz Institut für angewandte Biologie, Hafenstr. 2, ✆ 8851
Pz Karnath, Kurzenende 13, ✆ 8316, II
Pz Stelling, Neuensteden 9, ✆ 8783

Oederquart (L)
PLZ: 21734; Vorwahl: 04779
Gh Witt's Gasthof Zur Post, Dorfstr. 60, ✆ 8686, III -e-

Krummendeich (L)
PLZ: 21732; Vorwahl: 04753
P Landhof Groß, Wechtern 32, ✆ 333, II-III -e-

Balje (L)
PLZ: 21730; Vorwahl: 04753
Pz Prinzenhof Elbdeich-West 33-39 ✆ 478
Pz Quast, Süderdeich West 44, ✆ 655, II-III

Pz Schmoldt, Süderdeich West 14, ✆ 511

Hörne
BB Gut Hörne, Hörne West 46, ✆ 362, V-VI
H Zwei Linden, Itzwördener Str. 4, ✆ 84300, IV -e-
Pz Böhmcker, Hörne-West 12, ✆ 8223, II

Cadenberge (L)
PLZ: 21781; Vorwahl: 04777
H Zum Weißen Roß, Bergstr. 5, ✆ 808090, III -e-
P Taubenhof Gut Cadenberge, Graf-Bremer-Str. 33, ✆ 929747 V

Neuhaus (L)
PLZ: 21785; Vorwahl: 04752
H Neuhaus, Bürgerpark 3, ✆ 844146, II -e-
Gh Achtern Diek, Stader Str. 10, ✆ 844533, III-IV -e-

Otterndorf (L)
PLZ: 21762; Vorwahl: 04751
🛈 Städtisches Verkehrsamt Otterndorf, Im Rathaus, ✆ 919135
H Am Medemufer, Goethestr. 15, ✆ 99990, V-VI -e-
H Zur Post, Cuxhavener Str. 32a-34, ✆ 911000, III-IV -e-
H Haduloha, Marktstr. 24, ✆ 911811, IV
H Altsadthotel Eibsen, Marktstr. 33, ✆ 2773, V
Gh Elbblick, Deichstr. 1, ✆ 3530
🛏 Jugendherberge, Schleusenstr. 147,

✆ 3165

▲ Campingplatz See Achtern Diek, Deichstr. 14, ✆ 2933

Cuxhaven-Altenbruch (L)
PLZ: 27478; Vorwahl: 04722

🛈 CUX-Tourismus GmbH, Alter Weg 18, ✆ 341
Hg Deutsches Haus, Altenbrucher Bahnhofstr. 2, ✆ 91470, II-V
Pz Blohm, Alte Marsch 63b, ✆ 25716, II
Pz Korella, Gammenteil 54, ✆ 797, II
Pz Schleusenhof Döscher, Alte Marsch 224, ✆ 909236
Bh Krohn, Altenbrucher Landstr. 39, ✆ 2510, I-II
Bh Lösing, Heerstr. 17, ✆ 895, II
▲ Am Weltschifffahrtsweg, Am Weltschifffahrtsweg, ✆ 2201

Cuxhaven-Lüdingworth (L)
PLZ: 27478; Vorwahl: 04724

🛈 Verkehrsverein Lüdingwörth, Lächlerstr. 26, ✆ 361
H Norddeutscher Hof, Jacobistr. 21, ✆ 81330 IV
Pz Tiedemann, Jacobistr. 25, ✆ 631, I-II
Bh Maaß, Osterende 72, ✆ 1701, I-II

Cuxhaven (L)
Kurteil Grimmershörn und Zentrum
PLZ: 27472; Vorwahl: 04721

🛈 Touristic GmbH, Centrum und Grimmershörn, Lichtenbergplatz, ✆ 36046
H Best Western Donners, Am Seedeich 2, ✆ 5090, VII
H Deichvogt, Strichweg 4, ✆ 55650, V-VI
H Gästehaus Weiß, Alter Deichweg 2, ✆ 37628, III-IV
H Hohenzollernhof, Alter Deichweg 1, ✆ 35560, V
H Hus Kiek in de See, Döser-Seedeich 2, ✆ 34102, VI
H Schifferbörse, Neue Reihe 24, ✆ 35772, II-IV
H Stadt Cuxhaven, Alter Deichweg 11, ✆ 582-0, VII
Hg Lerche, W.-Heidsiek-Str. 19, ✆ 37597
P Haus Lechner, Papenstr. 65a, ✆ 24744, II
Pz Jakobeit, H.-V.-Fallersleben-Str. 9a, ✆ 64642, II
Pz Gästehaus Neumann, Dohrmannstr. 11, ✆ 37823, II
Pz Weilandt, Hamburg-Amerika-Str. 23, ✆ 425167

Kurteil Döse
PLZ: 27476; Vorwahl: 04721

🛈 CUX-Tourismus GmbH Döse, Heinrich-Grube-Weg 2, ✆ 47081
H Pflug, Steinmarner Str. 43 u. 45 u. 54, ✆ 47678, V
H Deichgraf, Nordfeldstr. 16-20, ✆ 405-0, V-VI
H Henning, Steinmarner Trift 8, ✆ 42100, V
H Löwenbräu, Poststr. 105, ✆ 37554, V
H Neue Liebe, Prinzessinnentrift 12-14, ✆ 79740, V-VI
Gh Döse, Hinter der Kirche 74, ✆ 47198, V
P Gästehaus „Einfach Gemütlich", Steinmardner Str. 28, ✆ 46666
P Gästehaus Janßen, Bei der Kirche 9, ✆ 47314, IV
P Haus am Meer, Emmastr. 37, ✆ 47051, III-V
P Nordseewellen, Hinter der Kirche 52, ✆ 48296, III-V
P Schiemannn, Strandstr. 19, ✆ 48428, III-V
Pz Wehdemeier, Schultheißenstr. 5 ✆ 48013, II
Pz Ahlf, Strandstr. 37, ✆ 47835, III
Pz Krönke, Vogelsand 52, ✆ 47774, II

Kurteil Duhnen
PLZ: 27476; Vorwahl: 04721

🛈 CUX-Tourismus GmbH Duhnen, Cuxhavener Str. 92, ✆ 404200
H Christiansen, Cuxhavener Str. 102, ✆ 43110, IV
H Domizil am Meer, Wehrbergsweg 61a, ✆ 666160, V
H Duhner Landhaus, Sahlenburger Weg 2, ✆ 42030, V
H Kammann, Wehrbergsweg 26a, ✆ 42120, IV-V
H Meeresfriede, Wehrbergsweg 11, ✆ 4350, V-VI
H Meeresruh, Cuxhavener Str. 79, ✆ 48480, IV-V
H Neptun, Nordstr. 11, ✆ 4290, V-VI
H Nord, Nordstr. 4, ✆ 43000, V
H Nord-Stuv, R.-Dohrmann-Pl. 2, ✆ 43120, IV
H Seelust, Cuxhavener Str. 65-67, ✆ 402-0, VI
H Seeschwalbe, Cuxhavener Str. 87-89, ✆ 420100, V-VI
H Wehrburg, Wehrbergsweg 53, ✆ 40080, IV-VI
Hg Thorwarth, Am Grooten Steen 10, ✆ 48495, III-V
P Blauth, G.-Wolgast-Weg 8, ✆ 48818, III
P Braband, Rugenbargsweg 21 u. 23, ✆ 48332, III-IV
P Dembski, Georg-Wolgast-Weg 10, ✆ 48811, II-III
P Zur Heimat, Am Dorfacker 15, ✆ 48649, III-IV
P Gerken, Rugenbargsweg 12, ✆ 49591, III-IV
P Henn, Wehrbergsweg 3, ✆ 29700, II
P Luv&Lee, Am Dorfacker 11, ✆ 49615, III-IV

P Meereswoge, Cuxhavener Str. 83,
  ✆ 48218, III
P Peters, Nordstr. 1, ✆ 47401, III
P Haus Roseneck, Dallacker 26, ✆ 48313, III
P Seeluft, Nordstr. 16, ✆ 48164, IV-V
Pz Hertha, Wehrbergsweg 21c, ✆ 48034, II
Pz Osterndorff, Am Dorfacker 17, ✆ 48828, I-II
🛌 Jugendherberge, Schlensenweg 2, ✆ 48552 -e-
🔺 Am Bäderring, Duhner Allee 5, ✆ 426161
🔺 Beckmann, Windeichenweg 32, ✆ 65191
🔺 Wattenlöper, Cuxhavener Str. 57, ✆ 426051

Kurteil Sahlenburg
PLZ: 27476; Vorwahl: 04721
ℹ️ CUX-Tourismus GmbH Sahlenburg, Nordheimstr. 35, ✆ 28028
H Wernerwald, Wernerwaldstr. 21-23, ✆ 29141, V-VI
H Frauenpreiss, Wernerwaldstr. 41, ✆ 20520, IV-V
H Muschelgrund, Muschelgrund 1, ✆ 2090, IV-V
H Nordsee, Nordheimstr. 57, ✆ 28011, III
H Zum Finkenmoor, Nordheimstr. 170, ✆ 29026, III

H Wattenkieker, Am Sahlenburger Strand 27, ✆ 2000
Hg Sahlenburger Strand, Am Sahlenburger Strand 3, ✆ 20310, IV
Pz Störtebeker, Am Sahlenburger Strand 31, ✆ 29207, III
Pz Elke u. Erika, Nordheimstr. 131 u. 152, ✆ 29108, II
Pz Möller, Butendieksweg 74, ✆ 29407, II
Pz Jung, Am Flockengrund 1, ✆ 29194, II
🔺 Finck, Am Sahlenburger Strand 25, ✆ 29152
🔺 Achtern Huus, Sahlenburger Chaussee 51, ✆ 28662

Kurteil Stickenbüttel
PLZ: 27476; Vorwahl: 04721
ℹ️ CUX-Tourismus GmbH Stickenbüttel, Windeichenweg, ✆ 25111
P Appelt, Windeichenweg 26, ✆ 22626, III-IV
Pz Bei Conny, Brockeswalder Weg 33, ✆ 21250, I-II
Pz Kiep, Dorfstr. 67, ✆ 23433, II
Pz Neubauer, Eichholzweg 27, ✆ 24800, II

Insel Neuwerk
PLZ: 27499; Vorwahl: 04721
ℹ️ CUX-Tourismus GmbH Duhnen, Cuxhavener Str. 92, ✆ 404142
P und Hh Das alte Fischerhaus, Neuwerk 4, ✆ 29043, III-V

P und Hh Hus achtern Diek, Neuwerk 8, ✆ 29076, IV-V

Ortsindex

Einträge in *grüner Schrift* beziehen sich aufs Übernachtungsverzeichnis.

A

Abbendorf	*141*
Abbenfleth	126
Agathenburg	*147*
Altenbruch	149
Altengamme	90, *146*
Alte Land	117, *146*
Alt Garge	64, *144*
Arneburg	39, *140*
Artlenburg	66, *145*
Assel	126, *147*
Aulosen	54, *142*

B

Bahrendorf	62
Balje	*148*
Bälow	48, *141*
Barförde	66
Barleben	*138*
Barskamp	*144*
Belum	132
Berge	42, *140*
Bernheide	*142*
Bertingen	28, *138*
Besandten	78
Beuster	*141*
Biederitz	*138*
Bielenberg	*147*
Billberge	39
Bitter	80, *144*
Bittkau	28, *139*
Blankenese	100, *146*
Bleckede	64, *144*
Blumenthal	26, *138*
Bohnenburg	*143*
Boizenburg	84, *145*
Borstel	118
Brackede	66, *145*
Brandleben	58
Breetz	*142*
Brokdorf	112
Brünkendorf	*142*
Brunsbüttel	114, *148*
Buch	34, *139*
Bullendorf	*145*
Burg	23, *138*
Büttnershof	41, *140*
Bützfleth	126, *147*

C

Cadenberge	*148*
Cranz	118
Cumlosen	74, *142*
Curslack-Neuengamm	*146*
Cuxhaven	134, *149*

D

Damnatz	58, *143*
Dannenberg	58, *143*
Darchau	80, *144*
Derben	26
Dömitz	78, *143*
Dornbusch	128
Döse	*149*
Drage	68, *146*
Drehtem	62
Drethem	*144*
Drochtersen	128, *147*
Duhnen	*149*

E

Eickerhöfe	52
Elmshorn	106, *147*
Esch	104

F

Fähre Räbel	44
Ferchland	28, *139*
Finkenwerder	117
Fischbeck	33, *139*
Fleien	107
Freiburg	130, *148*

G

Garlstorf	*145*
Garsedow	48
Gartow	54, *142*
Garze	*145*
Geesthacht	86, *145*
Geversdorf	130
Glienitz	*144*
Glückstadt	108, *148*
Göddingen	*144*
Gorleben	56, *143*
Grieben	28, *139*
Grimmershörn	*149*
Grippel	58, *143*
Groß Banratz	80
Groß Lüben	*141*
Grünendeich	120, *147*
Guderhandviertel	*147*

H

Hamburg	91, *146*
Hämerten	38, *140*
Haseldorf	103, *147*
Havelberg	42, 44, *140*
Heiddorf	*143*
Heidhof	*143*
Heist	*146*
Heisterbusch	66
Hetlingen	*146*
Hinzdorf	48, *141*
Hitzacker	59
Hitzacker/Elbe	*143*
Höhbeck	56, *142*
Hohenberg	40
Hohenberg-Krusemark	*140*
Hohengöhren	139, *140*
Hohenhorst	103, *147*
Hohenwarthe	22, *138*
Hohnstorf	66, *145*
Hollern-Twielenfleth	*147*
Hoopte	*146*
Hörne	130, *148*

J

Jasebeck	59
Jerichow	29, *139*
Jork	118, *146*

K

Kamern	*140*
Kannenberg	42, *140*
Karze	*145*
Katemin	62, *144*
Kehnert	28, *139*
Kietz	78, *143*
Kirchwerder	*146*
Klein Kühren	*144*
Klein Lüben	*141*
Klevendeich	103
Klietz	*140*
Klietznick	29
Kollmar	107, *147*
Konau	80, *144*
Kraul	90
Krautsand	128, *147*
Kreuzdeich	103
Kronsnest	107
Krummendeich	*148*
Krusemark	40
Krusendorf	*144*

L

Laake	*143*
Laasche	*142*
Laase	58
Langendorf	58, *143*
Laßrönne	68, *146*
Lauenburg	84, *145*
Ledge	*141*
Lenzen	74, *142*
Losenrade	*141*
Lostau	*138*
Lüdingworth	*149*
Lütjenburg	68
Lütkenwisch	74, *142*

Ortsindex

M
Magdeburg	15, *137*
Meetschow	56
Mittelnkirchen	120
Mödlich	78, *142*
Müggendorf	74

N
Neetze	*145*
Neu-Bleckede	*144*
Neu-Darchau	62, *144*
Neuendeich	104
Neuengamme	90
Neuermark-Lübars	*140*
Neu Goldbeck	*140*
Neuhaus	130, *144, 148*
Neuland	*148*
Neulandmoor	*148*
Neuwerk	150
Neu Bleckede	84
Neu Darchau	62
Neu Garge	82, *144*
Neu Wendischthun	*145*
Niedermarschacht	*145*
Niegripp	23, *138*
Nitzow	*141*
Nordhusen	*148*

O
Ochsenwerder	*146*
Oederquart	*148*
Otterndorf	132, *148*

P
Parchau	*138*
Parey	26, *139*
Pevestorf	56, *142*
Pollitz	52

Q
Quarstedt	62
Quickborn	*143*
Quitzöbel	*141*

R
Räbel	*140*
Radegast	66, *145*
Raffatz	*143*
Restorf	56
Ringfurth	28
Roddan	*141*
Rogätz	27, *138*
Rothenburgsort	90
Rühstädt	48, *141*
Rüterberg	80, *143*

S
Sahlenburg	150
Sandau	42, *140*
Sandauerholz	*140*
Sandfurth	28
Sassendorf	66
Schartau	24, *138*
Schelldorf	33
Schnackenburg	54, *142*
Scholenfleth	102
Schönfeld	*140*
Schönhausen	*139*
Schulau	100
Schwarzholz	40, *140*
Seedorf	*143*
Seehausen	*140*
Seester	*147*
Seestermühe	*147*
Stapel	*144*
St. Margarethen	112, *148*
Stade	122, *147*
Steinkirchen	120, *147*
Stickenbüttel	150
Stiepelse	82, *144*
Stixe	80, *144*
Storkau	39, *140*
Stove	68

T
Tangermünde	34, *139*
Tatenberg	*146*
Tespe	68, *145*
Tesperhude	*146*
Tiesmesland	62
Tießau	62, *144*

U
Unbesandten	*143*

V
Vietze	56, *142*

W
Wahrenberg	52, *142*
Walmsburg	*144*
Wanzer	52
Wedel	100, *146*
Wehningen	80, *143*
Wendewisch	*145*
Werben	42, *140*
Westerndorf	132
Wethe	126
Wietzetze	*144*
Wischhafen	128, *147*
Wittenberge	48, 52, 71, *141*
Wolfsbruchermoor	*148*
Wootz	78
Wulkau	*140*
Wussegel	59